国家自然科学基金面上项目（编号：71473031）、
四川省科技计划重点研发项目（编号：2023YFS0375）、
四川省科技计划应用基础研究项目（编号：2017JY0200）、
四川省社会科学"十三五"规划重点项目（编号：SC18A015）、
教育部人文社科研究项目（编号：14YJA790062）、
四川师范大学出版基金资助成果

"双碳"驱动下的可再生能源
——基于电价机制和企业并购新视角

蔡 强 等 著

科学出版社

北 京

内 容 简 介

本书基于国家"双碳"目标,分别从"微观"(电价机制)和"宏观"(企业并购)两个维度和视角来审视我国可再生能源电力的发展问题,即开展对可再生能源电力投资决策特征与规律、基于社会福利的最优碳配额分配和技术投资策略、电价补贴机制对社会福利的动态影响规律等可再生能源电价机制的一些核心问题的研究;实证研究中国可再生能源上市公司并购动因、并购绩效、并购模式问题。书中研究所得出的各种投资、并购策略不仅对我国可再生能源企业的决策具有一定的应用价值,而且对政府相关激励政策的科学制定同样具有参考价值。

本书可以作为高等院校能源金融、能源政策与管理、资源管理、可持续发展管理等专业研究生和高年级本科生的参考书,也可供政府能源管理、决策人员和相关研究学者参考。

图书在版编目(CIP)数据

"双碳"驱动下的可再生能源:基于电价机制和企业并购新视角 / 蔡强等著. —北京:科学出版社,2023.12
ISBN 978-7-03-071800-6

Ⅰ. ①双… Ⅱ. ①蔡… Ⅲ. ①再生能源－发电－电力工业－工业企业管理－研究－中国 Ⅳ. ①F426.61

中国版本图书馆 CIP 数据核字(2022)第 042274 号

责任编辑:郝 悦 / 责任校对:王晓茜
责任印制:张 伟 / 封面设计:有道设计

科学出版社 出版

北京东黄城根北街 16 号
邮政编码:100717
http://www.sciencep.com

涿州市般润文化传播有限公司印刷
科学出版社发行 各地新华书店经销

*

2023 年 12 月第 一 版 开本:720×1000 1/16
2023 年 12 月第一次印刷 印张:16
字数:322 000

定价:178.00 元
(如有印装质量问题,我社负责调换)

前　言

　　日益严峻的气候变化问题是当前人类面临的重大而紧迫的全球性挑战，为履行推动构建人类命运共同体的重大历史担当，我国提出碳达峰与碳中和（简称"双碳"）目标。由于能源行业碳排放占全国碳排放总量的80%左右，实现"双碳"目标需要能源行业贡献更大的减碳比例。因此，"双碳"对我国能源发展提出了更高要求，必须探索以此为导向的能源低碳转型发展路径。

　　由于石油、天然气和煤炭等传统能源是资源有限的化石能源，人们对其大量地开发和利用是造成大气和其他多种类型环境污染与生态破坏的主要原因之一。如何解决能源安全问题，以及在开发和使用资源的同时保护好人类赖以生存的地球的环境及生态，已成为全球关注的焦点问题，而大力推动可再生能源技术和产业的发展已成为人类共识，并成为我国"双碳"目标下实现能源低碳转型的重要发展路径之一。

　　21世纪初以来，我国日益重视可再生能源的开发和利用，制定了《中华人民共和国可再生能源法》，并陆续出台了一系列促进可再生能源发展的扶持政策，尽管这些现行经济激励政策对于促进我国可再生能源产业的发展发挥了重要作用，但与可再生能源产业发展需求相比较，与国外可再生能源激励政策相比较，仍有待进一步完善。在目前的技术水平条件下，发电技术是可再生能源商业化开发利用的重点。从可再生能源电力发展的国际经验来看，价格（补贴）机制是促进可再生能源电力发展的重要手段。然而，可再生能源发电技术多样，各类技术商业化发展程度不一，各国可再生能源资源禀赋条件千差万别，经济发展水平和负担能力不同，所以价格机制的表现形式和价格水平也自然不同。因此，迫切需要也必须从可再生能源电力的成本、技术等因素的形成特性入手，深入研究可再生能源电力投资的微观过程及决策特征，结合我国电力市场特点及可再生能源发展阶段探索出一条灵活有效的、促进可再生能源电力发展目标实现的可再生能源电价机制，增强社会对可再生能源电力的投融资信心，促进可再生能源电力发展。正是基于这样的背景，我们先后得到国家自然科学基金面上项目、四川省科技计划重点研发项目、四川省科技计划应用基础研究项目、教育部人文社会科学研究项目、四川省社会科学"十三五"规划重点项目以及四川师范大学出版基金的资助，最终汇聚而成本书这一重要成果。

　　本书以可再生能源电力投资、电价补贴机制、社会福利为主线，围绕可再生能源电价机制形成机理展开，其主体研究内容和特点如下。

第一，首先将大量的文献研究与对行业、主管部门的调研相结合，从电力价格的运动模型，电力金融衍生品的定价方法，能源电力的发、输、配、售4个环节，现有理论在处理电力衍生品定价问题时的不足等，到可再生能源电力和电价机制发展现状、可再生能源电力负外部性与并网难现象原因剖析、现行电价补贴政策（机制）的激励成效与改进等进行了全面而深入的梳理、归纳与提炼，明确了在模型建构中针对可再生能源电力显著正、负外部性特征及社会福利所适用的刻画手段及方法，即将服从几何布朗运动的研究与开发（research and development，R&D）投资与"调峰"现象结合；将碳配额分配用于社会福利问题研究；将可再生能源电力的零排放和化石能源电力的治污成本用于可再生能源电力消费者剩余；将短期限的固定价格制度与长期的配额制度组合、上网电价补贴与R&D组合用于对可再生能源电力投资激励效果和政府激励政策成效的评价。其次，综合考虑多元化能源结构下可再生能源电力投资中的实物期权以及多种竞争博弈关系对投资决策带来的影响，通过对不同情形下可再生能源电力投资的期权博弈模型的归纳与提炼，构建了比较完整的可再生能源电力投资环境分析思路和方法。最后，针对具有典型意义的可再生能源竞争性并网发电投资决策与不完全信息下的可再生能源电力投资问题进行研究，揭示相应的投资决策特征和博弈均衡所产生的条件。

第二，在企业和政府主从博弈框架下，研究政府兼顾社会福利和减排成本的多目标条件下企业最优碳配额分配方式，并采用（p, α）比例公平建立了最优分配与政府公平态度之间的对应关系，进一步分析企业间减排效率差异对碳配额最优分配以及政府所持公平态度的影响；采用动态博弈刻画政府与企业的博弈过程，在政府多目标条件下得到最优分配关系式，进一步讨论企业间减排效率差异、减排压力对最优配额分配的影响，并采用理想点法进行数值模拟；通过建立政府与企业的博弈模型，采用理想点法对多目标规划问题进行求解，分析碳配额政策对企业技术投资决策的影响。

第三，在 Fischer 和 Newell（2008）所构建含有碳排放价格、可再生能源生产补贴、碳税、可再生能源占比组合（市场份额）标准、碳排放密度、可再生能源 R&D 投资补贴等六个方面的社会福利函数静态模型的启发下，不断引入动态和竞争因素，通过创新性地将可再生能源电力的零排放效应或所避免的环境治污成本视为全体电力消费者的消费者剩余，并与投资净现值（即此种情形下的生产者剩余）相结合，从而完成对社会福利模型的构建。

第四，针对旨在通过研发可再生能源发电新技术从而垄断清洁能源新兴市场的两非对称企业，结合投资时机选择期权博弈和社会福利模型，通过数值模拟分析社会福利与影响其变化的电价补贴政策及其他诸多因素间的动态变化特征，揭示可再生能源电价机制形成机理。

第五，以中国可再生能源企业的并购及并购方企业为研究对象，选取2005～2017年中国沪深交易所上市的82家并购方上市公司、100个并购事件为样本，用会计分析法、管理层问卷调查法等，从国有、民营两种类型企业的并购绩效比较的视角，开拓性地研究了中国可再生能源上市公司并购动因、并购绩效、并购模式问题，以揭示国企、民企在并购动因与绩效方面的异同，以及并购模式等方面所呈现的特点，为相关政策法律的优化和产业产出效率的提升提供启示。

本书既注重理论与方法的系统介绍，又注重问题和模型的应用与求解技巧，同时辅以大量的应用案例，可作为高等院校能源金融、能源管理、资源管理类各专业研究生及高年级本科生专业教材或参考用书，也可供广大能源电力或相关领域管理、技术人员以及政府能源管理决策者参考。

本书中，蔡强完成第1、2、3、5、6、7、11章，夏晖、蔡强完成第4章，李斌、蔡强、何璞玉、赵琳艳完成第8、9、10章，周祥、何婧、朱云娴参与完成第3章，周祥、黄晶、赵琳艳、冯立参与完成第7章，周祥、赵琳艳、冯立、朱云娴、高远攀、都阳参与完成第2、6章，朱云娴负责文档处理与排版，整个书稿的框架设计和统稿由蔡强负责。尽管我们对书稿进行了多次修改，尽量保持全书的整体性、逻辑性、连贯性和可读性，但由于研究本身的复杂性和研究内容相互之间的独立性，加之笔者水平有限，书稿难免存在不足和疏漏之处，望广大读者批评指正。

蔡 强

2023年6月于

四川师范大学

目 录

第一篇　电价机制篇

第1章　导论 ·· 3
1.1　问题的提出 ··· 3
1.2　可再生能源电力投资与电价机制研究综述 ······································· 4
1.3　本书内容及结构安排 ·· 9
1.4　本书的主要创新 ·· 10
1.5　研究手段与方法 ·· 11

第2章　多元化能源电力市场中的博弈特征与模型 ······························· 12
2.1　多元化能源电力市场中的博弈分析 ·· 12
2.2　可再生能源电力投资的期权博弈模型 ··· 18
2.3　本章小结 ··· 24

第3章　可再生能源电力投资决策特征 ·· 26
3.1　完全垄断情形 ··· 26
3.2　双寡头技术对称情形 ·· 28
3.3　可再生能源竞争性并网发电决策研究 ··· 30
3.4　不完全信息下的可再生能源电力R&D投资 ··································· 41
3.5　混合价格补贴机制下的可再生能源电力投资 ·································· 50
3.6　本章小结 ··· 59

第4章　企业碳配额分配与社会福利 ··· 60
4.1　基于(p, a)比例公平的碳配额分配 ··· 63
4.2　基于理想点法的最优碳配额分配 ··· 70
4.3　碳配额分配下的企业减排技术投资策略 ·· 81
4.4　本章小结 ··· 90

第5章　可再生能源电力投资的社会福利模型 ······································ 93
5.1　基于环境和技术政策的社会福利静态模型 ····································· 93
5.2　基于效用决策理论的社会福利模型 ··· 98
5.3　本章小结 ··· 100

第6章　可再生能源电力外部性与激励 ·· 101
6.1　可再生能源发电外部性 ··· 101

6.2 可再生能源发电外部性评价方法 ·········· 106
6.3 可再生能源发电外部性解决方案 ·········· 109
6.4 基于外部性的可再生能源发电并网补贴政策 ·········· 112
6.5 案例分析——现行财税政策对风电投资的影响 ·········· 127
6.6 本章小结 ·········· 138

第7章 基于社会福利的可再生能源 R&D 激励政策评价 ·········· 139
7.1 引言 ·········· 139
7.2 模型框架 ·········· 143
7.3 企业价值 ·········· 144
7.4 消费者剩余 ·········· 148
7.5 社会福利分析 ·········· 149
7.6 本章小结 ·········· 158

第二篇 企业并购篇

第8章 并购理论与实践相关研究综述 ·········· 163
8.1 并购相关理论研究 ·········· 163
8.2 并购绩效研究 ·········· 166
8.3 中国企业并购动因与绩效研究 ·········· 168
8.4 中国可再生能源相关并购绩效研究 ·········· 171
8.5 综述 ·········· 176
8.6 问题的提出与研究假设 ·········· 177
8.7 本章小结 ·········· 179

第9章 研究方法与实证方案 ·········· 180
9.1 研究方法概要 ·········· 180
9.2 问卷调查与分析 ·········· 182
9.3 实证研究方案 ·········· 187

第10章 并购绩效的实证分析 ·········· 199
10.1 并购绩效指标的构建 ·········· 199
10.2 并购绩效指标的描述性统计 ·········· 205
10.3 相关性分析 ·········· 205
10.4 可再生能源企业并购动因与并购绩效的实证分析 ·········· 206
10.5 回归分析 ·········· 211
10.6 结论与展望 ·········· 213

第 11 章 总结与展望 218
11.1 总体工作摘要 218
11.2 主要成果 218
11.3 主要内容 219
11.4 研究要点 220
11.5 研究展望 221

参考文献 223
附录一：中国可再生能源上市公司并购绩效调查问卷 242
附录二：问卷调查结果 244

第一篇　电价机制篇

在目前的技术水平条件下，发电技术是可再生能源商业化开发利用的重点。从可再生能源电力发展的国际经验来看，价格（补贴）机制是促进可再生能源电力发展的重要手段。然而，可再生能源发电技术多样，各类技术商业化发展程度不一，各国可再生能源资源禀赋条件千差万别，经济发展水平和负担能力不同，所以价格机制的表现形式和价格水平也自然不同。因此，迫切需要也必须从可再生能源电力的成本、技术等因素的形成特性入手，深入研究可再生能源电力投资的微观过程及决策特征，结合我国电力市场特点及可再生能源发展阶段探索出一条灵活有效的、促进可再生能源电力发展目标实现的可再生能源电价机制，增强社会对可再生能源电力的投融资信心，促进可再生能源电力发展。

正基于此，本篇分第 1~7 章，从微观出发，重点针对投资决策、博弈均衡、碳配额分配、社会福利、外部性及评价、政策激励等，深入探讨"双碳"驱动下的可再生能源电价机制问题。

第1章 导 论

1.1 问题的提出

能源安全与人类可持续发展问题已成为全球关注的焦点问题，我国在实现非化石能源在能源消费中的比重上升15%左右和单位GDP中CO_2排放量比例下降40%~45%这两大具体目标后，实现"双碳"成为新的目标，而大力推动可再生能源技术和产业的发展则成为必然选择之一。

由于发电技术仍是现有技术条件下可再生能源商业化开发利用的重点，而电力市场本就是一个多元化能源结构下的多方博弈市场，尽管有国家的各种扶持、补贴政策，但可再生能源电力产品所具有的间歇性、不稳定性等特点所导致的可再生能源电力负外部性是可再生能源发电并网难现象普遍存在的重要原因之一，负外部性会反过来加重对可再生能源电力投资的观望、延迟动机（不确定条件下投资的实物期权特征总是会推迟投资），从而不利于可再生能源产业的发展。为此，一是要鼓励研发可再生能源发电新技术，通过技术创新来降低其负外部性和单位发电成本；二是必须深入研究可再生能源电力投资的微观过程和决策规律，发现多方博弈的"均衡"所在，破解并网难困局。

21世纪初以来，我国日益重视可再生能源的开发和利用，制定了《中华人民共和国可再生能源法》，并陆续出台了一系列促进可再生能源发展的扶持政策，尽管这些现行经济激励政策对于促进我国可再生能源产业的发展发挥了重要作用，但与可再生能源产业发展需求相比较，与国外可再生能源激励政策相比较，仍有待进一步完善。在目前的技术水平条件下，发电技术是可再生能源商业化开发利用的重点。无论从可再生能源电力发展的国际经验还是从配置能源资源的效率来看，价格（补贴）机制是促进可再生能源电力发展的重要手段。然而，可再生能源发电技术多样，各类技术商业化发展程度不一，各国各地可再生能源资源禀赋条件千差万别（决定不同的能源结构），经济发展水平（决定用电负荷）和负担能力（决定电网建设规模）不同，所以价格机制的表现形式和价格水平也自然不同。因此，迫切需要也必须从可再生能源电力的成本、技术等因素的形成特性入手，从可再生能源电力投资环境出发，深入研究可再生能源电力投资的微观过程及决策特征，结合我国电力市场特点及可再生能源发展阶段探索出一种灵活有效的、促进可再生能源电力发展目标实现的可再生能源电价机制，增强社会对可再生能源电力的投融资信心，促进可再生能源电力发展。

可再生能源电价机制的科学设计和制定依赖于人们对可再生能源电价机制的作用规律乃至形成机理的掌握。因此，必须从微观出发，即充分考虑可再生能源电力技术的微观特征，研究可再生能源电力投资的微观过程和决策行为。可再生能源电力的技术特点决定了它的成本形成特点。现实中，不同可再生能源电力技术发展和成本下降所具有的不确定预期，致使可再生能源电力投资商产生延迟投资的动机[①]。一方面，可再生能源电力产品所具有的间歇性、不稳定性特点，可再生能源资源局部集中且与用电负荷逆向分布、可再生能源电力投资项目比电网工程建设速度快以及电力市场和相关政策的不确定性等均会加重这种观望、延迟的动机。另一方面，可再生能源电力具有现实的和潜在的正外部效益（主要指对资源、环境的积极影响，以及巨大的技术进步潜力、大规模应用前景等），会因可再生能源电力投资商理性的延迟投资行为而受到削弱，则这种由隐含在可再生能源电力投资中的实物期权所导致的延迟投资行为将对社会福利施加不确定影响，被称为可再生能源电力投资延迟效应。同时，积极支持发展可再生能源电力并非不计成本或搞"一刀切"，而是应该针对不同的可再生能源电力技术，根据不同技术发展阶段和发展规模，实行不同的可再生能源电力价格，这种可再生能源电力价格的自适应调整过程和理念正是可再生能源电价机制的最核心体现，而寻求可再生能源电力价格这一宏观政策信号与可再生能源电力投资这一微观行为间应有的内在联动关系和作用规律就是对可再生能源电价形成机制规律的揭示与研究。

1.2 可再生能源电力投资与电价机制研究综述

从可再生能源电价机制形成机理的研究范畴来看，既涉及可再生能源电力投资这样的微观层面，也涉及可再生能源电价以及社会福利这样的宏观层面。因此，下面分三个方面对国内外相关研究现状进行梳理：一是可再生能源电力投资延迟效应方面；二是与可再生能源电力相关的社会福利分析方面；三是可再生能源上网电价机制设计与应用方面。

1.2.1 可再生能源电力投资延迟效应研究

目前，对可再生能源电力投资延迟效应的研究主要集中在投资决策方面，即

---

① 尽管在可再生能源发展初期曾出现过盲目性、冲动性投资热潮，但市场不会为无视可再生能源发展规律的投资行为买单的现实很快就使投资日趋理性。

对拥有延迟期权的电力投资项目应用实物期权方法进行最优投资时机及投资价值分析[①]，而对投资的外部性特别是由延迟投资所导致对传统化石能源的替代步伐减缓等相关影响缺乏研究。

王晓天和薛惠锋（2012）基于行为决策理论，通过构造可再生能源投资决策行为分析概念模型，定性描述了可再生能源投资行为影响因素之间的因果关系。定量方面，蔡强等（2016）构建投资时机选择期权博弈模型并分析可再生能源并网发电投资决策特征；由于电力行业的特殊性，在应用实物期权分析电力投资决策问题时必须考虑很多实际限制。在受到运营限制下的电力投资方面，Tseng 和 Barz（2002）将一般实物期权框架扩展到允许有启动时间限制、开工和停产限制的环境，研究了最大发电容量限制及存在损耗和可交易发电容量市场时的决策。Tseng 和 Barz（2002）的方法较复杂且只适用于短期电力项目决策，为此，Deng 和 Oren（2003）提出了一种处理长期项目的相对简化方法。在基于价差期权的电力投资方面，针对电力现货的不可储存性和原材料价格构成某些电能的主要成本这两个显著特征，Deng 等（2001）提出用电力期货来套期保值；Hsu（1998）提出了用点火价差期权来套期保值；Deng 等（2001）在 Margrabe（1978）、Shimko（1994）的基础上给出了基于期货市场的点火价差期权公式；Keppo（2004）给出了电力摆动期权定价公式；马歆等（2004a，2004b）提出了发电公司应用摆动期权的具体思路；蔡强等（2015）在对国外电力现货市场分析的基础上，根据能源电力的发、输、配、售 4 个环节讨论了电力金融衍生品的几个重要应用，并对电力价格的运动模型和电力金融衍生品的定价方法做出评论。

随着可再生能源的逐渐发展，多元化能源结构成为必然，电力投资商可能同时面临多个电力项目的投资决策，各项目间的相互关系不能忽视。蔡强（2015）基于可再生能源电力投资环境特征及可再生能源电力产品固有特点，分别构建完全垄断、双寡头技术对称、双寡头技术非对称三种情形下的可再生能源电力投资的期权博弈模型，通过对模型的经济学解释和评价进一步指明可再生能源电力投资期权博弈模型拓展范围和途径；Min 和 Wang（2000）从实物期权角度考虑了两个相互影响的电力项目的投资组合并在后面推广到多个电力项目的投资决策问题；Keppo 和 Lu（2003）认为项目间存在关联性时，决策不仅要考虑到其中隐含的期权价值增加，还要考虑可能的价值损失；吉兴全和文福拴（2005a）也考虑了多个电力项目的投资决策并根据 Black-Scholes（布莱克-斯科尔斯）模型提出基于遗传算法的求解方法。

[①] 当引入竞争时，必须应用期权博弈理论来分析投资决策问题。期权博弈的一般结论是：实物期权提升决策权价值，延迟投资；而参与者相互间博弈的策略价值却减少决策权价值，加快投资。这种竞争所导致投资时机选择的不确定并不妨碍我们在前文对可再生能源电力投资延迟效应的定义。

在考虑负荷变化不确定性及市场结构的电力投资方面，王勇等（2005）对以前的研究进行了拓展，其案例仿真表明，相对于单一能源市场模式，容量费用模式和装机容量模式都可以降低最优投资时机负荷临界值。

考虑可再生能源电力的各自特征，Sekar（2005）比较了实物期权方法与其他方法在煤电投资中的应用；Venetsanos等（2002）采用传统Black-Scholes模型分析了风电投资决策；Moreira等（2004）考虑了巴西的火电与风电的互补性；Takizawa等（2001）按经典的实物期权原则考虑了单个核电项目的最优投资问题；Kiriyama和Suzuki（2004）从环境政策出发，考虑了核电不会排放二氧化碳而具有的相对于传统电力能源的优势，并利用实物期权方法对这种优势进行定价；Gollier等（2005）在Arrow和Fisher（1974）、Dixit和Pindyck（1994）基础上比较了不同的核电投资策略；Rothwell（2006）利用Dixit（1992）的结果并结合回归拟合估计了得克萨斯州建立一个高级沸水反应堆的最优触发价格。

1.2.2　与可再生能源电力相关的社会福利问题研究

现有研究主要集中在可再生能源正外部性评价方面。Dones等（2005）针对欧盟目前最全面、深入的能源利用活动环境外部性评价项目（ExternE及其后续项目）总结出一套得到广泛认同和应用的核算评估框架；国际能源机构所发布的IEA（2008）评价了多种可再生能源和常规能源发电的社会成本与收益，并认为外部性包括所有没有反映在市场价格上、相关方没有支付的成本或收益的社会福利影响；俞萍萍（2011b）关注不确定的未来政策对发电企业投资决策的总体影响，研究发电企业在不同可再生能源激励政策下的最优投资规则。该文应用实物期权法量化政策演变过程中的不确定性，同时从战略角度考虑发电企业之间的竞争性互动，为发电企业决策者投资可再生能源提供有益的借鉴。Cai和Huang（2015）针对可再生能源发电并网外部性，分别就环境效益、环境影响、社会效益、市场影响等四个方面的指标计量进行分析和论述；赵勇强（2010）提出了涵盖资源环境、经济和社会等方面的能源外部性评价指标体系，并分析了这些外部性的形成机制、产生根源、影响对象、构成要素和核算途径，提出了深入评价和应对能源外部性的重点方向；郭海涛（2008）认为在我国现行能源价格和税收体制下，大多数能源产品的成本反映不完全，只反映了开发成本，外部成本并没有完全内部化；刘叶志（2008）提出在市场机制自发作用下，新能源的发展受到了限制，资源的配置效率低下，认为通过财政政策可以有效地实现新能源的优化配置并充分体现其外部效益。另外，李春杰和程艳从（2011）研究了提高电力能效和补贴可再生能源发电对社会福利的影响，探究了我国实施节能减排以提高社会福利的政策根据；王健和路正南（2012）通过建立社会福利最大化目标下的可再生能源消费模型，分析了可再生能源再生率及贴现率对最优价格路径的影响；Botterud 等（2005）分别以社会福利最大化和自身利润最大化为目标建立电力投资实物期权模型，分析了不同决策目标环境下的最优投资时机和社会福利。

1.2.3 可再生能源上网电价机制研究

对可再生能源发电实行价格补贴是世界各国较为广泛运用的政策手段，现有研究主要集中在上网电价机制的价格水平设计、价格调整方法、成本分摊方法以及对可再生能源电力价格补贴的效果评价等方面。

价格水平设计目前有两种基本方法，一是测算可再生能源发电项目的水平成本，称为成本基准方法，类似于平均成本法；二是测算可再生能源发电项目的价值，根据可再生能源电力所替代的传统电力的外部成本来估计，可称为价值基准法，类似于边际成本法。根据 Couture 等（2010）的分析，欧洲多数国家采用成本基准方法，而美国许多州和欧洲个别国家采用价值基准方法。就两种方法而言，价值基准的测算难度要远高于项目成本基准，按 Couture 等（2010）、Madlener 和 Stagl（2005）所做的分析，这主要缘于可再生能源电力的正外部性缺乏令人信服的计量手段和信息不对称。潘庆（2012）对固定电价制度存在的问题进行了分析，并对此项制度的完善提出若干具体建议。黄珺仪（2011a）对固定价格和可交易的绿色证书两种政策进行了比较研究。

价格调整方法主要包括价格水平的定期修订和价格递减机制，第一种方法简单易行而被大多数国家所采用，而价格递减机制因可以激励技术进步和成本降低从而可以取得更好的效果。但 Ragwitz 等（2007）指出因技术学习曲线难以准确描述致使恰当的价格递减率难以确定。目前，学术界没有形成较为一致的递减率制定方法。

成本分摊方法方面，Ölz 和 Beerepoot（2010）研究发现，全网消费者共同承担成本而不会增加财政负担的方法是欧美发达国家偏爱上网电价（feed-in tariff）政策的重要原因；赵子健和赵旭（2012）将 Ramsey 定价理论应用于售电环节，探讨了可再生能源上网电价的分摊机制；时璟丽和王仲颖（2008）对可再生能源电价附加征收和费用分担制度进行评述，总结了现有费用分摊方式的实施情况、效果并分析了存在的问题。

效果评价方面，现有的众多研究成果已对各类上网电价支持机制的效率和效益评估形成了一致观点，并以"发展速度"为评价指标，与实施其他政策为主的国家相比，采取以上网电价机制为主要支持政策的国家可再生能源发展效果更为显著。如 Butler 和 Neuhoff（2008）对英国与德国风电发展政策成效的比较表明，德国的风电上网电价政策取得了很好的效果；Lipp（2007）对丹麦、德国、英国的可再生能源政策有效性的比较也表明，实行上网电价政策为主的丹麦、德国，可再生能源发展状况要比实行可再生能源配额标准为主的英国更好；Couture 等（2010）的研究表明，利用竞争性询价方法设计适当的上网电价政策可能比实行可再生能源配额标准制度更具成本效益性；针对固定上网电价机制的成本劣势，Cai 和 Du（2017）应用数理模型并结合风电产业的特征和发展现状分析财税政策对促进风电投资与进行风险管理的作用；Cai 和 Gao（2015）对我国现行的可再生能源电力行业激励政策进行梳理，从发电技术、补贴、税收等视角分析、评价可再生能源电力现行激励政策的有效性。学者普遍认为中国可再生能源电力价格补贴机制确保了企业的成本和合理回报，但是，这样的价格机制对企业激励较小，不利于企业效率的提升，并认为不合理的价格机制是中国可再生能源企业发电效率低下的原因之一，也是目前可再生能源政策中最致命的缺陷。

1.2.4 结论与启示

从前文对以上三类文献的梳理来看，主要可以得出以下一些结论和启示。

（1）目前针对可再生能源电价形成机制原理的研究尚存在不足，大都偏重在常规能源电价基础上如何对可再生能源发电进行补贴、优惠等，缺乏相应的基础理论框架以指导解决实际中的各种可再生能源电价机制设计问题。

（2）可再生能源电力投资延迟效应是一种极为复杂的不确定效应，受到分别源于不确定性（如技术、发电并网量、政策等）、竞争（多元化能源结构下可再生能源电力之间、可再生能源与传统化石能源电力之间）的实物期权价值、策略价值以及可再生能源正负外部性等的综合影响。同时，在某种程度上它又是可控的，这主要取决于价格机制的有效性和合理性。已有研究大都关注于延迟投资带给投资者的红利而忽略带给社会福利的代价。因此，只有综合考虑影响可再生能源电力投资延迟效应的各种因素，发现并掌握可再生能源电价机制形成机理，并以此为基础设计出科学的价格机制，才能实现对延迟效应的有效控制。

（3）现有研究对结合可再生能源产业发展阶段，针对性地设计价格机制的研究还不足；如何在机制设计中既考虑不同的成本影响因素，又能较好地实现成本控制尚有待深入研究。

（4）目前对可再生能源政策机制的研究更多地注重其便利性和实效性，对于政策制定和实施的公平合理性探讨较少。

（5）对可再生能源电价机制所产生社会福利影响的定量研究还十分欠缺，目前的研究基本限于定性讨论，或者在对国外各类价格体系实施效果、经验总结的基础上对我国进行适用性分析，缺乏较有说服力的理论依据和量化分析工具。因此，从社会计划者或电力监管者的视角，分析可再生能源电价机制通过影响可再生能源电力投资决策进而影响社会福利的研究思路更具合理性和针对性。

1.3 本书内容及结构安排

全书共分 11 章，各章具体内容如下。

第 1 章为导论，主要介绍本书研究的意义、国内外研究现状、本书的创新点、结构和主要研究方法。其中，重点突出研究意义与相关文献综述，明确本书与以往研究的不同之处，力求展现给读者一个较为清晰的本书全貌，在总体上发现本书的意义、价值所在。

第 2 章为多元化能源电力市场中的博弈特征与模型，主要对我国与可再生能源技术成熟国之间的技术自主研发、技术引进策略所进行的博弈，不同补贴政策下采取自主研发和技术引进两种发展路径的企业间的博弈，政府与采用传统发电方式和可再生能源发电方式企业间的博弈展开分析，并考虑可再生能源电力技术发展和成本下降所具有的不确定预期及竞争带给可再生能源电力投资决策的不确定影响，梳理可再生能源电力投资中的实物期权特征和相关研究成果，并重点介绍几种用于处理可再生能源电力投资决策问题的期权博弈模型构建方法和思路。

第 3 章为可再生能源电力投资决策特征，在对可再生能源电力投资环境的分析基础上，从完全垄断情形入手，分别拓展到双寡头技术对称、双寡头技术非对称情形，然后针对具有代表性的可再生能源竞争性并网发电决策问题和不完全信息下的投资决策问题开展具体研究，最后分析混合价格补贴机制下的可再生能源电力投资决策规律与特征。

第 4 章为企业碳配额分配与社会福利，主要在不可能完全放弃化石能源电力的前提下，研究政府兼顾社会福利和减排成本的多目标条件下的企业最优碳配额分配方式，是对可再生能源电价机制及相关补贴、扶持政策的完善、优化的全新思路和必要补充。

第 5 章为可再生能源电力投资的社会福利模型，本章从众多具有不同特征和过程的现象中挖掘可再生能源电力投资中的本质或典型特征，以形成此类社会福利问题的基本模型参考或思路。

第 6 章为可再生能源电力外部性与激励，展开对可再生能源电力外部性及其评价方法、解决方案的研究，并对可再生能源电力现状、现行激励政策做出评价，以财税政策对风电投资的影响为案例展开分析。

第 7 章为基于社会福利的可再生能源 R&D 激励政策评价，对通过研发可再生能源发电新技术从而垄断清洁能源新兴市场的两非对称企业，结合投资时机选择期权博弈和社会福利模型,通过数值模拟以分析社会福利与影响其变化的补贴政策及其他诸多因素间的动态变化特征并提出相应的可再生能源电力 R&D 激励政策建议。

第 8、9、10 章为中国可再生能源上市公司并购动因与绩效关系的实证研究部分,即"企业并购篇",以中国可再生能源企业的并购及并购方企业为研究对象,选取 2005~2017 年中国沪深交易所上市的 82 家并购方上市公司、100 个并购事件为样本,用会计分析法、管理层问卷调查法等方法,从国有、民营两种类型企业的并购绩效比较的视角,研究中国可再生能源上市公司并购动因、并购绩效、并购模式等问题。

第 11 章为全书的总结与展望,对本书所涵盖的研究成果和所完成的研究内容、研究要点等做出总结,并对进一步研究做出展望。

1.4 本书的主要创新

本书针对"双碳"下的可再生能源电价机制形成机理进行了一系列探索性和开拓性研究,研究思路和研究方法涉及多学科知识的综合应用,对诸多理论和知识进行了拓展和探索,研究内容具有挑战性,研究方法和手段具有创新性。项目研究成果对形成可再生能源电价机制评价与管理的基础性理论具有重要的学术意义,主要创新和学术价值、科学意义体现如下。

第一,不同于以往偏重某一特定情形下的电价机制设计问题研究,项目所建构的可再生能源电价机制评价与管理的基础理论框架具有一定的开创价值,其研究意义更为深远。

第二,项目以社会计划者的宏观视角,分析可再生能源电价机制通过影响投资决策进而影响社会福利的研究思路更具针对性和实用性,弥补了之前相关量化分析研究相对缺乏的不足。

第三,针对可再生能源和化石能源电力在碳排放方面的根本区别,对政府兼顾社会福利和减排成本的多目标下的最优碳配额分配、政府公平以及减排效率差异对二者和企业减排技术投资策略所产生的影响的研究,在丰富碳配额分配相关理论的同时,也对可再生能源电价机制理论和相关激励政策的内涵和外延进行了拓展,为现代能源体系的构建和评价研究提供新的尝试与借鉴。

第四,综合考虑影响可再生能源电力投资延迟效应的各种因素,通过对延迟效应的有效控制并让其服务于社会福利的思路,有别于以往重视延迟投资带给投资者的红利而忽略带给社会福利的代价的做法,从而实现对延迟效应更为公平的评价。

第五,通过创新性地将可再生能源电力的零排放效应或所避免的环境治污成本与全体电力消费者的消费者剩余有效对接，在弥补传统社会福利模型在处理这一外部性难题时的不足的同时，也为以后类似问题的研究提供了更新的思路和视角。

第六，基于电力改革转型期这一特殊背景，通过构建同时包含固定电价制度和配额制度的混合价格补贴实物期权投资模型，创新性地分别从固定电价度电补贴率、绿色电力证书度电价格率、上网电价波动率三方面对项目投资门槛进行数值模拟，进而揭示出改革转型期下的可再生能源电力投资决策特征，并为混合价格补贴机制的制定和完善提供有益借鉴。

第七，由于对中国可再生能源上市公司并购动因、并购绩效的研究较长时间以来一直是个空白，而对国企、民企并购绩效的比较更是一个空白。本书探索性地分析了在中国改革开放、经济快速发展，中国可再生能源产业迅猛发展的大背景下，对产业内上市公司并购的主要动因与并购绩效，特别是从国企、民企比较研究的视角，对并购主要动因、绩效的关联关系、绩效优劣、并购模式等进行了一系列的分析研究，具有一定的创新性和开创性。研究中，我们从现实需要和理论探索出发，探讨国企、民企两种所有制主导下并购绩效的优劣，以及并购模式对并购绩效影响的分析，对政府可再生能源行业主管部门、资本市场主管部门、可再生能源业界的企业家有一定的启示和参考价值。

1.5 研究手段与方法

本书的研究内容主要来源于国家自然科学基金面上项目、四川省科技计划重点研发项目、四川省科技计划应用基础研究项目、四川省社会科学"十三五"规划重点项目和教育部人文社会科学研究项目，就实现各研究目标所采用的研究方法和手段而言，由于我们的研究对象是可再生能源电价机制，涉及不确定条件下的新技术创新及发电并网投资、各种竞争产生的期权博弈、碳配额最优分配、社会福利量化与最大化等复杂、多变问题，难以直接用语言来表述，更难直观推断出令人信服的结论。因此，必须借助于数学模型这一清晰且富有逻辑的表达工具。由于实物期权本身就涉及较为复杂的数学，如随机过程、动态规划、伊藤引理等，再加上博弈论、最优化、遗传算法，模型肯定会显得较为复杂。为了让源于这些模型的定性结论便于理解和更有说服力，本书对隐含于各结论中的经济意义尽可能地予以挖掘和分析。

另外，对于难以直接求得解析解或难以进行比较分析的情况，本书采用对模型进行数值模拟分析的手段达到了研究目的，如基于社会福利的可再生能源 R&D 激励政策评价、企业碳配额分配与社会福利、混合价格补贴机制下的可再生能源电力投资决策等。

第 2 章　多元化能源电力市场中的博弈特征与模型

　　建设灵活、高效的电价机制除了必须从可再生能源电力的成本、技术等因素的形成特性入手，从可再生能源电力投资环境出发，深入研究可再生能源电力投资的微观过程及决策特征外，还必须研究电力市场各主体在不同情况下的行为特征。在市场经济条件下，电力市场中的传统发电和可再生能源发电必将在很长的时间内共存，利益冲突在所难免。特别是能源结构越来越多元化的今天，发电侧、供电侧、配电侧、需求侧以及政府等市场主体屡屡出现合作博弈和非合作博弈的情形，使其成为目前能源经济中日渐前沿的研究方向。

　　本章首先就我国与可再生能源技术成熟国之间的技术自主研发、技术引进策略所进行的博弈，不同补贴政策下采取自主研发和技术引进两种发展路径的企业间的博弈，政府与采用传统发电方式和可再生能源发电方式企业间的博弈展开分析，以诠释不同阶段的我国可再生能源发展战略、激励政策对企业自主研发新技术的促进作用以及碳税征收对促进新能源发电的有效性，并为我国可再生能源发展激励政策的不断完善提供借鉴。然后考虑可再生能源电力技术发展和成本下降所具有的不确定预期及竞争带给可再生能源电力投资决策的不确定影响，梳理可再生能源电力投资中的实物期权特征和相关研究成果，并重点介绍几种用于处理再生能源电力投资决策问题的期权博弈模型构建方法和思路。

2.1　多元化能源电力市场中的博弈分析

2.1.1　博弈主要参与者的经济效益影响因素

　　电力体制实施网厂分离改革后，电网企业和发电企业分别成为不同的经济利益主体，都以追求投资收益和经济效益相对最大化为经营目标。因此，在可再生能源电力上网博弈过程中，主要参与者有：可再生能源发电企业、电网企业、传统发电企业以及政府和用户等。

　　发电企业将生产的电力销售给电网企业，也就是说，发电企业的销售收入就是电网企业的购电成本。由于发电企业分为可再生能源发电和传统能源发电，因此，可再生能源发电企业不仅面临与本行业企业的竞争，还面临与传统能源发电企业的博弈。为了使有限利益最大化，发电企业始终存在增加上网电量和提高上网电价的动机与动力；而电网企业则要想方设法降低购电费用、购电单价以及降低电网维护费用，努力降低购电成本，拓展利润空间。

电网企业的盈利主要通过销售电价与购电成本差来体现，因此影响电网企业盈利的因素主要包括销售电价和购电成本。销售电价是电力市场运行的核心要素，是市场传递供求变化最敏感的信号。电价有三种方式：政府定价，如最高限价方式，作为政府的一种监控手段；协议定价，一般在购电商和售电商的双边合同交易中实行；市场定价，是通过制定的市场规则，由买卖双方供求关系形成的电价。另外，电网企业还必须考虑到政府对可再生能源的积极导向，以及在可再生能源发电企业和传统发电企业之间的利益平衡。

政府在这些博弈关系中主要作用在于解决可再生能源电力外部性，以利于推动可再生能源的发展；监督各个企业正常、平稳发展，合理、合法地进行博弈竞争和经营。

2.1.2 博弈基本假设及模型分析

1. 技术博弈分析

从国家层面而言，各个国家对可再生能源的投资力度和推广程度不一样，可再生能源电力技术发展不同步，导致国家层面上的发电技术有差别。因此，发电技术相对落后的国家在发展可再生能源电力上，面临技术引进和自我提升技术的选择，由于这个选择而产生的利益差异则构成了一种博弈。在可再生能源产业发展初期，国内企业大部分愿意选择技术引进，从经济利益的角度出发，是符合每个企业的利益最大化目标的，但对于中国整体的风电产业发展而言，却不是件好事。由此，我们可以构造一个完全信息静态博弈模型来分析中国政府在可再生能源产业发展初期的政策。

博弈参与者为中国政府和技术成熟国家政府。每个参与者面临的策略均为：技术自主研发、技术引进。为便于分析，作如下假设。

（1）某项技术研发投入的成本为 C_1、C_2（中国、技术成熟国家），若研发成功，可获得的收益为 U。

（2）当中国与技术成熟国家都开展研发时，由于中国整体科技水平的落后，$C_1 > C_2$。

（3）如果技术成熟国家和中国同时研发成功，则所得收益平均分。

（4）若一方率先研发成功，可以得到全部收益，并且另一方转为技术引进，研发成功一方可以得到技术转让的额外收益 V。

（5）技术引进的成本为 Y，所得收益为 T，假设 $T>Y$。

用战略式来描述博弈，可以得到如表 2-1 所示的博弈支付矩阵。

表 2-1　技术研发博弈支付矩阵

		技术成熟国家政府	
		技术引进	自主研发
中国政府	技术引进	0，0	$T-Y$，$U+V-C_2$
	自主研发	$U+V-C_1$，$T-Y$	$0.5\times U-C_1$，$0.5\times U-C_2$

从表 2-1 可以分析得出，当 $0.5\times U-C_1>T-Y$ 且 $U+V-C_1>0$，即中国选择自主研发时，由于 $C_1>C_2$，则有 $0.5\times U-C_2>0.5\times U-C_1>T-Y$，博弈的均衡解必然是（自主研发，自主研发）；当 $0.5\times U-C_1<T-Y$ 且 $U+V-C_2>0$，即中国选择技术引进时，博弈的均衡解是（技术引进，自主研发）。

本模型有一个重要假设：技术成熟国家的科研水平高于中国。从结果中可以看出，在这一假设前提下，无论中国是选择自主研发还是技术引进，技术成熟国家选择自主研发得到的收益总是不小于技术引进得到的收益，所以研发应该成为技术成熟国家的相对占优战略。而在技术成熟国家选定研发的前提下，中国选择技术引进得到的收益高于自主研发，因此，中国的占优战略是技术引进。因此，在上述博弈中的唯一纳什均衡为（技术引进，自主研发）。

可以看到，该博弈的纳什均衡受到假设的收益和成本的影响很大。所以，在可再生能源发电技术发展初期，以技术引进为主的战略是正确的。引进的方式有很多种，包括常规设备的引进、特许权国际招标、鼓励外资企业投资、多渠道的国际合作等。中国企业充分利用后发优势，通过各种方式，加强技术的引进和吸收，达到提高国内产业整体水平的目的，不断降低发电成本。随着国内风电产业的迅速发展，技术壁垒导致的风电机组成本的上升，已经大大降低了中国风电产业的整体利益。虽然对于单个风电设备制造企业而言，引进技术能很快产生经济效益，但从长远来看，受制于人的风电设备制造技术对风电产业的发展是有阻碍作用的。

2. 补贴政策博弈分析

随着中国近年来对新能源的大力推进，在国内创造了巨大的市场需求。在市场竞争初期，能够拿到更高的市场份额，将有利于遏制竞争对手，获得更大的市场利益。大部分企业都是通过购买国外技术和图纸，很短时间就可以投入生产，直接经济效益明显。因此，大批企业纷纷踏足新能源领域。只有少部分企业开始着手自主知识产权的技术研发。

以风电为例，风力发电机虽然是高科技产品，生产却很容易，买来图纸，和风电场签订供货合同后，把四处采购的发电机、变速箱、主轴、控制系统、桨叶等配件组装在一起，就成了一台台能够赚取利润的风力发电机。为了促进企业自主研发，财政部印发《风力发电设备产业化专项资金管理暂行办法》，明确了中央财政安排风电设备产业化专项资金的补助标准和资金使用范围，并将对风力发电设备制造商给予直接的现金补贴。

下面，通过建立一个简单的完全信息静态博弈，分析这种补贴政策对企业自主研发的促进作用。

博弈的参与者有两个企业：企业甲和企业乙。每个参与者的战略：自主研发、技术引进。为了便于分析，做出如下简化的假设。

(1) 企业技术引进成本为 Y，企业自主研发所投入的成本为 C。

(2) 自主研发或技术引进获得的技术所对应的收益均为 R。

(3) 政府对选择自主研发的企业给予补贴为 S，一般有 $C>S$。

用战略式来描述博弈，可以得到如表 2-2 所示的博弈支付矩阵。

表 2-2　专项补贴博弈支付矩阵

		企业乙	
		自主研发	技术引进
企业甲	自主研发	$R-C+S$，$R-C+S$	$R-C+S$，$R-Y$
	技术引进	$R-Y$，$R-C+S$	$R-Y$，$R-Y$

当 $C-S>Y$ 时，纳什均衡是（技术引进，技术引进）。

当 $C-S<Y$ 时，纳什均衡是（自主研发，自主研发）。

从结果中可以看出，在政府补贴的激励政策下，补贴的额度直接影响到企业选择自主研发的积极性。只有当政府补贴能使自主研发的成本低于技术引进的成本，企业才会考虑靠自己的能力提高技术水平。所以政府出台《风力发电设备产业化专项资金管理暂行办法》的目的，是通过补贴有效地促进中国风电企业的自主发展。

从电网企业角度来说，由于传统发电技术成熟，提供电力稳定、高效，新能源发电技术新颖，提供电力具有内在不稳定性，而且电力不稳定运行会导致电网企业增加电网维护以及电力调度等成本，因此，在电网企业收购发电企业电力的时候，会面临在两种企业之间做出权衡的情况。在这种情况下，电网企业很可能为了自身利益而拒绝新能源电力上网。2006 年 1 月 1 日开始实施的《中华人民共和国可再生能源法》制定了可再生能源中长期总量目标与发展规划，鼓励可再生能源产业发展和技术开发,支持可再生能源并网发电,实行可再生能源优惠,上网电价和全社会分摊费用,设立可再生能源财政专项资金等。中国目前已制定了以《中华人民共和国可再生能源法》为核心的法律体系,但很多条款提出了基本原则,却还不具备实施的条件。《中华人民共和国可再生能源法》规定:国家实行可再生能源发电全额保障性收购制度。但到目前就有近30%已吊装风电不能上网发电。为了调动电网公司对风电入网的积极性,国家对电网公司的接入风电给予一定的补贴。同样,我们可以构造一个完全信息静态博弈模型来分析这种正向激励政策的效果。

博弈参与者为电网企业和发电企业。电网企业有两个战略:收购和不收购。相应的,政府有三个战略:补贴、处罚和不作为(既不补贴也不处罚)。为便于分析,作如下假设。

(1)发电量为 E kW·h。

(2)政府规定的新能源平均上网电价为 X 元/kW·h,电网平均上网电价为 P 元/kW·h,一般 $X>P$。

(3)政府对电网企业收购新能源电力的补贴为 S 元/kW·h,对不收购新能源电力的处罚为 C 元/kW·h。

(4)电网企业因收购风电所需调度维护的平均成本为 W 元。

由此,我们可以得到这个博弈的支付矩阵如表 2-3 所示。

表 2-3 并网补贴博弈支付矩阵

电网企业		政府		
		补贴	不作为	处罚
	收购	$E(S-X+P)-W$,$-ES$	$-E(X-P)-W$,0	$-E(X-P)-W$,0
	不收购	0,0	0,0	$-EC$,EC

从表 2-3 可以看出,当电网企业选择不收购时,政府选择处罚得到的支付为 $EC>0$,处罚是占优战略。当政府选择处罚时,电网企业选择收购电力得到的支付为 $-E(X-P)-W$,而选择不收购的支付为 $-EC$,因此,电网企业选择什么战略取决于这两项取值的大小。

当 $-E(X-P)-W<-EC$ 时,即该博弈的唯一战略纳什均衡是(不收购,处罚);当 $-E(X-P)-W>-EC$ 时,即该博弈的唯一战略纳什均衡是(收购,处罚);当 $-E(X-P)-W=-EC$ 时,即是否收购对电网企业来说没有区别。

从博弈结果中可以看出,政府对电网企业接受新能源电力上网的补贴不会起到预期的效果。但是，对不接受新能源电力的电网企业进行适当额度的处罚，能够有效地促进新能源电力上网。而且处罚的额度应该大于政府规定的新能源电力上网电价同电网平价上网电价之差加上技术改造的单位成本。

因此，建立合适的经济激励机制，是促进新能源电力上网的重要举措。中国现行的补贴政策还需要进一步细化和深化。

3. 税收博弈分析

世界上很多国家都已经开始对化石燃料的利用征税，即对碳排放税的征收。碳税是一种污染税，它是根据化石燃料燃烧后排放碳量的多少，针对化石燃料的生产、分配或使用来征收税费的。碳税的征收最主要影响能源领域，以发电企业为例，本来已经高涨的火力发电成本会随着碳税的开征继续攀升，这会促使发电企业把投资重点转向新能源领域，去开发风电、光电、小水电等。而汽车企业也会加强在新能源车领域的投资，用电动动力代替传统的燃料动力。这种环境税种的征收将使火电成本增加，风电等新能源无疑将增强竞争优势。所以碳税的征收被认为是促进新能源发电的有效措施之一。

中国虽然还没开始对国内的传统发电企业开征碳税，但从欧美国家的经验来看，这一措施可能会对中国的新能源的发展带来好处。为了分析这一措施是否真的有效，现构造一个政府同发电公司之间的简单博弈。

博弈参与者为政府和发电公司。政府有两个战略选择：征收碳税和不征收碳税。发电公司也有两个战略：燃煤发电和风力发电，将不发电也作为发电公司的战略。为便于分析，作如下假设。

（1）燃煤电厂和风力发电厂都已经建成，二者的发电量分别为 E_1 kW·h、E_2 kW·h，为便于分析，记 $E = E_1 = E_2$。

（2）碳税税率为 T 元/kg 标准煤。

（3）燃煤电厂供电耗标煤为 A kg/kW·h，发电成本为 C_1 元/kW·h，上网电价为 P 元/kW·h。

（4）风力发电成本为 C_2 元/kW·h，上网电价与燃煤电厂相同。根据现阶段我国风电的成本计算，$C_2 > C_1$。

博弈的支付矩阵如表 2-4 所示。

表 2-4 征税的博弈支付矩阵

		发电公司	
		燃煤发电	风力发电
政府	征收碳税	ATE，$(P-C_1-AT)E$	0，$(P-C_2)E$
	不征收碳税	0，$(P-C_1)E$	0，$(P-C_2)E$

从该支付矩阵中可以看出，当政府选择不征收碳税时，发电公司肯定选择燃煤发电；如果政府的选择是征收碳税，则发电公司的战略选择取决于不同的战略组合的支付水平的比较。具体博弈分析如下。

在政府选择征收碳税的前提下，发电公司选择风力发电的充要条件是：$(P-C_1-AT)E < (P-C_2)E$，即 $AT > C_2 - C_1$。这说明，只有当征收的碳税满足上述条件时，发电公司才会选择风力发电，否则，发电公司仍将选择燃煤发电，而且这是唯一的纳什均衡。

从以上分析中可以看出，征收碳税并不能对促进新能源发电产生重要影响，反而可能会反作用于燃煤发电，影响发电公司对化石燃料发电的份额。

所以，可以得出这样的结论：在中国当前的风电产业发展水平上，希望以征收碳税来达到促进发电公司选择风力发电的意愿很难实现，或者说，单单靠征收碳税不能达到促进发电公司选择风力发电的目的。但随着中国自主研发能力的增强，风力发电的成本不断降低，则发电公司必然主动降低化石燃料发电的份额，增加风力发电的份额。

中国政府对开征碳税的必要性和可行性分析已经做了充分的说明。征收碳税有利于推动消耗化石燃料产生的外部负效应内部化，通过增加能源的使用成本以达到减少能源消耗的目的，所以开征碳税是促进中国节能减排和建立环境友好型社会的有效经济手段之一。

2.2 可再生能源电力投资的期权博弈模型

石油、天然气和煤炭等传统能源是资源有限的化石能源，人们对其大量地开发和利用是造成大气和其他类型环境污染与生态破坏的主要原因之一。如何解决长期的用能问题，以及在开发和使用资源的同时保护好人类赖以生存的地球的环境及生态，已成为全球关注的焦点问题。

在目前的技术水平条件下，发电技术是可再生能源商业化开发利用的重点。21世纪初以来，我国日益重视可再生能源的开发和利用，而要有效促进我国可再生能源产业的发展，激励可再生能源电力投资，必须深入研究可再生能源电力投资的微观过程和决策规律。

可再生能源电力的技术特点决定了它的成本形成特点。现实中，不同可再生能源电力技术发展和成本下降所具有的不确定预期，致使可再生能源电力投资商产生延迟投资的动机[①]。同时，可再生能源电力产品所具有的间歇性、不稳定性特

---

① 尽管在可再生能源发展初期曾出现过盲目性、冲动性投资热潮，但市场不会为无视可再生能源发展规律的投资行为买单的现实很快就使投资日趋理性。

点，电力市场和相关政策的不确定性等均会加重这种观望、延迟的动机。另外，相同可再生能源电力之间、不同可再生能源电力之间、可再生能源发电商与电网间的竞争和博弈关系又往往会削弱这种观望动机。综合两方面，将对可再生能源电力投资产生不确定影响，处理此类问题，应用期权博弈理论和方法已逐渐成为学术界共识。

目前，对可再生能源电力投资决策的研究主要表现在对拥有延迟期权的电力投资项目应用实物期权方法进行最优投资时机及投资价值分析方面[①]。而相关可再生能源电力投资延迟效应的研究已在前文1.2.1节完成梳理，在此不再赘述。

以上文献大多集中于实物期权方法在单个可再生能源电力投资或定价中的情形，应用期权博弈方法对可再生能源电力投资决策开展研究相对较少。孟力等（2007）研究了发电企业在非对称双头垄断市场结构中的投资策略；黄文杰和黄奕（2010）构造了一种基于投资者不同风险偏好的发电期权博弈投资决策模型。正基于此，本书在对可再生能源电力投资环境分析的基础上，从完全垄断情形入手，然后拓展到双寡头技术对称、双寡头技术非对称情形，分别构建可再生能源电力投资的期权博弈模型，为此类问题的进一步研究打下基础，同时也对模型的拓展范围提供崭新视角。

2.2.1 完全垄断情形

可再生能源是新兴的产业，其在技术发展、产业规模、管理水平等方面的进步促使了成本的降低，即可再生能源电力长期成本具有程度不同的下降空间。

此时需要解决的问题分两种情况：一是当企业面临学习曲线和可再生能源电力价格的随机性变化时如何进行生产决策，此时的边际生产成本$C(Q)$随着累加的电力产出Q下降，直到它达到最低的水平$\bar{c}$。令c表示初始的边际生产成本，Q_m表示学习储存时的累加性产出，可以将边际生产成本函数记为

$$C(Q) = \begin{cases} ce^{-\gamma Q}, & Q < Q_m \\ ce^{-\gamma Q} = \bar{c}, & Q \geqslant Q_m \end{cases} \quad (2\text{-}1)$$

假定企业以价格P出售其电力，价格服从以下几何布朗运动[②]：

$$dP = \alpha P dt + \sigma P dz \quad (2\text{-}2)$$

---

① 当引入竞争时，必须应用期权博弈理论来分析投资决策问题。期权博弈的一般结论是：实物期权提升决策权价值，延迟投资；而参与者相互间博弈的策略价值却减少决策权价值，加快投资。
② 当现实中实行固定上网电价时，P为常数，此时$\alpha = \sigma = 0$。

式中，$0 < \alpha < r$；γ 为学习曲线常数，反映边际成本随累加产出 Q 下降的程度；r、α、σ 分别为无风险利率、瞬时漂移率、瞬时波动率；dz 为标准维纳过程增量。假定企业均为风险中性。令 $\delta = \mu - \alpha$，μ 为应用于 P 的经风险调整的贴现率。

企业价值将取决于 P 及它随着学习曲线（即累计的产出 Q）向下移动的程度。任意设定上网电量限制为 1，发电出力率为 x，约束于 $0 \leqslant x \leqslant 1$，则该问题的状态变量为 P 和 Q，控制变量为 x，问题是找到企业的价值 $V(P,Q)$，以及最优产出规则 $x^*(P,Q)$。

应用动态规划方法容易证明 $V(P,Q)$，必须满足以下偏微分方程：

$$\frac{1}{2}\sigma^2 P^2 V_{PP} + (r-\delta)PV_P + xV_Q - rV + x[P - C(Q)] = 0 \tag{2-3}$$

由于 $V(P,Q)$ 对 x 是非线性的，最优的 x 要么为 0，要么为 1，即

$$x^*(P,Q) = \begin{cases} 1 & P + V(Q) \geqslant C(Q) \\ 0 & 其他 \end{cases} \tag{2-4}$$

式（2-4）的经济意义在于：企业的当前单位产出产生了瞬时收益 P，以及以未来生产中下降的成本为形式的未来收益，它包含在企业价值 $V(Q)$ 的增量中，如果这些收益的总和超过当前生产成本 $C(Q)$，生产会被调整。

二是如果可再生能源电力长期成本的下降是另外一种外生过程，即边际生产成本的下降不由学习曲线产生，而是来源于行业的技术进步、国家政策等外部因素。这种情况下，投资延迟效应将会更为显著。当上网电价、发电出力一定时，边际生产成本的不断下降可转化为投资机会的价值即实物期权价值的不断上升。令可再生能源电力投资的沉没成本为 I，投资后将获得价值为 V 的可再生能源发电厂，给定 V 按下面的几何布朗运动变化：

$$dV = \alpha V dt + \sigma V dz \tag{2-5}$$

用 $F(V)$ 表示投资期权的价值，目的是找到使 $F(V)$ 最大化的规则。由于在任何时刻 t 来自投资的回报为 $V_t - I$，问题就是最大化其预期现值：

$$F(V) = \max E[(V_T - I)e^{-\rho T}] \tag{2-6}$$

式中，E 为预期；T 为作出投资的（未知的）未来时间；ρ 为贴现率，最大化受到关于 V 的方程式（2-5）的约束。同时，为使研究问题有意义，必须假定 $\alpha < \rho$，否则，企业等待更长时间总是更好的选择，而最优解则不存在。于是令 $\delta = \rho - \alpha > 0$。

接下来，利用动态规划求解该最优停止问题。在连续时间段（对应于现实中的可再生能源电力发展初期，投资价值并不是最优时）的贝尔曼方程为

$$\rho F dt = E(dF) \tag{2-7}$$

利用伊藤引理来展开 dF，得到微分方程：

$$\frac{1}{2}\sigma^2 V^2 F''(V) + \alpha V F'(V) - \rho F = 0 \tag{2-8}$$

此外，$F(V)$ 必须满足以下边界条件：

$$F(0)=0 \tag{2-9}$$

$$F(V^*) = V^* - I \tag{2-10}$$

$$F'(V^*) = 1 \tag{2-11}$$

为满足式（2-9），微分方程（2-8）的解必须采用下列形式：

$$F(V) = AV^{\beta_1} \tag{2-12}$$

式中，$\beta_1 = \frac{1}{2} - \frac{\rho-\delta}{\sigma^2} + \sqrt{\left(\frac{\rho-\delta}{\sigma^2} - \frac{1}{2}\right)^2 + \frac{2\rho}{\sigma^2}} > 1$。将式（2-12）代入价值匹配条件（2-10）和平滑粘贴条件（2-11）求解得

$$V^* = \frac{\beta_1}{\beta_1 - 1} I \tag{2-13}$$

$$A = \frac{V^* - I}{(V^*)^{\beta_1}} = \frac{(\beta_1 - 1)^{\beta_1 - 1}}{(\beta_1)^{\beta_1} I^{\beta_1 - 1}} \tag{2-14}$$

这样，式（2-12）~式（2-14）就给出了投资机会价值及最优投资规则，即在临界值 V^* 处投资是最优的。容易证明，$\frac{\partial \beta_1}{\partial \sigma} < 0$，即随着 σ 递增（不确定性增强），β_1 递减，那么 $\frac{\beta_1}{\beta_1 - 1}$ 递增，投资临界值 V^* 也随之递增。类似的 $\frac{\partial \beta_1}{\partial \delta} > 0$，则随着 δ 递增（资本成本率比瞬时漂移率大得越多），β_1 递增，投资临界值 V^* 则随之递减。经济意义上讲，可再生能源电力长期成本下降的不确定性越高，瞬时漂移率（此处可理解成单位时间内边际生产成本的下降幅度）越大，企业越愿意等待，即等待的价值越大，投资延迟的期望时间也就越长。反之亦然。

有了以上基本模型为基础，接下来将围绕可再生能源电力边际生产成本的随机变化与投资后企业价值的随机变化之间的关系，放松电价与上网电力限制等约束条件，拓展现有模型，更加全面、准确地揭示可再生能源电力投资延迟时间与电价、成本变动等之间的动态变动规律。

2.2.2 双寡头技术对称情形

在以上完全垄断情形基础上，引入竞争。我们首先将模型拓展到双寡头技术对称情形，即两家可再生能源电力投资商投资相同的可再生能源技术用于发电，假设电网对该可再生能源电力的需求和电价之间的反需求曲线为

$$P = YD(Q) \tag{2-15}$$

式中，倍增的漂移变量 Y 源于国家对可再生能源电力发展的激励和社会对其迫切的需求，它服从以下几何布朗运动：

$$dY = \alpha Y dt + \sigma Y dz \tag{2-16}$$

产业的产出（发电出力）Q 为 0、1 或 2，取决于投资企业的数量。两家企业都可以通过承受沉没成本 I 来投资发电。生产中没有可变成本（可在后续研究中放宽这一条件），为简化记号，假定企业为风险中性的，或者 Y 的风险与整体市场风险之间为零相关。这样，所有的确定和不确定的未来成本与收益的贴现率都是无风险利率 r。

采用动态博弈逆向求解法，先考虑追随者投资时所获得的利润流为 $YD(2)$，促使追随者投资的临界值 Y_2 应满足：

$$Y_2 D(2) = \frac{\beta_1}{\beta_1 - 1} \delta I \tag{2-17}$$

式中，β_1 和 δ 均为通常的含义。如果 $Y \geqslant Y_2$，追随者立即投资，并得到价值 $\frac{YD(2)}{\delta} - I$。如果 $Y < Y_2$，追随者将等待，直到临界值第一次达到才投资，令 T 为初始需求冲击经随机过程第一次达到 Y_2 时的（随机的）时刻，则 $T = \inf\{t \geqslant 0 | Y_t \geqslant Y_2\}$。因此，其预期现值为 $E\left[e^{-rT}\right]\left[\frac{Y_2 D(2)}{\delta} - I\right]$，计算这一预期，得到追随者的价值：

$$V_2(Y) = \begin{cases} \dfrac{Y_2 D(2)}{\delta} - I & Y \geqslant Y_2 \\ \left(\dfrac{Y}{Y_2}\right)^{\beta_1} \left[\dfrac{Y_2 D(2)}{\delta} - I\right] & Y < Y_2 \end{cases} \tag{2-18}$$

下面考虑领导者，如果 $Y \geqslant Y_2$，追随者将立即投资，而领导者的利润流也会

变为 $YD(2)$,与追随者一样;如果 $Y<Y_2$,追随者将等待,此时,领导者将会有较大的利润流 $YD(1)$,其期望值为 $E\left[\int_0^T \mathrm{e}^{-rT}YD(1)\mathrm{d}t\right]E\left[\mathrm{e}^{-rT}\right]\left[\dfrac{Y_2D(2)}{\delta}-I\right]$,通过计算期望值得到领导者的价值:

$$V_1(Y)=\begin{cases}V_2(Y)=\dfrac{YD(2)}{\delta}-I & Y\geqslant Y_2\\ \left(\dfrac{1}{\delta}\right)YD(1)\left[1-\left(\dfrac{Y}{Y_2}\right)^{\beta_1-1}\right]+\left(\dfrac{Y}{Y_2}\right)^{\beta_1}\dfrac{Y_2D(2)}{\delta}-I & Y<Y_2\end{cases} \quad (2\text{-}19)$$

这样,通过以上对双寡头技术对称期权博弈模型的初步构建,为后续的拓展、深入研究打下基础。

2.2.3 双寡头技术非对称情形

此种情形的研究背景主要基于现实中可再生能源替代传统化石能源的另一种模式,即传统化石能源发电商经逐步改造转换成可再生能源发电商,这主要源于传统化石能源的日益枯竭、国家政策等因素的综合作用。

双寡头技术非对称情形下的模型构建可借鉴蔡强和曾勇(2010)针对双寡头企业各自研发出面向同一新兴市场的两种专利技术时的做法。假定双寡头企业在同一个已有电力市场上竞争[①],分别拥有对传统能源技术的替代技术即可再生能源发电技术,正等待时机进行转换。由于转换要付出沉没成本,实际上也可看作对可再生能源电力的投资。假定每家企业拥有 1 单位可再生能源发电出力的潜力,并通过承受沉没成本 I 而启动。可再生能源电力市场的总产出为 0、1 或 2,取决于进行转换的企业的数量。两企业分别记作企业 1 和企业 2,其可能状态分别记作 $N_1\in\{0,1\}$,$N_2\in\{0,1\}$。其中,0 表示尚未对可再生能源电力投资,仍提供化石能源电力产品;1 表示企业已对可再生能源电力投资,提供可再生能源电力产品。企业产出的价格由两方面因素决定:一是来自整体性可再生能源产业需求冲击,用 Y 表示;二是来自特定企业的需求冲击,用 X_1、X_2[②]表示。$D_{N_1N_2}$、$D_{N_2N_1}$[③]表示电网对企业 1、2 各自的确定性市场需求参数。则企业 1、2 的单位产出 P_1、P_2 分别由式(2-20)、式(2-21)给出:

---

① 电力产品对消费者而言是无差别的,竞争来源于电网对发电商的不确定性发电需求。
② 此处用特定企业需求冲击体现双寡头间的非对称性:一是由可再生能源电力不同技术、成本形成特点和不同发展阶段所导致的不同收益水平;二是电网公司由于技术、成本等原因产生对上网电力产品不同的"偏爱"。
③ 实际上,单就确定性市场需求参数 $D_{N_1N_2}$、$D_{N_2N_1}$ 而言,两企业是对称的。比如当 $D_{N_1N_2}=D_{00}$ 时,$D_{N_2N_1}=D_{01}$;反之亦然,即 $D_{10},D_{01},D_{00},D_{11}$ 对双方来说是一样的,差别在于来自特定企业的需求冲击 X_1、X_2。

$$P_1 = X_1 Y D_{N_1 N_2} = \begin{cases} Y D_{N_1 N_2} & N_1、N_2 不全为1 \\ (1+K) Y D_{11} & N_1 = N_2 = 1 \end{cases} \quad (2\text{-}20)$$

$$P_2 = X_2 Y D_{N_2 N_1} = \begin{cases} Y D_{N_2 N_1} & N_1、N_2 不全为1 \\ (1-K) Y D_{11} & N_1 = N_2 = 1 \end{cases} \quad (2\text{-}21)$$

对于 X_1、X_2，有两种取值可能：一是 $X_1 = X_2 = 1$，是指两家都还没有转换或一家转换另一家没转换时的情形。前者中，对监管部门而言，传统能源电力产品没有区别。后者中，因市场对可再生能源电力产品的渴望和别无选择，无论哪家转换后都会得到一样的青睐。二是 $X_1 = 1+K, X_2 = 1-K, K \in [0,1]$，是指两家都转换后，企业的非对称性将发生作用并具体表现为双方具有不同的需求冲击。令企业1为优势企业，企业2则称为劣势企业。令来自整体性产业需求冲击 Y 服从几何布朗运动：

$$\mathrm{d}Y = \alpha Y \mathrm{d}t + \sigma Y \mathrm{d}z \quad (2\text{-}22)$$

假定企业均为风险中性，其中，$0 < \alpha < r$（令 $\delta = r - \alpha > 0$，显然，如果 $\delta < 0$，那么企业将永远不会投资）；r、α、σ 分别为无风险利率、瞬时漂移率、瞬时波动率（均假设固定不变）；$\mathrm{d}z$ 为标准维纳过程增量，独立服从一个均值为0、方差为 $\mathrm{d}t$ 的正态分布。

另外，令市场需求参数满足以下不等式组：

$$D_{10} > (1+K)D_{11}, \ (1-K)D_{11} > D_{00}, \ D_{00} > D_{01}, \ (1-K)D_{11} > D_{01} \quad (2\text{-}23)$$

其中的经济意义分别为：企业率先转换的收益会超过双方同时转换时即使作为优势企业一方的收益；同时转换或投资时即使作为劣势企业一方的收益也大于初始情形即双方均未投资时的收益，体现出国家为鼓励投资可再生能源产品所发放的红利；一方的投资将使没有投资的一方收益恶化，即 $D_{01} < D_{00}$；同时，追随者的投资将增加其收益，即 $(1-K)D_{11} > D_{01}$。值得注意的是，不等式组(2-23)实际上是对非对称程度 K 的上限的约束，其意义在于让企业间的博弈得以产生。如果 K 太大即优势企业优势过大，劣势企业永远不会抢先，双方的博弈将变得非常明了。假定投资机会永远存在，模型中的参数均为共同知识，即博弈是完全信息下的。

2.3 本章小结

在多元化能源结构下的多方博弈市场中，各种博弈无处不在，本章首先分别就技术、激励政策和税收等三个方面，对我国与可再生能源发电技术成熟国之间、采取不同路径发展新技术的发电企业之间、传统发电企业与可再生能源发电企业之间的博弈关系展开重点分析。其次，如不同可再生能源发电技术之间、电网公司与发电企业之间、拥有不确定变化成本和技术的可再生能源电力企业与外部环境之间等都是该领域富有研究价值的方向。

基于可再生能源电力本身有别于传统化石能源电力的特征，本章针对可再生能源电力所处不确定性与竞争关系共存的复杂投资环境，构建从完全垄断到双寡头技术对称再到双寡头技术非对称等三类期权博弈模型，通过模型求解及均衡分析可以更加准确地发现、揭示可再生能源电力投资决策的基本特征与规律。同时，必须看到现实中的投资情形远比模型背景更为复杂，但有了基本模型后，进一步研究可考虑定量和不定量的发电出力、投产后的变动成本、不完全信息、产业政策因素、电价因素等，不断丰富期权博弈在可再生能源电力投资中的应用，为我国可再生能源电力发展激励机制的进一步优化提供重要决策依据，促进我国可再生能源长期发展战略和目标的实现。

第3章 可再生能源电力投资决策特征

可再生能源电价应是可再生能源电力投资、技术水平、成本，以及风险补偿和政府激励政策等的综合反映。可再生能源电力技术发展和创新的不确定性决定了可再生能源电力投资是一种不确定条件下的投资，表现出明显的期权特征。同时，不同可再生能源电力之间由于各自外部性的差异所产生的竞争，可再生能源电力与传统电力间的竞争，使得可再生能源电力投资决策问题必须依赖期权博弈模型理论及方法去解决。本章首先在对可再生能源电力投资环境的分析基础上，从完全垄断情形入手，其次拓展到双寡头技术对称情形，再次针对具有代表性的可再生能源竞争性并网发电决策问题和不完全信息下的投资决策问题开展具体研究，最后分析混合价格补贴机制下的可再生能源电力投资决策规律与特征。

3.1 完全垄断情形

可再生能源是新兴的产业，其在技术发展、产业规模、管理水平等方面的进步促使了成本的降低，即可再生能源电力长期成本具有程度不同的下降空间。此时需要解决的问题分两种情况：一是当企业面临学习曲线和可再生能源电力价格的随机性变化时如何进行生产决策，此时的边际生产成本 $C(Q)$ 随着累加的电力产出 Q 下降，直到它达到最低的水平 $\bar{c}$。令 c 表示初始的边际生产成本，Q_m 表示学习储存时的累加性产出，可以将边际生产成本函数记作：

$$C(Q) = \begin{cases} ce^{-\gamma Q} & Q \leqslant Q_m \\ ce^{-\gamma Q_m} = \bar{c} & Q \geqslant Q_m \end{cases} \tag{3-1}$$

显然，企业面对不同的可再生能源电力技术将具有不同的学习曲线和边际生产成本函数，为得到一般性理论模型，在此不做区分，我们将在以后的系统仿真和应用研究部分，通过国内外不同可再生能源电力技术的发展轨迹、实际成本等模拟不同的边际生产成本函数。

假定企业以价格 P 出售其电力，价格服从以下几何布朗运动：

$$dP = \alpha P dt + \sigma P dz \tag{3-2}$$

式中，$0<\alpha<r$（令 $\delta=r-\alpha>0$）；r,α,σ 分别为无风险利率、瞬时漂移率、瞬时波动率；$\mathrm{d}z$ 为标准维纳过程增量。假定企业均为风险中性。

企业价值将取决于 P 及它随着学习曲线（即累计的产出 Q）向下移动的程度。任意设定上网电量限制为 1，发电出力率为 x，约束 $0 \leqslant x \leqslant 1$，则该问题的状态变量为 P 和 Q，控制变量为 x，问题是找到企业的价值 $V(P,Q)$，以及最优产出规则 $x^*(P,Q)$。

应用动态规划方法容易证明 $V(P,Q)$，必须满足以下偏微分方程：

$$\frac{1}{2}\sigma^2 P^2 V_{PP} + (r-\delta)PV_P + xV_Q - rV + x[P-C(Q)] = 0 \quad (3\text{-}3)$$

由于 $V(P,Q)$ 对 x 是非线性的，最优的 x 要么为 0，要么为 1，即

$$x^*(P,Q) = \begin{cases} 1 & P+V(Q) \geqslant C(Q) \\ 0 & 其他 \end{cases} \quad (3\text{-}4)$$

式（3-4）的经济意义在于：企业的当前单位产出产生了瞬时收益 P，以及以未来生产中下降的成本为形式的未来收益，它包含在企业价值 $V(Q)$ 的增量中，如果这些收益的总和超过当前生产成本 $C(Q)$，生产会被调整。以此模型为基础，逐渐引入其他决策变量，拓宽模型范围，可探究存在学习曲线时的投资决策和投资延迟问题。

如果可再生能源电力长期成本的下降是另外一种外生过程，即边际生产成本的下降不由学习曲线产生，而是来源于行业的技术进步、国家政策等外部因素。这种情况下，投资延迟效应将会更为显著。当上网电价、发电出力一定时，边际生产成本的不断下降可转化为投资机会的价值即实物期权价值的不断上升。令可再生能源电力投资的沉没成本为 I，投资后将获得价值为 V 的可再生能源发电厂，给定 V 按下面的几何布朗运动变化：

$$\mathrm{d}V = \alpha V\mathrm{d}t + \sigma V\mathrm{d}z \quad (3\text{-}5)$$

用 $F(V)$ 表示投资期权的价值，目的是找到使 $F(V)$ 最大化的规则。由于在任何时刻 t 来自投资的回报为 $V_t - I$，问题就是最大化其预期现值：

$$F(V) = \max E[(V_T - I)\mathrm{e}^{-\rho T}] \quad (3\text{-}6)$$

式中，E 为预期；T 为作出投资的（未知的）未来时间；ρ 为贴现率，最大化受到关于 V 的方程式（3-5）的约束。同时，为使研究问题有意义，必须假定 $\alpha < \rho$，否则，企业等待更长时间总是更好的选择，而最优解则不存在。于是令 $\delta = \rho - \alpha > 0$。

接下来，利用动态规划求解该最优停止问题。在连续时间段（对应于现实中的可再生能源电力发展初期，投资价值并不是最优时）的贝尔曼方程为

$$\rho F \mathrm{d}t = E(\mathrm{d}F) \tag{3-7}$$

利用伊藤引理来展开 $\mathrm{d}F$，得到微分方程：

$$\frac{1}{2}\sigma^2 V^2 F''(V) + \alpha V F'(V) - \rho F = 0 \tag{3-8}$$

此外，$F(V)$ 必须满足以下边界条件：

$$F(0) = 0 \tag{3-9}$$

$$F(V^*) = V^* - I \tag{3-10}$$

$$F'(V^*) = 1 \tag{3-11}$$

为满足式（3-9），微分方程（3-8）的解必须采用下列形式：

$$F(V) = AV^{\beta_1} \tag{3-12}$$

式中，$\beta_1 = \frac{1}{2} - \frac{\rho - \delta}{\sigma^2} + \sqrt{\left(\frac{\rho - \delta}{\sigma^2} - \frac{1}{2}\right)^2 + \frac{2\rho}{\sigma^2}} > 1$。将式（3-12）代入价值匹配条件（3-10）和平滑粘贴条件（3-11）求解得

$$V^* = \frac{\beta_1}{\beta_1 - 1} I \tag{3-13}$$

$$A = \frac{V^* - I}{(V^*)^{\beta_1}} = \frac{(\beta_1 - 1)^{\beta_1 - 1}}{(\beta_1)^{\beta_1} I^{\beta_1 - 1}} \tag{3-14}$$

这样，式（3-12）~式（3-14）就给出了投资机会价值及最优投资规则，即在临界值 V^* 处投资是最优的。容易证明，$\frac{\partial \beta_1}{\partial \sigma} < 0$，即随着 σ 递增（不确定性增强），β_1 递减，那么 $\frac{\beta_1}{\beta_1 - 1}$ 递增，投资临界值 V^* 也随之递增。类似的 $\frac{\partial \beta_1}{\partial \delta} > 0$，则随着 δ 递增（资本成本率比瞬时漂移率大得越多），β_1 递增，投资临界值 V^* 则随之递减。经济意义上讲，可再生能源电力长期成本下降得不确定性越高，瞬时漂移率（此处可理解成单位时间内边际生产成本的下降幅度）越大，企业越愿意等待，即等待的价值越大，投资延迟的期望时间也就越长。反之亦然。

3.2 双寡头技术对称情形

在完全垄断情形基础上，引入竞争。我们首先将模型拓展到双寡头技术对称情形，即两家可再生能源电力投资商投资相同的可再生能源技术用于发电，假设电网对该可再生能源电力的需求和电价之间的反需求曲线为

$$P = YD(Q) \tag{3-15}$$

式中，倍增的漂移变量 Y 源于国家对可再生能源电力发展的激励和社会对其迫切的需求，它服从以下几何布朗运动：

$$dY = \alpha Y dt + \sigma Y dz \tag{3-16}$$

产业的产出（发电出力）Q 为0、1或2，取决于投资企业的数量。两家企业都可以通过承受沉没成本 I 来投资发电。生产中没有可变成本（可在后续研究中放宽这一条件），为简化记号，假定企业为风险中性的，或者 Y 的风险与整体市场风险之间为零相关。这样，所有的确定和不确定的未来成本与收益的贴现率都是无风险利率 r。

采用动态博弈逆向求解法，先考虑追随者投资时获得的利润流将为 $YD(2)$，促使追随者投资的临界值 Y_2 应满足：

$$Y_2 D(2) = \frac{\beta_1}{\beta_1 - 1} \delta I \tag{3-17}$$

式中，β_1 和 δ 均为通常的含义。如果 $Y \geqslant Y_2$，追随者立即投资，并得到价值 $\frac{YD(2)}{\delta} - I$。如果 $Y < Y_2$，追随者将等待，直到临界值第一次达到才投资，令 T 为从开始的需求冲击的随机过程达到 Y_2 时的（随机的）第一时刻，则 $T = \inf\{t \geqslant 0 | Y_t \geqslant Y_2\}$。因此，其预期现值为 $E\left[e^{-rT}\right]\left[\frac{Y_2 D(2)}{\delta} - I\right]$，计算这一预期，得到追随者的价值：

$$V_2(Y) = \begin{cases} \dfrac{Y_2 D(2)}{\delta} - I & Y \geqslant Y_2 \\ \left(\dfrac{Y}{Y_2}\right)^{\beta_1} \left[\dfrac{Y_2 D(2)}{\delta} - I\right] & Y < Y_2 \end{cases} \tag{3-18}$$

下面考虑领导者，如果 $Y \geqslant Y_2$，追随者将立即投资，而领导者的利润流也会变为 $YD(2)$，与追随者一样；如果 $Y < Y_2$，追随者将等待，此时，领导者将会有较大的利润流 $YD(1)$，其期望值为 $E\left[\int_0^T e^{-rT} YD(1) dt\right] E\left[e^{-rT}\right]\left[\frac{Y_2 D(2)}{\delta} - I\right]$，通过计算期望值得到领导者的价值：

$$V_1(Y) = \begin{cases} V_2(Y) = \dfrac{YD(2)}{\delta} - I & Y \geqslant Y_2 \\ \left(\dfrac{1}{\delta}\right) YD(1)\left[1 - \left(\dfrac{Y}{Y_2}\right)^{\beta_1 - 1}\right] + \left(\dfrac{Y}{Y_2}\right)^{\beta_1} \dfrac{Y_2 D(2)}{\delta} - I & Y < Y_2 \end{cases} \tag{3-19}$$

以双寡头技术对称期权博弈模型为基础，下面对具有代表性的可再生能源竞争性上网发电和不完全信息下的 R&D 投资问题展开研究。

3.3 可再生能源竞争性并网发电决策研究

可再生能源电力相比传统能源电力，在社会经济效益和环境效益等方面具有明显的正外部性和优势。同时，可再生能源电力在电网安全稳定运行和调度调峰等方面又有其固有的负外部性，如风能、太阳能等并网发电不仅会对电网安全稳定运行产生影响，还会对电网系统提出较强调峰能力要求，从而带来电网系统投资和部分电源运行成本的大幅度增加。显然，这种负外部性在作用于电网的同时，电网就会相应地做出基于自身利益最大化的反应，即电网对不同可再生能源电力实施歧视性收购政策[①]。因此，为了有效激励可再生能源电力投资，就必须深入研究可再生能源电力投资的微观过程和决策规律。

一方面，可再生能源电力发展过程中，源于技术、市场和相关政策的不确定性会使投资延迟。同时，源于可再生能源并网发电负外部性的电网歧视性收购将进一步强化这种延迟。另一方面，相同和不同可再生能源电力之间、可再生能源与传统化石能源之间、可再生能源发电商与电网之间的竞争、博弈关系又往往会削弱这种延迟动机。所有这些因素综合起来将对可再生能源并网发电决策产生不确定影响，处理此类问题，应用期权博弈理论和方法已逐渐成为学术界共识。

孟力和孙威（2005）基于期权博弈理论分析了在当前不确定市场条件下，非对称双寡头垄断市场结构中的发电企业投资博弈行为；许诺等（2007）在假定发电投资者进行投资决策时所面对的不确定性因素主要来自负荷增长并考虑竞争的情况下，构造基于期权博弈理论的发电投资数学模型和求解方法；陈建华等（2009）构建了可暂停期权发电项目价值测算模型，并对秸秆混烧发电和燃煤发电实际项目进行了投资价值和投资时机比较；臧宝锋等（2006）将电力市场短期发电决策和长期投资决策统一到一个模型框架中，基于样本路径依赖的开环信息结构建立了一个旨在描述自由竞争市场发电商长期行为的随机动态博弈模型；刘君等（2013）提出了基于实物期权理论的光伏发电投资决策模型；高波等（2010）构建了基于暂停期权的低碳发电项目投资价值模型及投资临界值计算模型；黄文杰和黄奕（2010）构造了一种基于投资者不同风险偏好的发电期权博弈投资决策模型；王晓天等（2012）运用演化博弈理论方法，建立可

---

① 尽管独立的和非歧视性的开放电网是实现电力自由贸易的必要条件，国家对可再生能源发电也做出全额收购的要求，但由于种种原因，非歧视性收购目前困难重重，并网难仍普遍存在。

再生能源发电企业与电网企业合作演化博弈模型，分析其动态演化过程。根据模型中复制动态和进化稳定策略的不同，分别讨论了不同情况下常规能源电力价格、补贴率、初始投入的边际成本和分配系数等参变量之间的关系及其对系统演化结果的影响；薛万磊等（2014）建立可再生能源并网保障系统动力学评估体系，在并网保障机制不同情景下模拟各行为主体的系统行为，提出促进我国可再生能源并网发电规模化发展的技术、政策、经济层面的措施、建议；杨继波和孔令丞（2014）对可再生能源并网定价进行文献综述；陈政等（2014）针对国内外在可再生能源发电电价形成机制和竞价策略方面的研究成果进行评述；Takizawa 等（2001）按经典的实物期权原则考虑了单个核电项目的最优投资问题；Kiriyama 和 Suzuki（2004）从环境政策出发，考虑了核电不会排放二氧化碳而具有的相对于传统电力能源的优势，并利用实物期权方法对这种优势进行定价；Gollier 等（2005）在 Dixit 和 Pindyck（1994）的基础上比较了不同的核电投资策略。

通过文献梳理发现，将实物期权方法用于可再生能源电力投资或定价的研究较为普遍，期权博弈理论的应用相对较少，特别是将电网对可再生能源电力的歧视性收购现实作为产生竞争性并网发电的重要因素来考虑，并放入非对称期权博弈模型中加以研究，这与以往的研究明显不同。这种思路、视角的转变及由此带来的研究结论将为相关制度、政策、管理创新提供有益借鉴和参考。正基于此，本章针对双寡头不同可再生能源电力技术，借鉴蔡强和曾勇（2010）针对双寡头企业各自研发出面向同一新兴市场的两种专利技术时的做法，构建可再生能源竞争性并网发电的非对称期权博弈模型，通过博弈均衡求解，最终揭示出电网收购歧视度与可再生能源竞争性并网发电博弈均衡类型之间的动态变化关系。

3.3.1 模型框架

假定双寡头企业在同一个已有电力市场上竞争，分别拥有对传统能源技术的替代技术即可再生能源发电技术，正等待时机进行转换。由于转换要付出沉没成本，在此看作可再生能源并网发电投资。假定每家企业拥有 1 单位可再生能源发电出力的潜力，并通过承受沉没成本 I 而启动。可再生能源电力市场的总产出为 0、1 或 2，取决于进行转换的企业的数量。两企业分别记作企业 1 和企业 2，其可能状态分别记作 $N_1 \in \{0,1\}$，$N_2 \in \{0,1\}$。其中，0 表示尚未使用可再生能源发电上网，仍提供化石能源电力产品；1 表示企业使用可再生能源发电上网。企业产出的价格由两方面因素决定：一是来自整体性可再生能源产业需求冲击，用 Y 表示；二是来自特定企业的需求冲击，用 X_1、X_2 表示①。$D_{N_1N_2}$、$D_{N_2N_1}$ 表示电网对企业 1、2 各自的确定性市场需求参数。则企业 1、2 的单位产出 P_1、P_2 分别由式（3-20）、式（3-21）给出：

$$P_1 = X_1 Y D_{N_1N_2} = \begin{cases} Y D_{N_1N_2} & N_1 、N_2 不全为 1 \\ (1+K) Y D_{11} & N_1 = N_2 = 1 \end{cases} \quad (3-20)$$

$$P_2 = X_2 Y D_{N_2N_1} = \begin{cases} Y D_{N_2N_1} & N_1、N_2 不全为 1 \\ (1-K) Y D_{11} & N_1 = N_2 = 1 \end{cases} \quad (3-21)$$

上式（3-20）、式（3-21）表示：当且仅当 $N_1 = N_2 = 1$ 时，$X_1 = 1+K, X_2 = 1-K, K \in [0,1]$ 时，被称作电网收购歧视度，称企业 1 为优势企业，表示可再生能源电力技术相对成熟，其发电负外部性相对较小，电网更愿意收购。否则，$X_1 = X_2 = 1$，这是指当只有一种或没有可再生能源电力产品上网时，相关政策迫使电网不能实行歧视性收购；令来自可再生能源电力行业整体性需求冲击 Y 服从以下几何布朗运动：

$$dY = \alpha Y dt + \sigma Y dz \quad (3-22)$$

企业均被假定为风险中性，其中，$0 < \alpha < r$；无风险利率、瞬时漂移率、瞬时波动率分别由 r、α、σ 表示，dz 为标准维纳过程增量，独立服从一个均值为 0、方差为 dt 的正态分布。令市场需求参数满足以下不等式组：

$$D_{10} > (1+K)D_{11}, \quad (1-K)D_{11} > D_{00}, \quad D_{00} > D_{01}, \quad (1-K)D_{11} > D_{01} \quad (3-23)$$

其经济意义为：企业率先转换的收益会超过双方同时转换时任何一方的收益；同时转换时，让任何一方的收益均大于初始情形时的收益，体现出国家为鼓励投资可再生能源产品所发放的政策红利；转换使没有转换一方收益恶化；追随者的投资将增加其收益。值得注意的是，不等式组也是对电网收购歧视度 K 的上限的约束，其意义在于让企业间的博弈得以产生。

3.3.2 企业价值

双寡头企业竞争性投资策略一般有三种：抢先投资，成为领导者；在对手之后投资，成为追随者；双寡头同时投资。我们将分三种情况对企业的价值进行分析。

1. 优势企业 1 成为追随者，劣势企业 2 成为领导者

此时，记领导者即劣势企业可再生能源电力投资时间为初始时刻，当来自可

---

① 此处用特定企业需求冲击体现双寡头间的非对称性：一是由可再生能源电力不同技术、成本形成特点和不同发展阶段所导致的不同收益水平；二是电网公司由于技术、成本、外部性等原因产生不同的收购歧视度。

再生能源电力产业的需求冲击达到一定程度,即 Y 超过门槛值 Y_1^F 时,追随者即优势企业开始投资,而找到临界值 Y_1^F 也就发现了优势企业担当追随者时的最佳投资时机。首先,式(3-24)给出了优势企业价值:

$$V_1^F(Y) = E\left[\int_0^{T_1} YD_{01}e^{-rt}dt\right] + E\left[e^{-rT_1}\right]E\left[\int_{T_1}^{\infty} Ye^{-rt}(1+K)D_{11}dt - I\right] \quad (3-24)$$

式中,$T_1 = \inf\{t \geq 0 | Y \geq Y_1^F\}$ 为需求冲击 Y 第一次达到 Y_1^F 的时间。

运用与 Dixit 和 Pindyck(1994)中类似的动态规划方法,得到追随者价值:

$$V_1^F(Y) = \begin{cases} \dfrac{YD_{01}}{\delta} + \left(\dfrac{Y}{Y_1^F}\right)^\beta \left\{\dfrac{Y_1^F[(1+K)D_{11} - D_{01}]}{\delta} - I\right\} & Y < Y_1^F \\ \dfrac{(1+K)YD_{11}}{\delta} - I & Y \geq Y_1^F \end{cases} \quad (3-25)$$

式中,$\beta = \dfrac{1}{2} - \dfrac{\alpha}{\sigma^2} + \sqrt{\left(\dfrac{\alpha}{\sigma^2} - \dfrac{1}{2}\right)^2 + \dfrac{2r}{\sigma^2}} > 1$。运用价值匹配、平滑粘贴等边界条件求得

$$Y_1^F = \frac{\beta}{\beta - 1} \frac{I\delta}{(1+K)D_{11} - D_{01}} \quad (3-26)$$

类似地,作为领导者的劣势企业的价值由式(3-27)表达:

$$V_2^L(Y) = E\left[\int_0^{T_1} YD_{10}e^{-rt}dt\right] + E\left[e^{-rT_1}\right]E\left[\int_{T_1}^{\infty} Ye^{-rt}(1-K)D_{11}dt\right] - I \quad (3-27)$$

利用前面追随者的结论,求解式(3-27)可以得到领导者的价值函数:

$$V_2^L(Y) = \begin{cases} \dfrac{YD_{10}}{\delta} - I + \left(\dfrac{Y}{Y_1^F}\right)^\beta \left\{\dfrac{Y_1^F[(1-K)D_{11} - D_{10}]}{\delta}\right\} & Y < Y_1^F \\ \dfrac{(1-K)YD_{11}}{\delta} - I & Y \geq Y_1^F \end{cases} \quad (3-28)$$

2. 优势企业 1 成为领导者,劣势企业 2 成为追随者

与上述情形相反,类似地得到追随者(此时为劣势企业)的价值函数:

$$V_2^F(Y) = \begin{cases} \dfrac{YD_{01}}{\delta} + \left(\dfrac{Y}{Y_2^F}\right)^\beta \left\{\dfrac{Y_2^F[(1-K)D_{11} - D_{01}]}{\delta} - I\right\} & Y < Y_2^F \\ \dfrac{(1-K)YD_{11}}{\delta} - I & Y \geq Y_2^F \end{cases} \quad (3-29)$$

运用价值匹配、平滑粘贴等边界条件求得临界冲击：

$$Y_2^F = \frac{\beta}{\beta-1}\frac{I\delta}{(1-K)D_{11}-D_{01}} \quad (3\text{-}30)$$

领导者（此时为优势企业）的价值函数：

$$V_1^L(Y) = \begin{cases} \dfrac{YD_{10}}{\delta} - I + \left(\dfrac{Y}{Y_2^F}\right)^\beta \left\{\dfrac{Y_2^F[(1+K)D_{11}-D_{10}]}{\delta}\right\} & Y < Y_2^F \\ \dfrac{(1+K)YD_{11}}{\delta} - I & Y \geqslant Y_2^F \end{cases} \quad (3\text{-}31)$$

3. 同时投资

由于是不同的可再生能源电力技术，博弈双方的最优同时投资临界点一定不同，分别记为 Y_1^M、Y_2^M，令 $T_1^M = \inf\{t \geqslant 0 | Y \geqslant Y_1^M\}$，$T_2^M = \inf\{t \geqslant 0 | Y \geqslant Y_2^M\}$，则 $V_1^M(Y)$、$V_2^M(Y)$ 分别为

$$V_1^M(Y) = E\left[\int_0^{T_1^M} YD_{00}e^{-rt}dt\right] + E\left[e^{-rT_1^M}\right]E\left[\int_{T_1^M}^\infty Ye^{-rt}(1+K)D_{11}dt - I\right] \quad (3\text{-}32)$$

$$V_2^M(Y) = E\left[\int_0^{T_2^M} YD_{00}e^{-rt}dt\right] + E\left[e^{-rT_2^M}\right]E\left[\int_{T_2^M}^\infty Ye^{-rt}(1-K)D_{11}dt - I\right] \quad (3\text{-}33)$$

采用 Dixit 和 Pindyck（1994）中使用的动态规划方法，分别求解得

$$V_1^M(Y) = \begin{cases} \dfrac{YD_{00}}{\delta} + \left(\dfrac{Y}{Y_1^M}\right)^\beta \left\{\dfrac{Y_1^M[(1+K)D_{11}-D_{00}]}{\delta} - I\right\} & Y < Y_1^M \\ \dfrac{(1+K)YD_{11}}{\delta} - I & Y \geqslant Y_1^M \end{cases} \quad (3\text{-}34)$$

$$V_2^M(Y) = \begin{cases} \dfrac{YD_{00}}{\delta} + \left(\dfrac{Y}{Y_2^M}\right)^\beta \left\{\dfrac{Y_2^M[(1-K)D_{11}-D_{00}]}{\delta} - I\right\} & Y < Y_2^M \\ \dfrac{(1-K)YD_{11}}{\delta} - I & Y \geqslant Y_2^M \end{cases} \quad (3\text{-}35)$$

运用价值匹配、平滑粘贴等边界条件求得临界冲击 Y_1^M、Y_2^M：

$$Y_1^M = \frac{\beta}{\beta-1}\frac{\delta I}{(1+K)D_{11}-D_{00}} \quad (3\text{-}36)$$

$$Y_2^M = \frac{\beta}{\beta-1}\frac{\delta I}{(1-K)D_{11}-D_{00}} \quad (3\text{-}37)$$

没有竞争即没有抢先威胁时投资所需的最优临界冲击 Y_1^L、Y_2^L：

$$Y_1^L = Y_2^L = \frac{\beta}{\beta-1}\frac{\delta I}{D_{10}-D_{00}} \tag{3-38}$$

3.3.3 均衡分析

1. 抢先均衡

当两个企业都试图成为领导者时，抢先均衡就会出现。由于非对称，双方的抢先动机一定不同，这取决于电网对两种可再生能源电力的收购歧视度，即 K 值的大小。当 K 值较大时，劣势企业的抢先动机较弱，抢先均衡定会出现；在 K 值较小时，此时，一旦随机过程达到某临界值 Y_{21}^P，劣势企业会抢先进入市场。

定义：$Y_{21}^P = \min_Y \{Y | V_2^L = V_2^F\}$，$Y_1^P = \min_Y \{Y | V_1^L = V_1^F\}$。令 $\varepsilon_1(Y) = V_1^L(Y) - V_1^F(Y)$，$\varepsilon_2(Y) = V_2^L(Y) - V_2^F(Y)$，则 Y_1^P、Y_{21}^P 分别为方程（3-39）、方程（3-40）的最小正实数解，即

$$\varepsilon_1(Y_1^P) = V_1^L(Y_1^P) - V_1^F(Y_1^P) = 0 \tag{3-39}$$

$$\varepsilon_2(Y_{21}^P) = V_2^L(Y_{21}^P) - V_2^F(Y_{21}^P) = 0 \tag{3-40}$$

尽管 Y_{21}^P 与 Y_1^L 的相对大小不能确定，但可以证明：$Y_1^P < \min[Y_{21}^P, Y_1^L]$ [参见 Pawlina 和 Kort（2006）]。这样，当 $Y_{21}^P < Y_1^L$ 时，优势企业将面对劣势企业的抢先投资威胁，不得不将投资门槛值提前至 Y_{21}^P，与劣势企业进行抢先博弈，从而产生抢先均衡。

我们用图 3-1 表示出现抢先均衡时企业分别成为领导者、最优同时投资和双方立即投资时的价值与成为追随者时的价值比较关系图，图 3-1（a）为优势企业，图 3-1（b）为劣势企业。

2. 顺序投资均衡

当劣势企业 2 完全没有抢先动机甘心成为追随者时，顺序投资均衡随之发生。此时，K 值较大，优势企业 1 不用考虑对手的交互策略，在 Y_1^L 处进入市场。而劣势企业 2 则等待 Y_2^F 的到来再投资。

(a) 优势企业

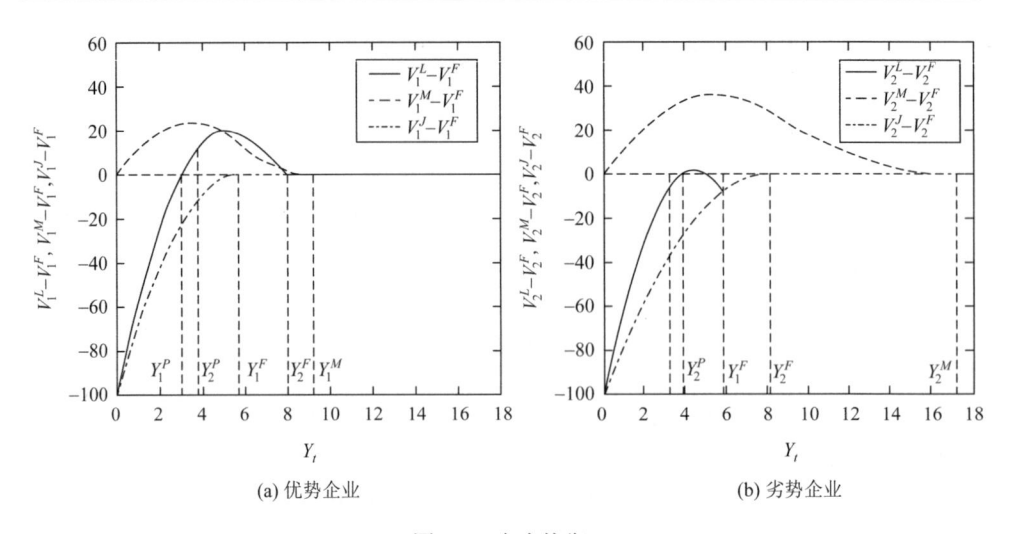

(b) 劣势企业

图 3-1 占先均衡

其中，$K=0.15$，$r=0.05$，$\alpha=0.02$，$\sigma=0.1$，$I=100$，$D_{00}=0.5$，$D_{01}=0.1$，$D_{10}=1.5$，$D_{11}=1$

那么，K 值究竟要多大才会使劣势企业理性地认可这一顺序投资均衡结果呢？此时，方程（3-40）必定无实数解，并且对于任何 $Y\in\left[Y_0,Y_1^L\right]$（$Y_0$ 为博弈初始时的随机需求冲击），均满足 $V_2^L<V_2^F$，即如果存在满足以下条件的临界值 K^* 和 Y^*，使得

$$\begin{cases} \varepsilon_2(Y^*,K^*)=0 \\ \dfrac{\partial \varepsilon_2(Y,K^*)}{\partial Y}\bigg|_{Y=Y^*}=0 \end{cases} \quad (3\text{-}41)$$

则 K^* 就将 K 分成两个区域：分别对应占先均衡和顺序投资均衡。当 $K<K^*$ 时产生占先均衡；当 $K>K^*$ 时，产生顺序投资均衡。求解式（3-41），可得 Y^* 的解析解和关于 K^* 的隐含解方程：

$$Y^*=\frac{\beta\delta I}{(\beta-1)(D_{10}-D_{01})} \quad (3\text{-}42)$$

$$\beta\left[\frac{(1+K^*)D_{11}-D_{01}}{D_{10}-D_{01}}\right]^\beta \frac{D_{10}-(1-K^*)D_{11}}{(1+K^*)D_{11}-D_{01}}+\left[\frac{(1-K^*)D_{11}-D_{01}}{D_{10}-D_{01}}\right]^\beta=1 \quad (3\text{-}43)$$

对式（3-43）中的隐含解 K^* 可通过数值方法求解，给定图 3-1 中除 K 值以外的其他参数，可求解得 $K=K^*=\dfrac{1}{6}$。图 3-2 表示产生顺序投资均衡时的情形，其中，各价值曲线的含义与图 3-1 相同。从图 3-2（b）可发现企业 2 成为追随者的价值永远大于其成为领导者时的价值，因此，企业 1 可从容地于 Y_1^L 处投资，而博弈对方则在临界点 Y_2^F 投资。

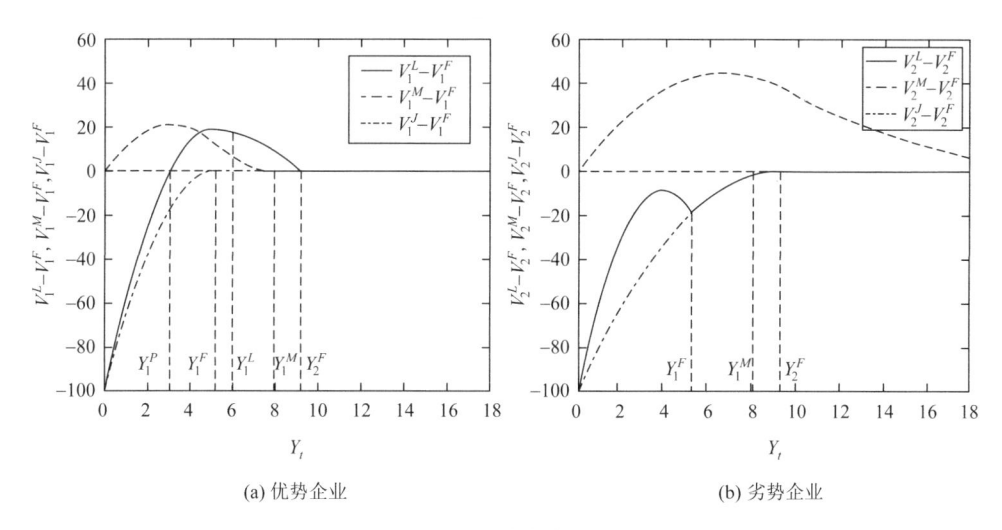

图 3-2　顺序投资均衡

(a) 优势企业　　(b) 劣势企业

其中，$K=0.25$，$r=0.05$，$\alpha=0.02$，$\sigma=0.1$，$I=100$，$D_{00}=0.5$，$D_{01}=0.1$，$D_{10}=1.5$，$D_{11}=1$

3. 同时投资均衡

同时投资均衡是指博弈双方均愿意在某同一随机整体性需求冲击到达时实施投资，因双方的最优同时投资门槛值不相同，要实现双方同时投资，必然有一方是在满足一定条件下的最优策略。因 $Y_1^M < Y_2^M$，只要有同时投资均衡产生，其唯一投资门槛值必定是 Y_1^M [①]，并满足两个条件：①当 $Y \in [Y_0, Y_1^M]$ 时，$V_1^L < V_1^M$，因 $Y_1^L < Y_1^M$；②Y_2^F 必须小于 Y_1^M，即如果优势企业已在 Y_1^M 上开始投资，劣势企业会发现立即投资比继续等待更有利可图。此时 Y_2^F 已过，不必等待。

类似地，令 $\gamma_1(Y) = V_1^L(Y) - V_1^M(Y)$，如果 $\gamma_1(Y)$ 在区间 $[Y_0, Y_1^M]$ 上均小于零[满足上述的条件①]，同时投资均衡就有可能出现，此时一定存在一对临界 $\hat{K}$ 和 $\hat{Y}$，满足：

---

① 因 $Y_2^M = \dfrac{\beta}{\beta-1} \dfrac{\delta I}{(1-K)D_{11} - D_{00}} > \dfrac{\beta}{\beta-1} \dfrac{\delta I}{(1-K)D_{11} - D_{01}} = Y_2^F$，让企业 1 情愿等到 Y_2^M 才投资的条件是当 $Y \in [Y_0, Y_2^M]$ 时，均满足 $V_1^L < V_1^M$，考察式（3-31）、式（3-34）知，当 $Y \in [Y_2^F, Y_2^M]$ 时，$V_1^L \geqslant V_1^M$，故企业 1 不会等到 Y_2^M 才投资。

$$\begin{cases} \gamma_1(\hat{Y},\hat{K}) = 0 \\ \left.\dfrac{\partial \gamma_1(Y,\hat{K})}{\partial Y}\right|_{Y=\hat{Y}} = 0 \end{cases} \quad (3\text{-}44)$$

求解得关于 $\hat{Y}$ 的解析解和关于 $\hat{K}$ 的隐含解方程:

$$\hat{Y} = \frac{\beta \delta I}{(\beta-1)(D_{10}-D_{00})} \quad (3\text{-}45)$$

$$\beta \left[\frac{(1-\hat{K})D_{11}-D_{01}}{D_{10}-D_{00}}\right]^{\beta} \frac{D_{10}-(1+\hat{K})D_{11}}{(1-\hat{K})D_{11}-D_{01}} + \left[\frac{(1+\hat{K})D_{11}-D_{00}}{D_{10}-D_{00}}\right]^{\beta} = 1 \quad (3\text{-}46)$$

而对条件②,则有

$$Y_2^F < Y_1^M \Rightarrow (1-\hat{K})D_{11}-D_{01} > (1+\hat{K})D_{11}-D_{00} \Rightarrow \hat{K} < \frac{D_{00}-D_{01}}{2D_{11}} \quad (3\text{-}47)$$

这样,如果存在同时满足式(3-46)、式(3-47)的 $\hat{K}$,同时投资均衡随之产生。同样地,通过数值方法可求解得 $\hat{K}=0.1$。图 3-3 表示同时投资均衡产生情形,各价值曲线的含义与图 3-1 相同。

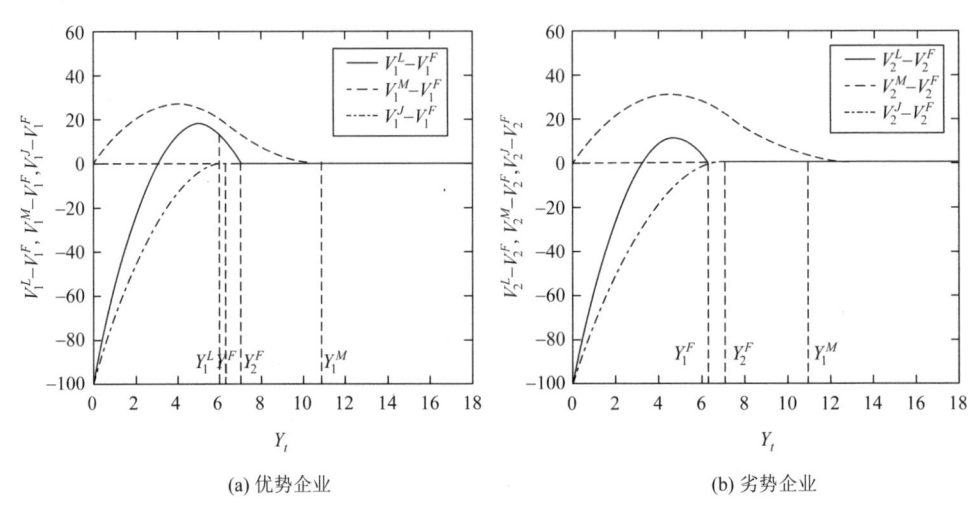

(a) 优势企业

(b) 劣势企业

图 3-3 同时投资均衡

其中,$K=0.05$,$r=0.05$,$\alpha=0.02$,$\sigma=0.1$,$I=100$,$D_{00}=0.5$,$D_{01}=0.1$,$D_{10}=1.5$,$D_{11}=1$

综合以上博弈均衡分析,双寡头可再生能源电力企业在并网发电投资时机上的选择将直接影响企业价值,甚至关系到可再生能源发电投资的成败。究其原因,正是电网对不同可再生能源发电及其企业存在着不同偏好即电网收购歧视度(更深层次的原因在于可再生能源发电外部性对电网的不确定影响,由于这已超出本书研究范围,将另行撰文讨论)所造成的。具体来讲:当电网对可再生能源发电并网的收购歧视度较小时,竞争将出现同时投资均衡;当收购歧视度"不大不小"时,产生占先均衡;当收购歧视度较大时,产生顺序投资均衡。在图 3-1~图 3-3 中可直观地发现,优势企业与劣势企业分别作为领导者、双方同时投资、立即投资三种情形下的企业价值与它们作为追随者时的企业价值之差,与随机需求冲击间的变化关系,可以帮助我们理解产生各种均衡的内在价值原因。

3.3.4 企业价值与电网收购歧视度 K

从前面的均衡分析可知,两种可再生能源电力的电网收购歧视度将决定双方投资时机博弈的均衡类型,即两临界 K 值 $\hat{K}$、K^* 将博弈结果划分为三个区域:同时投资区域、占先区域、顺序投资区域。

1. 同时投资区域($0 \leqslant K \leqslant \hat{K}$)

当企业处于该区域时,双方价值函数计算如下:

$$V_1^M(Y) = \frac{YD_{00}}{\delta} + \left(\frac{Y}{Y_1^M}\right)^\beta \left\{\frac{Y_1^M[(1+K)D_{11} - D_{00}]}{\delta} - I\right\} \quad (3\text{-}48)$$

$$V_2^M(Y) = \frac{YD_{00}}{\delta} + \left(\frac{Y}{Y_1^M}\right)^\beta \left\{\frac{Y_1^M[(1-K)D_{11} - D_{00}]}{\delta} - I\right\} \quad (3\text{-}49)$$

2. 占先区域($\hat{K} \leqslant K \leqslant K^*$)

当 K 值介于 $\hat{K}$ 和 K^* 之间且 $Y_{21}^P < Y_1^L$ 时,企业价值函数计算如下(当 $Y_{21}^P > Y_1^L$ 时,则 Y_{21}^P 替换成 Y_1^L):

$$V_1^L(Y) = \frac{YD_{00}}{\delta}\left[1 - \left(\frac{Y}{Y_{21}^P}\right)^{\beta-1}\right] + \left(\frac{Y}{Y_{21}^P}\right)^\beta \left(\frac{Y_{21}^P D_{10}}{\delta} - I + \left(\frac{Y_{21}^P}{Y_2^F}\right)^\beta \left\{\frac{Y_2^F[(1+K)D_{11} - D_{10}]}{\delta}\right\}\right)$$

$$(3\text{-}50)$$

$$V_2^F(Y) = \frac{YD_{00}}{\delta}\left[1 - \left(\frac{Y}{Y_{21}^P}\right)^{\beta-1}\right] + \left(\frac{Y}{Y_{21}^P}\right)^\beta \left(\frac{Y_{21}^P D_{01}}{\delta} + \left(\frac{Y_{21}^P}{Y_2^F}\right)^\beta \left\{\frac{Y_2^F[(1-K)D_{11} - D_{01}]}{\delta} - I\right\}\right)$$

$$(3\text{-}51)$$

3. 顺序投资区域($K^* < K < 1$)

此时,博弈双方的价值函数为

$$V_1^L(Y) = \frac{YD_{00}}{\delta}\left[1-\left(\frac{Y}{Y_1^L}\right)^{\beta-1}\right] + \left(\frac{Y}{Y_1^L}\right)^{\beta}\left(\frac{Y_1^L D_{10}}{\delta} - I\right) + \left(\frac{Y_1^L}{Y_2^F}\right)^{\beta}\left\{\frac{Y_2^F[(1+K)D_{11}-D_{10}]}{\delta}\right\}$$

(3-52)

$$V_2^F(Y) = \frac{YD_{00}}{\delta}\left[1-\left(\frac{Y}{Y_1^L}\right)^{\beta-1}\right] + \left(\frac{Y}{Y_1^L}\right)^{\beta}\frac{Y_1^L D_{01}}{\delta} + \left(\frac{Y_1^L}{Y_2^F}\right)^{\beta}\left\{\frac{Y_2^F[(1-K)D_{11}-D_{01}]}{\delta} - I\right\}$$

(3-53)

考察式(3-50)~式(3-53)中的企业价值表达式,它们均由两部分组成,前面部分表示随机需求冲击首次达到 Y_{21}^P 或 Y_1^L 前双方均等待时的期权价值;后面部分表示优势一方在 Y_{21}^P 或 Y_1^L 处成为领导者而劣势一方成为追随者并于 Y_2^F 处投资时各自的期望价值。图3-4表示不同区域(K值不同)中的企业价值变动规律。

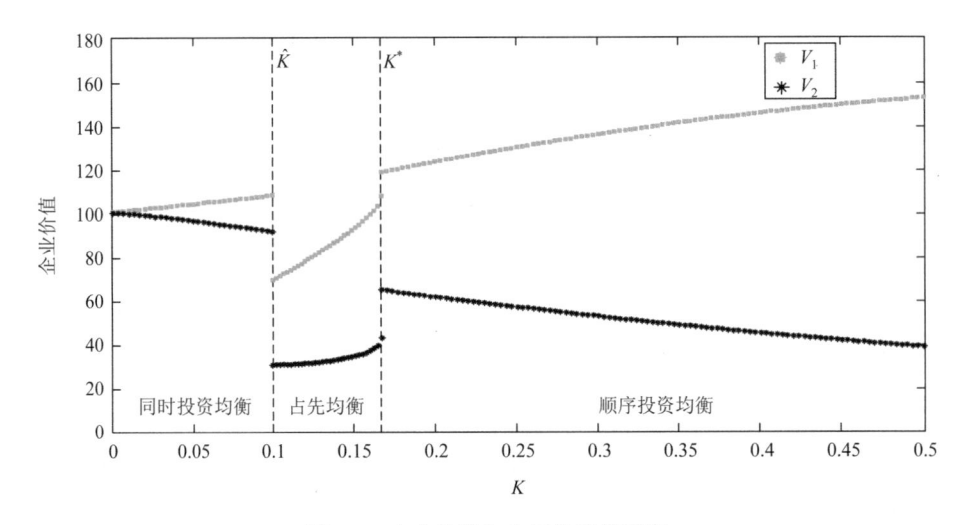

图3-4 企业价值与电网收购歧视度

$Y=5$, $r=0.05$, $\alpha=0.02$, $\sigma=0.1$, $I=100$, $D_{00}=0.5$, $D_{01}=0.1$, $D_{10}=1.5$, $D_{11}=1$

在同时投资区域,K的边际增加给优势企业价值带来积极影响,而对劣势企业价值则是消极的,图3-4中反映为V_1曲线向上倾斜,V_2曲线向下倾斜。在占先区域,双方的价值都随K的增加而增加。究其原因,不断增加的K使得劣势企业成为越来越弱的竞争者,意味着劣势企业对优势企业的占先威胁越来越小,导致Y_{21}^P越来越大。这样,优势企业就会投资得更晚,这对劣势企业是有利的,因为它可与优势企业分享更长时间的传统能源电力产品收益。当K超过K^*时,就来到顺序投资区域,此时K的增加将使优势企业价值增加而使劣势企业价值减小。

并网难一度成为我国当前可再生能源发电的最大瓶颈，为破解此难题，各种强制性、刺激性、激励性政策陆续出台，如可再生能源电力配额制、强制上网制度、大规模推行分布式可再生能源等。但是，应当看到政策的支持需要是全方位的，特别需要从市场参与各方的实际利益诉求出发，去探索、挖掘造成种种瓶颈的机制、配套、体系等方面的根本性原因，并最终找到有效的破解之道。本书基于可再生能源发电并网难现状，将电网对不同可再生能源电力的收购歧视度作为决策变量，构建两种可再生能源电力间的投资时机选择期权博弈模型以揭示其并网发电投资决策特征。

3.4 不完全信息下的可再生能源电力 R&D 投资

在目前的技术水平条件下，发电技术是可再生能源商业化开发利用的重点。从可再生能源电力发展的国际经验来看，电价（补贴）机制是促进可再生能源电力发展的重要手段。而可再生能源电价机制的科学设计和制定依赖于人们对其作用规律乃至形成机理的掌握。因此，必须从微观出发，基于可再生能源电力技术的演变特征和投资决策环境，研究可再生能源电力投资的微观过程和决策行为。由于可再生能源电力的技术特点决定了它的成本形成特点，而成本的下降主要依赖于可再生能源电力的技术创新；同时，促使可再生能源电力成本的不断下降也是可再生能源参与电力市场竞争、不断取代传统化石能源的必然选择。因此，针对可再生能源电力在发电新技术、新设备等的 R&D 活动越来越受到可再生能源电力企业、电网公司、政府以及学界的广泛关注。

与其他不确定条件下的投资一样，可再生能源电力 R&D 的投资环境同样具有技术、市场等不确定性，同样可能在不同的市场结构中参与竞争性投资。不同的是，可再生能源发电技术多样且商业化程度不一，发电技术的成本形成特性和发展阶段也各不相同，企业 R&D 存在不同选择对象且距离发电并网产生现实收益存在较长距离，使得 R&D 投资的前景模糊；同时，可再生能源电力所固有的间歇性、不稳定性特点以及带给电网和社会的其他负外部性因素将为 R&D 投资的真正收益蒙上另一层面纱。

因此，可再生能源电力 R&D 投资决策除了受到技术不确定性、未来收益不确定性和潜在对手的竞争影响外，还会受到随机到达的不同事件的影响。这些随机事件蕴含的项目未来前景信息有的清楚明了，有的则模糊难辨。对于后者，决策者需要通过不断观测随机到达事件，解析事件中蕴含的信息并做出大致的推断。然而，由于认知能力有限，决策者对随机事件中蕴含的真实信息难以百分之百把握。因此，随机事件蕴含的信息对决策者而言是不完全的。这种信息的不完全性会对可再生能源电力 R&D 投资决策造成困扰，在 R&D 投资之前，不断到达的难以预料和辨析好坏的信号为企业的投资决策带来了很大的挑战。鉴于此，本书考虑不完全信息、技术不确定性和竞争等因素构建实物期权模型，对不完全信息条件下可再生能源电力企业的 R&D 竞争性投资行为进行研究。

在不完全信息下的投资方面，Thijssen 等（2001a，2001b）在 Dixit 和 Pindyck（1994）的基础上，详细讨论了不完全信息下完全垄断企业和双寡头企业的投资策略。Lambrecht 和 Perraudin（2003）建立了另一种有关信息到来的双寡头期权博弈模型。Décamps 等（2005）应用过滤技术对双变量马尔可夫过程最优停时问题进行求解，研究了不完全信息下的投资时机选择问题。吴建祖和宣慧玉（2006）通过假设企业不知道竞争对手的抢先投资临界值但知道其概率分布的方式引入不完全信息，研究在不确定竞争环境和不完全信息条件下企业 R&D 投资的最优时机问题。蔡强等（2008）对不完全信息下的专利竞争性购买决策进行了研究。蔡强等（2009）针对随机到达的不完全信息对专利竞赛的影响进行分析。而将实物期权用于不确定条件下的投资决策研究已取得众多成果，限于篇幅不再赘述。

可再生能源投资决策方面，王晓天和薛惠锋（2012）基于行为决策理论，通过构建可再生能源投资决策行为分析概念模型，定性地描述了可再生能源投资行为影响因素之间的因果关系，并表明投资者的先验信念、政策偏好和技术风险态度对投资决策有显著影响。王文平和杨洪平（2008）分别建立了基于延迟实物期权的风力发电投资决策模型和基于复合实物期权的风力发电项目投资决策模型。刘君等（2013）提出了基于实物期权理论的光伏发电投资决策模型。黄文杰和黄奕（2010）研究构造了一种基于投资者不同风险偏好的发电期权博弈投资决策模型。

综合来看，已有研究中，将不完全信息引入可再生能源电力投资决策环境，并应用期权博弈理论和方法进行研究尚较为少见。因此，本书的创新之处在于模型中同时引入三类不确定性：有关发电新技术未来市场前景的信息何时到达的不确定性、新技术是否真的能减少可再生能源发电成本和负外部性的不确定性、R&D 是否成功的技术不确定性。较好地模拟了不完全信息条件下的可再生能源电力 R&D 投资决策环境。

通过本节所建立的实物期权投资决策模型，分别得到了在蕴含不完全信息的 R&D 投资决策环境中，单个企业和双寡头企业 R&D 投资所需的临界信息，以及在两对称企业间展开的 R&D 竞争中可能出现的均衡类型及产生条件。

3.4.1 完全垄断投资决策模型

假设市场上只有一家获得研发某可再生能源发电新技术机会的企业，记研发

成本为 I，记新技术研发的成功服从参数为 λ 且独立于随机事件的泊松过程。该可再生能源发电新技术在企业眼中只有"有效"和"无效"两种：当该发电新技术确实能有效减少可再生能源发电成本及负外部性时，其成功得到并网发电的份额就多，该发电新技术具有较高价值 R^H，该价值被称为有效技术；反之，则被称为无效技术，并将价值记为 R^L，为保证不失一般性，假设为 0。研究初始，企业对该发电新技术的价值具有先验信念，即认为该发电新技术是有效技术的先验概率为 $P(H)=p_0$。

已有研究表明，随机到达事件将影响可再生能源发电企业的 R&D 投资决策，将其视为检验创新技术在降低可再生能源发电成本和负外部性方面是否有效的信号：利好信号表明创新技术有效，记作 h；利差信号则表明技术无效，记作 l；而不管信号是否利好，均能或多或少反映市场的真实信息即 H（可再生能源发电成本和负外部性确实被有效降低）和 L（可再生能源发电成本和负外部性确实不能被有效降低）。鉴于认知能力的局限，当到达信号被普遍视为利好信号 h 时，若创新技术确实是有效技术的概率为 α，实际上为无效技术的概率则为 $1-\alpha$；对应地，当到达信号被普遍视为利差信号 l 时，若创新技术确实是无效技术的概率为 α，那么实际上为有效技术的概率则为 $1-\alpha$。其中，$\alpha>\dfrac{1}{2}$。本次假定中，若 $\alpha<\dfrac{1}{2}$，分析结果将不会受到影响；但 $\alpha\neq\dfrac{1}{2}$，因为这样的信号无效，亦即表明该信号对企业了解创新技术是否有效没有帮助，从而使得等待价值一并消失。假定反映创新技术是否有效的信号的到达服从参数为 $\mu>0$ 的泊松过程，用 n 表示信号的到达数量，得到：$dn(t)=$ 以概率 $\begin{cases}1 & \text{以概率}\mu dt \\ 0 & \text{以概率}1-\mu dt\end{cases}$，并且 $n(0)=0$。

当信号数量 n 和利好信号数量 g（其中，$g<n$）一定时，通过对贝叶斯新的直接引用，可以得出创新技术确实为有效技术的概率：

$$p(H|n,g)=\frac{\alpha^k}{\alpha^k+(1-\alpha)^k\xi}\equiv p(k) \tag{3-54}$$

式中，$k=2g-n$；$\xi=\dfrac{1-p_0}{p_0}$；k 为信念的唯一变量，用以记录利好信号和利差信号的差值。

在任意 $p(k)$ 下，企业进行发电新技术的 R&D 投资，在时间区间 $(0,\tau)$ 内未能成功研发的概率为 $e^{-\lambda\tau}$，而在下一区间 $(\tau,\tau+d\tau)$ 内第一次成功研发的概率为 $e^{-\lambda\tau}\lambda d\tau$，企业研发成功后的收益为 $R=\{R^H,R^L\}$。假设 r 表示无风险利率，那么可以得出企业在研发开始后期望收益的现值为

$$E = \int_0^{+\infty} e^{-r\tau} e^{-\lambda\tau} \lambda R d\tau = \frac{\lambda}{r+\lambda}[p(k)R^H + (1-p(k))R^L] = p(k)\frac{\lambda}{r+\lambda}R^H$$

(3-55)

假设用 I 表示发电新技术进行 R&D 投资的沉没成本，则在 n 和 g 或者 k（因 $k=2g-n$）不变时，R&D 投资的净现值 NPV(k) 为

$$\text{NPV}(k) = p(k)\frac{\lambda}{r+\lambda}R^H - I$$

(3-56)

在式（3-56）中，可再生能源电力企业对该创新技术的看法是动态变化的，并且对期望收益评价产生影响，Cai（2018）通过研究得出创新技术确实有效的概率或信念，并强调企业在不断修正所收到信号的同时也不断更新对创新技术的评价，从而导致信念的动态变化并使得不同时点的 NPV(k) 也不尽相同，最终使信念成为企业决定进行创新技术 R&D 投资决策的临界点；根据以上推断不难得出基于 NPV 进行评价的盈亏平衡临界信念为

$$p_{\text{NPV}} = \frac{r+\lambda}{\lambda R^H}I$$

(3-57)

鉴于该创新技术在降低非化石能源发电成本及其负外部性方面具有前景不确定性和投资不可逆性，在实物期权思想的引导下应当通过获取更多信号来降低不确定性带来的投资影响以获取更多的投资价值，因而引入期权价值十分必要。与 Thijssen 等（2001a）中的推导类似，该创新技术在某一时刻的 k 值有三种可能区间，得到三段期权价值函数 $V(k)$：

$$V(k) = \begin{cases} \dfrac{A_1\beta_1^k + A_2\beta_2^k}{\alpha^k + \xi(1-\alpha)^k} & k < k^* - 1 \\[2ex] \dfrac{\mu}{r+\mu}\left(\alpha\dfrac{\lambda}{r+\lambda}R^H p(k) - \{\alpha p(k) + (1-\alpha)[1-p(k)]\} \right. & \\[1ex] \left. \times I + \alpha(1-\alpha)\dfrac{A_1\beta_1^{k-1} + A_2\beta_2^{k-1}}{\alpha^k + \xi(1-\alpha)^k}\right) & k^* - 1 \leqslant k < k^* \\[2ex] \dfrac{\lambda}{r+\lambda}R^H p(k) - I & k \geqslant k^* \end{cases}$$

(3-58)

式中，A_1 为待定系数；$k^* = \dfrac{\ln\left(\dfrac{p^*}{1-p^*}\right) + \ln(\xi)}{\ln\left(\dfrac{\alpha}{1-\alpha}\right)}$；$\beta_1 = \dfrac{r+\mu}{2\mu} + \dfrac{1}{2}\sqrt{\left(\dfrac{r}{\mu}+1\right)^2 - 4\alpha(1-\alpha)}$；

$$\beta_2 = \frac{r+\mu}{2\mu} - \frac{1}{2}\sqrt{\left(\frac{r}{\mu}+1\right)^2 - 4\alpha(1-\alpha)}, \quad p^* = p(k^*) = \frac{1}{\rho\left[\lambda R^H / I(r+\lambda) - 1\right] + 1},$$

$$\rho = \frac{\beta_1(r+\mu)[r+\mu(1-\alpha)] - \mu\alpha(1-\alpha)[r+\mu(1+\beta_1-\alpha)]}{\beta_1(r+\mu)(r+\mu\alpha) - \mu\alpha(1-\alpha)[r+\mu(\beta_1+\alpha)]}。$$

因 $0 < \rho < 1$，则有 $p^* = \dfrac{1}{\rho\left[\lambda R^H / I(r+\lambda) - 1\right] + 1} > \dfrac{1}{\left[\lambda R^H / I(r+\lambda) - 1\right] + 1} = \dfrac{I(r+\lambda)}{\lambda R^H} = p_{\text{NPV}}$。

3.4.2 基于竞争条件的发电新技术 R&D 投资

为简化分析，本章在研究伊始便假设两对称可再生能源电力企业在竞争同一发电技术时，优先成功研发的企业将囊括该新技术带来的全部收益，而另一方将没有收益；这一假定主要为了简化分析，并不与现实完全相符，如新技术为企业带来成本的减少自然成为一种收益等。这里所指对称即两企业进行新技术研发投入的成本相同（都为 I），且新技术 R&D 的成功都服从参数为 λ 的泊松过程，那么这两个潜在投资者中必然存在投资出现先后或同时投资的现象，且先后投资中必然出现领导企业和追随企业。借助逆推的思维方式，先后研究追随企业和领导企业的投资决策，并在分析同时投资时两者的博弈参与价值后进行均衡分析。

1. 追随企业的投资决策

当领导企业进行投资后，若 k 等于临界信念 k_F，追随企业也会进行投资。基于 k 值的变化，追随企业将出现三段价值函数。

当 $k \geq k_F$ 时，研究表明立即投资将成为追随企业的最佳选择，此时追随企业的价值与两企业均投资时得到的净现值相同，即

$$\text{NPV}_F(k) = \int_0^{+\infty} e^{-r\tau} e^{-\lambda\tau} \lambda R d\tau - I = \frac{\lambda R}{r+2\lambda} - I = p(k)\frac{\lambda}{r+2\lambda} R^H - I \quad (3-59)$$

当 $k_F - 1 \leq k < k_F$ 时，研究表明投资行为在 k 值增加 1 时便会发生，此时追随企业的价值函数 $V_1(k)$ 符合以下贝尔曼方程：

$$rV_1(k)dt = E[dV_1(k)] \quad (3-60)$$

当 $k < k_F - 1$ 时，研究表明投资行为即使在 k 值增加 1 时也不会发生，此时追随企业的价值函数 $V_0(k)$ 符合以下贝尔曼方程：

$$rV_0(k)dt = E[dV_0(k)] \quad (3-61)$$

通过对式（3-60）、式（3-61）进行求解便可得出追随企业的价值函数 $V_F(k)$：

$$V_F(k) = \begin{cases} \dfrac{\tilde{A}_1 \tilde{\beta}_1^{k} + \tilde{A}_2 \tilde{\beta}_2^{k}}{\alpha^k + \xi(1-\alpha)^k} & k < k_F - 1 \\[2ex] \dfrac{\mu}{r+\mu+\lambda}\left(\alpha \dfrac{\lambda}{r+2\lambda} R^H p(k) - \{\alpha p(k) + (1-\alpha)[1-p(k)]\}I \right. \\[2ex] \left. + \alpha(1-\alpha) \dfrac{\tilde{A}_1 \tilde{\beta}_1^{k-1} + \tilde{A}_2 \tilde{\beta}_2^{k-1}}{\alpha^k + \xi(1-\alpha)^k} \right) & k_F - 1 \leqslant k < k_F \\[2ex] p(k) \dfrac{\lambda}{r+2\lambda} R^H - I & k \geqslant k_F \end{cases} \quad (3\text{-}62)$$

式中，$\tilde{\beta}_1 = \dfrac{r+\mu+\lambda}{2\mu} + \dfrac{1}{2}\sqrt{\left(\dfrac{r+\lambda}{\mu}+1\right)^2 - 4\alpha(1-\alpha)}$；$\tilde{\beta}_2 = \dfrac{r+\mu+\lambda}{2\mu} - \dfrac{1}{2}\sqrt{\left(\dfrac{r+\lambda}{\mu}+1\right)^2 - 4\alpha(1-\alpha)}$；

$p_F = \dfrac{1}{\rho_F[\lambda R^H / I(r+2\lambda) - 1] + 1}$；$k_F = k(p_F)$；$\tilde{A}_1$ 为待定系数；$\rho_F = \dfrac{\tilde{\beta}_1(r+\lambda+\mu)}{\tilde{\beta}_1(r+\lambda+\mu)}$

$\times \dfrac{[r+\lambda+\mu(1-\alpha)] - \mu\alpha(1-\alpha)[r+\lambda+\mu(1+\tilde{\beta}_1-\alpha)]}{(r+\lambda+\mu\alpha) - \mu\alpha(1-\alpha)[r+\lambda+\mu(\tilde{\beta}_1+\alpha)]}$。

2. 领导企业的投资决策

受追随企业潜在投资的影响，在区间 $k < k_F - 1$ 和 $k_F - 1 \leqslant k < k_F$ 时，领导企业的价值分别由 R&D 投资的预期收益和期权价值两部分构成，期权价值是一个负项，即追随企业给领导企业带来消极影响；当 $k \geqslant k_F$ 时，二者的价值函数一致，表现为

$$V_L(k) = \begin{cases} p(k)\dfrac{\lambda}{r+\lambda} R^H - \dfrac{A_L \tilde{\beta}_1^{k}}{\alpha^k + \xi(1-\alpha)^k} - I & k < k_F - 1 \\[2ex] p(k)\dfrac{\lambda}{r+\lambda} R^H - \dfrac{\mu}{r+\mu+\lambda}\left(\alpha \dfrac{\lambda}{r+2\lambda} R^H p(k) - \{\alpha p(k) \right. \\[2ex] \left. + (1-\alpha)[1-p(k)]\}I + \alpha(1-\alpha)\dfrac{B_L \tilde{\beta}_1^{k-1}}{\alpha^k + \xi(1-\alpha)^k}\right) - I & k_F - 1 \leqslant k < k_F \\[2ex] p(k)\dfrac{\lambda}{r+2\lambda} R^H - I & k \geqslant k_F \end{cases}$$

$(3\text{-}63)$

式中，待定系数 A_L 通过连续条件求得；待定系数 B_L 通过价值匹配条件求得，此处不再赘述。

3. 最优同时投资决策

最优同时投资指的是两个企业共谋后选择最佳时机进行同时投资，从而产生

高于二者通过竞争得到的领导价值和追随价值。两企业对称时，同时投资亦即用整体企业替代两个单独的企业，整体企业的成功基于其中任一企业的成功。研究表明，该整体企业的风险率为 2λ，其净现值的一半即为单个企业的净现值。通过上述阐释，不难发现最优同时投资决策亦即在投资成本为 $2I$、风险率为 2λ 时单个企业或整体企业的最优化问题。

在此基础上，在 p^* 表达式中引入新的投资成本 $2I$ 和风险率 2λ，可以得到最优同时投资临界信念：

$$p_S = p(k_S) = \frac{1}{\rho\left[2\lambda R^H/2I(r+2\lambda)-1\right]+1} = \frac{1}{\rho\left[\lambda R^H/I(r+2\lambda)-1\right]+1} \quad (3\text{-}64)$$

在最优同时投资的情况下每个企业的价值函数与前述求单个企业价值函数的方法类似，表现为

$$V_S(k) = \begin{cases} \dfrac{C_S \beta_1^k}{\alpha^k + \xi(1-\alpha)^k} & k < k_S - 1 \\[2ex] \dfrac{\mu}{r+\mu}\left(\alpha \dfrac{\lambda}{r+2\lambda} R^H p(k) - \{\alpha p(k) + (1-\alpha)[1-p(k)]\} \right. \\[1ex] \left. \times I + \alpha(1-\alpha)\dfrac{C_S \beta_1^{k-1}}{\alpha^k + \xi(1-\alpha)^k}\right) & k_S - 1 \leqslant k < k_S \\[2ex] \dfrac{\lambda}{r+2\lambda} R^H p(k) - I & k \geqslant k_S \end{cases}$$

$$(3\text{-}65)$$

式中，C_S 在连续条件和价值匹配条件下可以求出，在此不再赘述。

4. 均衡分析

我们研究的目的是以企业竞争时产生的交互作用为基础，研究分析可再生能源电力企业在进行发电新技术的 R&D 投资时其实物期权价值变化的规律，并在此基础上探讨当各企业获得最大化价值时所需的投资临界信念，以期为企业探寻新技术 R&D 投资的最优决策方案。因而，需要对临界信念 p^*、p_F、p_S（或对应的 k^*、k_F、k_S）进行比较。

首先 $p^* = \dfrac{1}{\rho\left[\lambda R^H/I(r+\lambda)-1\right]+1} < \dfrac{1}{\rho\left[\lambda R^H/I(r+2\lambda)-1\right]+1} = p_S$；又 $\dfrac{\partial \rho}{\partial r} > 0$，故 $\rho_F > \rho$。于是：$p_S = \dfrac{1}{\rho\left[\lambda R^H/I(r+2\lambda)-1\right]+1} > \dfrac{1}{\rho_F\left[\lambda R^H/I(r+2\lambda)-1\right]+1} = p_F$。

然而，p^* 和 p_F 并没有明确的关系，这是因为相较于完全垄断时，领导企业未能成功研发往往作为追随企业产生价值的前提条件所导致的，一是贴现率的提高使得等待价值呈缩水状态进而导致投资倾向的提前，二是因为领导企业降低了追随企业对投资后的期望价值从而导致投资延迟。不难发现，两种影响呈现截然相反的状态。

鉴于离散变量 k 的变化使得信念 $p(k)$ 呈跳跃变化，前述信念的到达或多或少会有偏差，因而给出以下定义：$\hat{p}^* = p\lceil k^* \rceil$，$k^* = k(p^*)$；$\hat{p}_F = p\lceil k_F \rceil$，$k_F = k(p_F)$；$\hat{p}_S = p\lceil k_S \rceil$，$k_S = k(p_S)$。"$\lceil\ \rceil$"表示取整，如 $\lceil k^* \rceil$ 则意为不小于 k^* 的最小整数。

已知 p^* 表示单个企业在没有竞争时的最优投资临界信念，那么抢先企业的投资在发现竞争威胁的苗头后便必然不会等到 p^*。也就是说，假如企业 1 的投资行为发生在 $p = p^*$ 时，那么企业 2 的投资必然发生在 $p = p^* - \varepsilon$ 时（ε 表示无穷小的正数）；只要企业 1 能预见这一情况，便会选择在 $p = p^* - 2\varepsilon$ 时进行投资；如此反复，最终定存在某一极限值使得博弈双方展开竞争，亦即在 1985 年由 Fudenberg 和 Tirole 提出的抢先进入点，其定义如下：

$$p_L = p\lceil k_L \rceil, \quad k_L = \min_k \{k | V_L(k) = V_F(k)\} \tag{3-66}$$

在初始博弈时，k 值的不同将使得均衡结果不同：当 $k \in [0, k_L)$ 时，过低的期望收益促使企业愿意等待更多的利好消息而不愿进行投资；当 $k = k_L$ 时，可以得出 $V_F(k) = V_L(k)$，此时企业表现出租金均等化状态，即二者成为领导企业和追随企业的意愿相同，成为领导企业的概率也各占一半；当 $k \in (k_L, k_F)$ 时，可以得出 $V_L(k) > V_F(k)$，因而两个企业均倾向于成为领导企业，此时博弈便由占先博弈取代；当 $k \in [k_F, k_S)$ 时，两个企业均选择马上投资且非帕累托最优的同时投资均衡出现；当 $k \in [k_S, +\infty)$ 时，立刻投资便成为博弈双方的最佳选择，且产生最优同时投资均衡。需要注意的是，上述结论以同时投资价值 $V_S(k)$ 并不总是大于 $V_L(k)$ 为前提，否则两个企业便都没有抢先的动机，而好似合谋一般必然要等到 k_S 出现，方能实现最优同时投资均衡。然而，在 k_S 到达之前只要存在 $V_L(k) > V_S(k)$ 的区间，抢先进入的动机必然会破坏二者的合谋，之后博弈过程的思考亦表明 $V_S(k)$ 不可能出现，因此企业在先发优势的刺激下均表现出成为领导企业的意愿。

5. 应用举例

假定两个对称可再生能源电力企业在面对某发电新技术的 R&D 项目时，参数值满足：$R^H = 9$，$R^L = 0$，$\lambda = 0.1$，$\mu = 2$，$\alpha = 0.7$，$p_0 = 0.5$，$r = 0.05$，$I = 3$。

第3章 可再生能源电力投资决策特征

（1）完全垄断时，将参数代入，通过计算可得：$p_{\text{NPV}} = \dfrac{r+\lambda}{\lambda R^H} I = 0.5$，$\beta_1 = \dfrac{r+\mu}{2\mu} + \dfrac{1}{2}\sqrt{\left(\dfrac{r}{\mu}+1\right)^2 - 4\alpha(1-\alpha)} = 0.7420$，$\rho = \dfrac{\beta_1(r+\mu)[r+\mu(1-\alpha)] - \mu\alpha(1-\alpha)[r+\mu(1+\beta_1-\alpha)]}{\beta_1(r+\mu)(r+\mu\alpha) - \mu\alpha(1-\alpha)[r+\mu(\beta_1+\alpha)]} = 0.0949$，进而得出研发该发电新技术的投资临界信念为：

$p^* = \dfrac{1}{\rho\left[\lambda R^H / I(r+\lambda) - 1\right] + 1} = 0.9133$，$k^* = k(p^*) = 2.7790$，$\hat{p}^* = p\lceil k^* \rceil = 0.9270$。结果表明，由于存在期权价值，完全垄断企业在信念值（0.9270）较高时方会投资；若忽略期权价值的影响，因 $p_0 = p_{\text{NPV}} = 0.5$，初始时刻企业便可能进行投资。

（2）存在竞争时，$\rho_F = \dfrac{\tilde{\beta}_1(r+\lambda+\mu)[r+\lambda+\mu(1-\alpha)] - \mu\alpha(1-\alpha)[r+\lambda+\mu(1+\tilde{\beta}_1-\alpha)]}{\tilde{\beta}_1(r+\lambda+\mu)(r+\lambda+\mu\alpha) - \mu\alpha(1-\alpha)[r+\lambda+\mu(\tilde{\beta}_1+\alpha)]} = 0.2284$。其中，$\tilde{\beta}_1 = 0.8184$，$p_F = \dfrac{1}{\rho_F\left[\lambda R^H / I(r+2\lambda) - 1\right] + 1} = 0.9563$，$k_F = k(p_F) = 3.6418$，$\hat{p}_F = p\lceil k_F \rceil = 0.9674$，$p_S = \dfrac{1}{\rho\left[\lambda R^H / I(r+2\lambda) - 1\right] + 1} = 0.9814$，$k_S = k(p_S) = 4.6822$，$\hat{p}_S = p\lceil k_S \rceil = 0.9857$。

基于前述 $V_F(k)$ 和 $V_L(k)$，通过计算可以得出以下抢先进入点：$\lceil k_L \rceil = 1$，$p_L = p\lceil k_L \rceil = p(1) = 0.7$。当 $k = 0, 1, 2, 3, 4$ 时，分别计算其对应的 $V_S(k)$、$V_L(k)$，并判断在未达到 k_S 时进行同时投资能否总是得到高于企业作为领导企业产生的价值，本章限于篇幅不再赘述计算方法和步骤。如果计算结果表明 $V_S(k)$ 恒大于 $V_L(k)$，则两企业都没有抢先动机且会等到当 $k = \lceil k_S \rceil = 5$ 时方进行投资并出现最优同时投资均衡。反之，只要 k_S 到来之前存在 $V_S(k) < V_L(k)$ 区域，占先博弈随即展开，即当 $k = 0$ 时，二者均倾向于更多利好信息的等待，暂不投资；当 $k = 1, 2, 3$ 时，两企业均有争当领导企业的愿望，而失利的一方成为追随企业并在 $k = \lceil k_F \rceil = 4$ 时开始投资；当 $k = 4$ 时，同时投资均衡产生，但并未达到帕累托最优；当 $k = 5$ 时，两企业均立即投资且最优同时投资均衡出现。

综上所述，竞争的引入使单个企业在进行 R&D 投资时所需的临界信念 $\hat{p}^* = 0.9270$（对应的 k 值至少需要 3）下降至抢先进入信念 $p_L = 0.7$（对应的 k 值只需 1），等待期权价值部分丧失，并且错误 R&D 投资决策产生的概率也随之增加，由 $P_3^{(0)} = \left(\dfrac{0.7}{1-0.7}\right)^{0-3} = 0.079$ 上升至 $P_1^{(0)} = \left(\dfrac{0.7}{1-0.7}\right)^{0-1} = 0.429$。

不完全信息和不确定性会影响可再生能源电力企业的 R&D 投资决策。本节针对两对称企业间的 R&D 竞争，考虑随机事件到达的不确定性，随机事件出现作为信号所蕴含新技术好坏信息的不确定性，以及研发能否成功的技术不确定性，构建实物期权投资模型，对两竞争企业的投资战略及行为进行了分析。结果表明，政策所赋予率先创新者的"赢者通吃"特权和创新技术的技术不确定性使追随企业产生推迟投资和提前投资两种不同效应；信号到达速度越快、信号质量越高，追随者投资信念越高；企业间的 R&D 竞争均衡可能出现占先均衡和同时投资均衡。

进一步的研究可将本模型扩展为非对称企业、多家企业，或考虑不同的 R&D 对象以及信号的获取成本等。

3.5　混合价格补贴机制下的可再生能源电力投资

当前我国可再生能源行业发展日趋成熟，我国可再生能源价格补贴机制必将随之调整。固定电价制度和配额制度各有利弊，Dong（2012）、张倩（2017）指出固定电价制度下可再生能源项目收益确定性较高，有利于行业扩张，但容易形成补贴依赖，较适宜可再生能源发展的初始阶段；Butler 和 Neuhoff（2008）、王博（2010）通过对比分析指出配额制度下可再生能源项目收益不确定性高、初始投资风险较大，但有利于提升行业竞争力，较适宜行业发展中期。Ringel（2006）指出欧盟各国存在从固定电价制度向配额制度过渡的趋势。但从国内外现有文献来看，针对两种价格补贴机制过渡期的研究基本处于空白阶段，多数文献基于单一价格补贴机制背景进行研究，或虽然考虑了两种价格补贴但缺乏从两种政策混合使用的协同效应角度进行研究。

恰当的混合价格补贴机制不仅能降低政府补贴负担，还有利于吸引可再生能源电力项目投资和提高项目的长期市场竞争力，但近几年国内学者的研究多聚焦于固定价格制度下的投资决策行为和配额制度的设计、实施条件等方面。例如，曾鸣等（2012）从固定价格补贴政策角度对风电项目投资门槛进行分析；张明明等（2014）从固定价格补贴政策角度对光伏项目投资决策进行分析；蔡强等（2016）从竞争性并网发电决策角度对可再生能源项目投资决策进行分析。由于我国尚未正式实施配额制度，学者多从政策实施条件、法律保障、政策制定等方面进行研究，基于配额制度对项目投资决策分析的文献较少。朱磊等（2010）从期权博弈角度对特许权投资方式下的风电项目进行分析；Sun 等（2014）模拟分析了配额制背景下风电项目的投资时机和装机容量。因此，当前亟须加强针对我国可再生能源价格补贴机制改革转型期的混合政策制定和投资决策研究。

与传统的净现值投资模型相比，实物期权模型能更好地量化项目投资中不确定性产生的收益和体现投资时机的潜在价值而被广泛使用。王文平和杨洪平

(2008)、刘敏和吴复立（2009）将实物期权模型运用到我国风电项目投资决策中；Boomsma 等（2012）使用实物期权模型对欧盟国家可再生能源投资进行分析；刘君等（2013）将该模型进一步拓展至我国光伏发电项目投资决策中，上述研究均表明实物期权模型更好地反映了可再生能源电力投资中不确定性因素的投资价值。

综上，国内外对单一价格补贴制度下的政策制定和投资决策已经研究得较为深入，但从混合价格补贴机制角度对投资决策进行分析的研究较少，从政策协同效应角度对混合价格补贴机制进行分析的研究几乎处于空白，而价格补贴机制改革是当下我国可再生能源行业面临的重大问题，改革转型期混合价格机制设计将对我国可再生能源行业未来健康发展产生深远的影响。因此，针对上述情况，本书基于电力改革转型期特殊背景，建立同时包含固定电价制度和配额制度的混合价格补贴实物期权投资模型，创新性地分别从固定电价度电补贴率、绿色电力证书度电价格率、上网电价波动率三方面对项目投资门槛进行数值模拟，进而揭示改革转型期下的可再生能源电力投资决策特征，并为混合价格补贴机制的制定和完善提供有益借鉴。

3.5.1 我国可再生能源价格补贴机制

1. 可再生能源电价形成机制

当前我国可再生能源电力项目的收入主要为：电网收购电价和价格补贴两大部分。2006 年制定的《可再生能源发电价格和费用分摊管理试行办法》对可再生能源电价与当地燃煤机组标杆电价的差额进行补偿。近年来，《关于试行可再生能源绿色电力证书核发及自愿认购交易制度的通知》《关于 2018 年光伏发电有关事项的通知》等文件的出台，标志着我国可再生能源电价形成机制正进入分技术、分阶段逐渐停止固定电价补贴制度并向配额制电价补贴制度转型的特殊时期。

2. 可再生能源价格补贴政策改革趋势

2005 年至今我国固定价格补贴资金几乎每年均成倍增长，迅猛增长的补贴负担促使我国近两年开始对价格补贴政策进行调整。由于可再生能源自然禀赋的特征各不相同，我国各区域间自然资源分布的不均衡，实施"一刀切"的改革将造成可再生能源间的不公平竞争。另外，从国际经验来看，对于新增可再生能源电力项目来说，出于保持行业竞争性、扶持区域内特定可再生能源开发、引导投资者技术研发、保护新进投资者权益、解决区域内就业等目的，意大利、美国等国家均对所有技术的小规模生产厂家、新进厂家或特定技术厂家在一定期限内同时实施混合价格补贴政策。因此,目前阶段我国将针对新增可再生能源电力项目实施混合价格补贴政策。

3.5.2 模型建立与求解

1. 基本假设

随着我国电力工业的发展和电力体制改革的深入,以及受季节、供需、可再生能源并网消纳等因素的影响,上网电价的波动随机性日益增加,甚至一天内峰谷电价成倍波动。因此,本模型假设上网电价具有随机性和波动性且服从几何布朗运动,如式(3-67)所示:

$$dp = \alpha p dt + \delta p dz \tag{3-67}$$

式中,企业均被假设为风险中性;α 为上网电价预期波动率;δ 为瞬时波动率;dz 为标准维纳过程增量,并独立服从一个均值为 0、方差为 dt 的正态分布。

同时,本模型假设投资成本、项目运行是同质的且不考虑税费问题,即投资成本不受自然资源禀赋影响、不受原材料价格波动影响、年发电利用小时数和总产量相对固定。最后,假设可再生能源项目建设周期为零,且机组运行为最佳状态,不存在损耗问题。

2. 投资决策模型

根据此前分析可知,在混合价格补贴政策下新建可再生能源项目在存续期内,除长期享受绿色电力证书补贴之外,还存在享受一定期限固定电价补贴,因此,可再生能源新建项目总价值模型如式(3-68)所示:

$$V = E\left[\int_0^y Qp(1+s+g)e^{-rt}dt + \int_y^T Qp(1+g)e^{-(r-\alpha)t}dt\right] - I \tag{3-68}$$

式中,Q 为可再生能源项目年均产量;p 为上网电价;s 为固定电价度电补贴率;g 为绿色电力证书度电价格率;r 为无风险利率;α 为上网电价瞬时波动率;y 为固定电价补贴实施年限;T 为可再生能源项目使用年限;I 为可再生能源初始投资成本。

3. 投资决策模型的求解

模型以投资建设一个单位规模的可再生能源项目为基础,投资者以收益最大化为原则寻找最佳投资时点,因此投资者拥有根据市场情况选择何时进行投资的权利,即拥有一个延迟投资期权。首先将式(3-68)求解可得

$$V = \frac{(1+s)pQ}{r}(1-e^{-rt}) + \frac{(1+g)pQ}{r-\alpha}[1-e^{-(r-\alpha)T}] - I \tag{3-69}$$

为简化计算，进一步假设项目为永续经营，即 $T \to +\infty$，则式（3-69）可简化为

$$V = \frac{(1+s)pQ}{r}(1-e^{-rt}) + \frac{(1+g)pQ}{r-\alpha} - I \qquad (3-70)$$

运用与 Dixit 和 Pindyck（1994）中类似的动态规划方法，记期权价值为 $V(p,t)$，其满足以下贝尔曼方程，即投资机会的预期总回报等于资本的预期增值率：

$$rV_0(p)\mathrm{d}t = E[\mathrm{d}V(p)] \qquad (3-71)$$

根据伊藤引理展开得

$$E[\mathrm{d}V(p)] = \frac{1}{2}\delta^2 p^2 V_{pp}'' + \alpha p V_p' - \lambda V \qquad (3-72)$$

将式（3-71）代入式（3-72）得

$$\frac{1}{2}\delta^2 p^2 V_{pp}'' + \alpha p V_p' - (r+\lambda)V = 0 \qquad (3-73)$$

从式（3-73）可知，该式是以 V 为因变量，p、t 为自变量的二阶偏微分方程，其通解形式为

$$V = \hat{B}_1 p^{\beta_1} + \hat{B}_2 p^{\beta_2} \qquad (3-74)$$

式中，$\beta_1 = \frac{1}{2} - \frac{\alpha}{\delta^2} + \sqrt{\left(\frac{1}{2} - \frac{\alpha}{\delta^2}\right)^2 + \frac{2(r+\lambda)}{\delta^2}}$，$\beta_2 = \frac{1}{2} - \frac{\alpha}{\delta^2} - \sqrt{\left(\frac{1}{2} - \frac{\alpha}{\delta^2}\right)^2 + \frac{2(r+\lambda)}{\delta^2}}$。

由于 $\beta_2 < 0$，所以：

$$\hat{V} = \hat{B}_1 p^{\beta_1} \qquad (3-75)$$

根据一阶平滑和价值匹配可得

$$\begin{cases} \hat{V}_p' = \frac{(1+s)Q}{r}(1-e^{-ry}) + \frac{(1+g)Q}{r-\alpha} \\ \hat{V}(p^*) = \hat{B}_1 p^{*\beta_1} = \frac{p^*(1+s)Q}{r}(1-e^{-ry}) + \frac{p^*(1+g)Q}{r-\alpha} - I \end{cases} \qquad (3-76)$$

求解可得

$$\hat{B}_1 = \frac{1}{p^{*(\beta_1-1)}\beta_1}\left[\frac{(1+s)Q}{r}(1-e^{-ry}) + \frac{(1+g)Q}{r-\alpha}\right] \qquad (3-77)$$

$$p^* = \frac{\beta_1 I}{\beta_1-1}\left[\frac{(1+s)Q}{r}(1-e^{-ry}) + \frac{(1+g)Q}{r-\alpha}\right]^{-1} \qquad (3-78)$$

由式（3-77）、式（3-78）可得

$$\hat{V}(p^*) = \hat{B}_1 p^{\beta_1} = \frac{I}{\beta_1 - 1} \tag{3-79}$$

3.5.3 数值模拟、仿真分析

1. 数据选取

借鉴 Zhou 等（2014）中的处理方法，本节将国家发展和改革委员会（简称国家发展改革委）公布的 2017 年脱硫煤标杆电价省际数据进行最大似然估计得出：上网电价期望增长率 $\alpha = 0.01$，上网电价瞬时波动率 $\delta = 0.05$。根据《中国可再生能源发展报告 2017》，风电单位 kW 造价持续下降，2017 年部分项目的造价已经低于每 kW 6800 元，太阳能发电项目单位 kW 造价部分已经降低至每 kW 5500 元以下；我国风电年平均利用小时数 1948 小时、太阳能发电年平均利用小时数 1204 小时，本书假设项目建设成本为 8000 元/kW·h，且每单位可再生能源项目年均发电量 $Q = 1500$ kW·h。根据 2017 年我国国债利率情况，本书假设无风险利率 $r = 5\%$。

2. 基础模型

综合 2013~2016 年国家发展改革委相关文件内容，我国可再生能源电价附加标准为 0.02 元左右，即价格补贴率在 4% 左右，且我国已于 2020~2022 年基本停止风电固定价格补贴制度，因此本书将混合价格补贴模型中固定价格制度实施年限假设为 4 年。将上述数值代入模型中，求解得基本模型演算结果如表 3-1 所示。

表 3-1 不同政策组合下项目投资门槛

固定电价补贴率/%	固定电价补贴年限/年	绿色电力证度电价格率/%	投资门槛 P^*/(元·kW·h)
1	4	3	0.5947
2	4	2	0.7427
3	4	1	0.9888

表 3-1 表明：①混合价格补贴政策有效降低了投资门槛。现行单一固定价格制度下，投资门槛为 1.6176 元/kW·h，均高于混合价格补贴政策。②不同政策组合对投资门槛影响较大，投资门槛极值相差 1 倍左右，平均变动弹性为 0.28。

3. 补贴率同时变动对投资决策的影响

混合价格补贴机制同时包含固定价格制度和配额制，此处分析在固定电价补贴实施年限为 4 年的情况下，固定电价度电补贴率 s 和绿色电力证书度电价格率 g 在 1%～30%范围内同时变动对投资门槛的影响，如图 3-5 所示。由图 3-5 可知，①价格补贴协同变动对投资门槛下降有加速作用，当不存在任何价格补贴时，可再生能源项目投资门槛为 1.1141 元/kW·h；当同时进行两种价格补贴且值为 30%时，可再生能源项目投资门槛为 0.0719 元/kW·h，其下降速度远大于价格补贴幅度，即政策组合的协同效益为正数。②混合价格补贴政策下投资门槛的平均下降速度为 17.2%，较单一固定电价补贴政策的 9.4%和单一配额制度下的 11.76%显著提升，说明混合价格补贴政策下，可再生能源电力投资风险低、投资门槛有效降低、投资时机提前，大大提高了投资者的投资意愿，有利于行业投资。③当补贴率在 1%～10%范围内波动时，投资门槛对配额制价格补贴政策更为敏感，说明固定价格补贴实施年限较短的情况下，投资者主要关注影响项目长期收入的配额制价格政策。

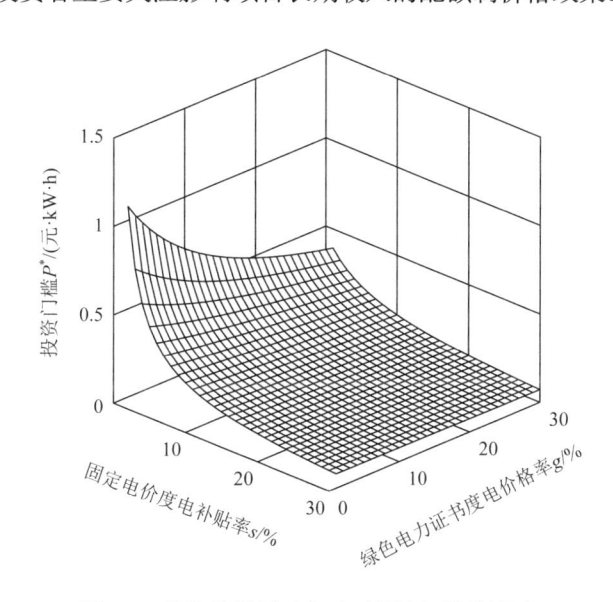

图 3-5 价格补贴同时变动对投资门槛的影响

4. 固定价格补贴实施年限对投资决策的影响

固定价格补贴实施年限是固定价格补贴制度的重要组成部分，是投资决策时必须考虑的因素之一，也是混合价格补贴机制设计中的重要政策工具。此处分析固定电价度电补贴率 s 为 2%、绿色电力证书度电价格率 g 为 2%的情况下，固定价格制度实施年限在 1～20 年范围内变动对投资门槛的影响，如图 3-6 所示。

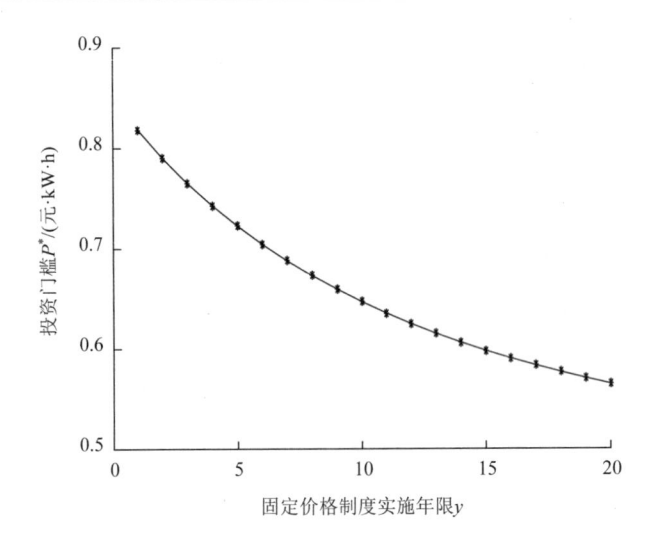

图 3-6　固定价格制度实施年限对投资门槛的影响

由图 3-6 可知，在其他条件不变的情况下，在 1~20 年的范围内投资门槛从 0.8185 元/kW·h 降至最低的 0.5648 元/kW·h，即固定价格制度实施年限每延长实施 1 年，投资门槛平均下降 6.8%，较固定电价补贴率来说其影响力较弱。说明投资者对固定价格制度实施年限的长短敏感性低于固定电价补贴率，投资者更关注短期内固定补贴收益总额对初始投资成本的抵消作用。

5. 上网电价波动对投资决策的影响

上网电价是可再生能源项目的主要决策因素之一，其波动是可再生能源项目投资的重要风险之一。此处将分别讨论上网电价波动率 δ 单独波动、上网电价波动率 δ 和绿色电力证书度电价格率 g 同时波动对投资决策的影响。首先讨论上网电价波动率 δ 对投资门槛的影响，如图 3-7 所示。

由图 3-7 可知，当固定电价度电补贴率 2%、实施年限 4 年、绿色电力证书度电价格率 2%时，在 1%~30%范围内上网电价波动率使投资门槛从 0.6934 元/kW·h 提高至 1.2892 元/kW·h，其上升速率为 2%。上述结果表明，混合价格补贴机制有效弥补了上网电价波动造成的风险，上网电价波动并未对投资门槛造成成倍扩大效应，两者波动大致相同，即在混合价格补贴机制下，投资者对上网电价波动的风险预防能力提升，在上网电价波动较大的情况下其仍会进行投资。

下面分析价格补贴率与上网电价同步波动情况下可再生能源投资决策特征。由于固定价格补贴制度可预测性较强，此处仅分析绿色电力证书度电价格率 g 与上网电价波动率 δ 同步波动的情况，在固定电价度电补贴率 2%、实施年限 4 年

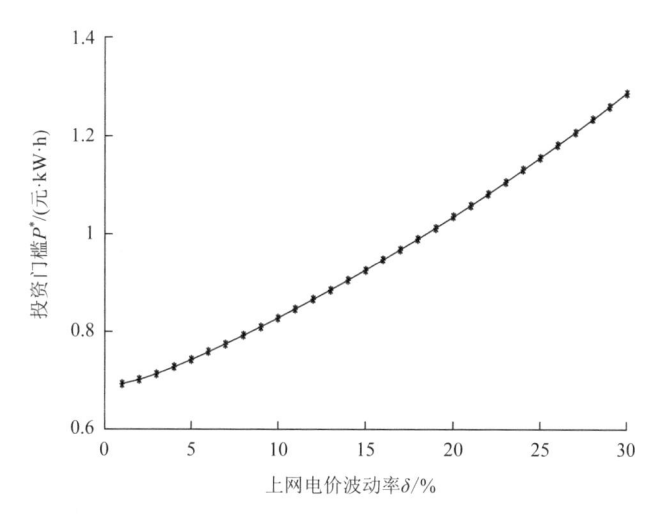

图 3-7 上网电价波动率对投资门槛的影响

的情况下，上网电价波动率 δ 和绿色电力证书度电价格率 g 同时波动对投资门槛的影响如图 3-8 所示。

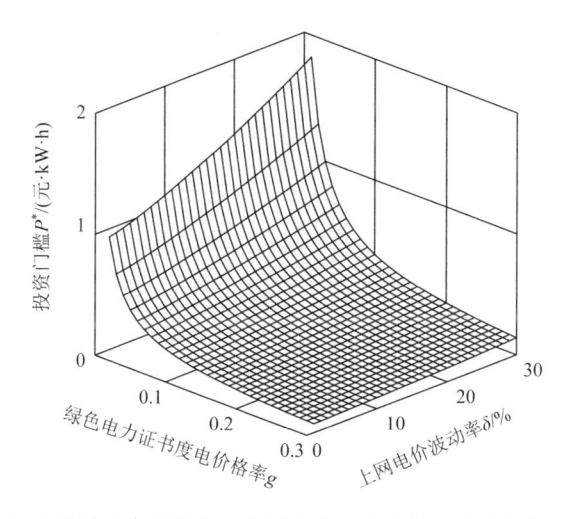

图 3-8 上网电价波动率和绿色电力证书度电价格率波动对投资门槛的影响

由图 3-8 可知，①上网电价在 1%～30%波动的情况下，可再生能源项目投资门槛最高为 1.8186 元/kW·h，相较此前上涨了 38.7%；最低投资门槛为 0.1409 元/kW·h，相较此前上涨了 48.9%，说明上网电价波动显著提高了投资门槛。②当上网电价波动率 $\delta = 0$ 时、绿色电力证书度电价格率 $g = 0$ 时，投资门槛为 0.9781 元/kW·h，显著高于此前的投资门槛 0.8185 元/kW·h，说明在上网电价没有波动，仅存在变动预期的情况下，可再生能源项目投资门槛也显著提高。

3.5.4 投资决策与政策启示

第一，混合价格补贴机制下可再生能源电力项目的投资风险小、投资门槛低，有利于投资者进行可再生能源电力投资。在混合价格补贴政策组合中，投资者对影响长期收入的配额制价格补贴政策更为敏感，同时也关注固定价格补贴在短期内对投资风险的抵消作用。因此，政府在制定混合价格补贴政策组合时应充分考虑固定价格补贴与配额制价格补贴在短期和长期中对项目收入的不同影响，充分利用政策协同效应引导投资行为。

第二，混合价格补贴机制下，投资决策时，未来绿色电力证书度电价格是吸引投资者进入该行业的最重要因素，说明混合价格补贴机制有利于提高行业竞争力。因此，政府当前在绿色证书交易市场建设中，应着力打造价格发现功能完善、交易公平的交易市场，避免投机、价格操纵等行为对可再生能源电力项目投资产生传导效应，从而促进可再生能源行业的长期发展。

第三，混合价格补贴机制下，固定价格补贴政策的投资吸引力下降，但其对投资初期风险抵消的功能有效弥补了配额制下初始投资风险巨大的问题。在固定价格补贴率和实施年限两个政策变量中，投资者对补贴率更敏感，说明短期资金回笼率对初始投资决策影响较大。因此，政府制定混合价格补贴政策组合时实施年限短的高固定价格补贴率政策比实施年限长但固定价格补贴率低的政策更容易吸引投资者进行投资。

第四，混合价格补贴机制对冲了部分上网电价波动的风险，即上网电价波动对新增项目投资没有产生杠杆式的风险放大效应。说明混合价格补贴机制有效降低了投资决策中的系统风险，投资者可通过风险管理降低投资和运营风险。因此，政府制定混合价格补贴政策组合时应具有长期性和稳定性，才能更好地引导投资者进行投资，促进行业发展进入新的阶段。

当前我国可再生能源行业发展已经进入成熟期，对该行业的价格补贴政策改革势在必行，混合价格补贴机制是分阶段逐步推进改革的必然选择。本书基于混合价格补贴机制建立实物期权模型，针对可再生能源电力投资进行分析，认为混合价格补贴机制更有利于吸引投资和提高项目长期效率，符合我国当前国情。同时，通过对固定价格补贴率、固定价格实施年限、绿色电力证书度电价格率等政策工具和上网电价波动率进行数值模拟，为投资者在改革背景下进行可再生能源电力投资决策提供了一种量化分析方式，为政府制定混合价格补贴政策组合特别是可再生能源电价机制的完善提供参考。

3.6 本章小结

尽管可再生能源电价是可再生能源电力投资、技术水平、成本,以及风险补偿和政府激励政策等的综合反映,但可再生能源电力技术创新和发电并网投资无疑是一切之"源",为了营造出有效、最优的可再生能源电力激励政策环境,必须掌握可再生能源电力在各种情形下的投资规律与特征。本章在对可再生能源电力投资环境的分析基础上,从完全垄断情形入手,将其拓展到双寡头技术对称、双寡头技术非对称情形,并针对具有代表性的可再生能源竞争性并网发电决策问题和不完全信息下的投资决策问题开展具体研究,然后分析混合价格补贴机制下的可再生能源电力投资决策规律与特征,先后得到各种情形下的可再生能源电力投资决策特征。

第4章 企业碳配额分配与社会福利

碳配额分配是指被纳入碳交易体系的企业获得配额的方法。根据欧盟碳排放交易体系（European Union emission trading scheme，EU ETS）的经验，企业碳配额初始分配的过程极为重要，不仅关乎到碳排放权市场的效率，也会很大程度地影响社会总福利。碳配额分配方式主要划分为两种：拍卖和免费分配。其中，免费分配是最为常见且实用的方式。Heilmayr 和 Bradbury（2011）提出免费分配可以成为解决竞争问题的有效工具，并有效解决气候政策造成的竞争性损失和排放泄漏问题。王倩等（2014）指出虽然拍卖比免费分配从经济效率上更优，但碳配额分配的动态混合机制更适合处于碳交易体系的初期阶段。

最常见的两种免费分配方式为：一是基于企业历史排放量的"祖父法则"；二是基于最优减排效率的"基准线法"。欧盟在第二阶段（2008~2012 年）的免费分配中使用"祖父法则"，以鼓励企业参与和适应碳交易体系，而在第三阶段（2013~2020 年）的免费分配中则开始推行"基准线法"，以奖励减排绩效好的企业。参照 EU ETS，2011 年 10 月，国家发展改革委发布了《关于开展碳排放权交易试点工作的通知》，批准北京市、天津市、上海市、重庆市、深圳市、广东省、湖北省开展碳排放权交易试点工作，其碳配额分配主要采用"祖父法则"的免费发放模式。2017 年我国启动了全国性的碳排放权交易市场，从试点区域碳减排扩展到全国性重点行业碳减排，配额分配模式将逐步提高拍卖的比例。这一阶段考虑到各个行业的碳排放存在很大差异，免费配额的分配将更多考虑行业和企业的特征。

现实中碳减排是政府和企业博弈的过程。政府先制定规则，公布免费配额分配方法，企业根据利润最大化原则采取最优的减排措施。政府的目标是通过碳减排实现经济发展和环境保护的和谐统一。在双方博弈过程中，政府所持有的公平性态度至关重要。一方面，公平的配额分配可以保障企业的基本权益，加强其对市场的认可，促进交易市场的活跃；另一方面，需要兼顾社会整体的效益，尽量减少公平性带来的生产过程中的效率损失，促进国家的经济稳步发展。

在企业碳减排效率存在差异的情况下，政府对所有行业所有企业一视同仁未必是公平的。这里的关键问题有两个：应该给减排效率低的企业还是效率高的企业更多的碳配额？在保护弱势企业和淘汰落后产能方面，政府应该持有怎样的公平态度？由于政府的公平性决定了最优配额分配，采取何种公平的态度，并考虑企业间减排效率的差异，确定最优的碳配额分配方法，是政府相关部门科学决策的关键问题，对我国产业结构升级和经济可持续健康发展具有重要意义。

"碳公平"概念较新，充满争议，缺乏准确的定义和解释。Howard 等（2015）提出碳公平可归为两个方面：获取上的公平和受益上的公平。Shi 等（2014）探讨了多种公平的定义方法，最后将公平定义为两个方面：分配上的公平和效用上的公平。目前主流研究将公平划分为主观以及客观的公平。主观上的公平指从参与者的角度出发，分析参与者得到的公平感或者不公平感问题。Hoang 等（2016）运用标准化的效用函数，以评价不公平感的手段对公平性做出了测度。公平性测度的方法强调的是测量参与者的主观意识。Howard 等（2016）使用 Q 方法从经验上分析碳链公平，并提出公平要依赖三个因素：各部分的发展程度、最大化产出和销售、市场的最小介入。Hammar 和 Jagers（2007）利用问卷调查的形式对瑞典市民进行碳税公平性的测定，得到的结果表明公平性偏好与自我利益有很强的关系。

客观上的公平指的是建立一个客观的指标或方法以判断公平，这种方法操作性更强，但对于公平的定义争议较大。主要可以分为 5 个方法：指标法、公理法、最优化方法、博弈论方法、网路吞吐量分配公平模型。

（1）指标法。指标法指的是运用单一指标或者多个指标构成的指标集对分配方法的公平性进行评价，如基尼系数、Jain's 指数、熵方法。Wang 等（2013）使用指标化的方法，利用国内生产总值数据及碳汇和排放数据建立指标系统，对中国 2010 年的碳分配和公平进行评估，发现南方的城市分配得更为公平。Pan 等（2014）研究了碳配额分配的 4 种模型，其中探讨公平分配时，使用碳的基尼系数作为判定的指标，对现存的 20 种分配模型进行了衡量，发现其中 40%的分配方法都是不公平的。

（2）公理法。Tian Lan's 模型，即公平分配应满足的 5 条公理。Lan 等（2010）提出了资源分配的公平性的 5 条公理：连续性、同质性、饱和度、分割和饥饿。研究证明大部分公平性指数（如 Jain's 指数、熵指数）都满足这 5 条公理。

（3）最优化方法。最优化方法通常使用一些线性或者非线性的模型，如数据包络分析（data envelopment analysis，DEA）模型，通过模型得到帕累托最优。Wu 等（2013）运用 DEA 方法建立了分配模型，对欧盟 15 个成员国的碳配额进行了分配并使得效率较高且公平。

（4）博弈论方法。将资源的分配结果看作博弈的结果，就可以将这样的过程使用博弈论的思想进行求解。Wu 等（2013）使用了合作博弈中的 Shapley 值进行碳配额的分配，Liao 等（2015）使用传统的纳什讨价还价模型对效用凸集进行求解。

（5）网路吞吐量分配公平模型。在网络流量的合理分配受到日益关注的背景下，一系列实现公平资源分配的模型，如比例公平、(p,α)比例公平、最大最小方法等开始产生。其与自然资源的分配最大的不同点体现在常适用于多个不同链路的具体分配，当分配资源为单一种类时，这种形式可以应用到自然资源的分配中。Joe-Wong 等（2013）使用了 max-min 和 α 公平两种方式对多种资源的分配建立了模型，并证明了两种方法均可实现帕累托最优。因为比例公平可以在有竞争关系的参与者中进行分配，Boche 和 Schubert（2009）使用了比例公平模型对资源进行分配。

Zhou 和 Wang（2016）研究了 110 余篇碳配额分配的文献，其中 90 篇左右都涉及了公平性问题，说明公平性在研究者眼中的重要性正在日益凸显。其中 73%采用的都是指标法，指标法操作较为简单，指标也容易获得，但是指标体系本身是否公平引起的争议很大。博弈论、最优化、混合方法等其他方法所占的比例为10%左右。

另外，碳配额的免费分配方法（"祖父法则""基准线法"）会对碳排放效率不同的企业产生不同的影响。令狐大智和叶飞（2015）指出按照历史排放量分配时，若行业中的企业存在单位产品碳排放水平差异，低排企业宽松的碳配额分配策略会有更强的减排激励效用。陆敏和方习年（2015）指出：基于祖父制的分配对高排放企业有利，基于产出的分配使低排放企业收益最高，碳排放较少。

在企业减排技术投资策略研究方面，现有文献大多认为政府政策、市场环境及企业间竞争环境共同影响了企业的利润，并导致了企业在技术投资博弈上的不同决策。Mao（2013）提出在供应链碳减排投资博弈中，存在一个最优碳排放上限阈值，使得政府政策表现为鼓励技术创新；Venmans（2016）分析了碳价格不确定环境下，两企业减排技术投资可能的博弈结果；Lou 等（2015）的研究结果表明：上下游企业合作的情况下，对减排难度承受能力更高，并且可以促进成员增加减排投资。除了关于企业间技术投资博弈的研究，学者也关注政府补贴及惩罚制度对技术投资博弈的影响。Baker 和 Shittu（2006）指出政府实施不确定碳税时，碳和非碳能源的替代灵活性不同的企业面临的风险不同。Feng 等（2019）研究显示，政府施行严厉的惩处制度时，企业会主动进行减排投资。在政府碳配额分配研究方面，Heilmayr 和 Bradbury（2011）指出碳配额分配研究有三个维度：有效、公平和效率。碳配额分配方案的有效性，即实现减排目标，避免排放的泄漏或转移，是研究的重要前提。朱帮助等（2017）分析了配额分配制度对于碳市场有效性的研究。部分文献则在有效性的基础上，深入研究配额分配的公平性和效率性，其中公平性的评判依赖于多种衡量公平的方法，而效率性则常常聚焦于配额政策的实施成本。最新的研究更多从微观上分析政府碳配额分配对企业和社会的影响。Meunier 和 Ponssard（2012）比较了两种分配模型对企业利润、减排量、市场价格及消费者福利的影响；叶飞和令狐大智（2015）推导了多种配额分配方案对企业的利润、产量及市场价格等因素的影响；An 和 Lee（2018）分析了三种碳配额分配方案对企业利润和碳排放量的影响。

综上，国内外对于碳配额分配方式已经研究得较为深入，从政府公平性视角的研究也取得了一定的成就。但是对政府所持公平态度的变化的研究较为缺乏，并且研究政府目标均为单一目标（减少减排成本或提升公平性），没有在政府和企业博弈的框架下，从政府多目标角度考虑企业碳配额的最优分配和政府公平的问题。另外，现有研究较少讨论政府实行的碳配额分配方案对企业碳减排技术投资决策带来的影响，尤其缺乏政府兼顾多个目标作出的碳配额分配对企业技术投资决策的影响分析，在政府和企业的碳配额分配博弈过程中，政府需要兼顾社会效益和经济效益。在短期，政府重点关注减排成本对整体经济，尤其是对企业带来的巨大影响，但从长期来看，政府更为注重社会福利的整体变化情况，特别在目前的"双碳"目标驱动下，政府迫切需要了解在碳减排过程中，如何才能促进企业进行技术投资，实现对落后技术的淘汰以及产业结构的优化升级，加速我国绿色经济和生态环境保护的同步协调发展。

可再生能源与化石能源电力的根本区别在于碳排放的不同，前者是"零排放"，而后者却是碳排放的主要源头之一。在不可能完全放弃化石能源电力的前提下，研究政府兼顾社会福利和减排成本的多目标条件下的企业最优碳配额分配方式，是对可再生能源电价机制及相关补贴与扶持政策的完善、优化的全新思路和必要补充。本章为此采用 (p,α) 比例公平、理想点法分别建立最优分配与政府公平态度之间的对应关系，分析企业间减排效率差异对碳配额最优分配以及政府所持公平态度的影响，并对碳配额政策对企业技术投资决策的影响展开研究。

本章在政府兼顾社会福利和减排成本的多目标下，研究企业最优的碳配额分配以及政府所持公平态度，其创新性主要体现在以下两个方面：其一，根据碳配额分配的"祖父法则"和"基准线法"，我们分别从企业历史排放量和减排效率角度，利用 (p,α) 比例公平推导出了最优碳配额分配和政府所持公平态度的对应关系，定量分析政府在碳配额分配过程中所持公平的态度。其二，在政府多目标下分析企业间减排效率差异对配额分配和政府公平产生的影响，所得结论既丰富了碳配额分配的相关理论内容，也具有很强的现实指导意义。

4.1 基于 (p,α) 比例公平的碳配额分配

目前，国内外对于碳配额分配方式已经研究得较为深入，从政府公平性视角进行的研究也取得了一定的成就。但是对政府所持公平态度的变化的研究较为缺乏，并且研究政府目标均为单一目标（减少减排成本或提升公平性），需要在政府和企业博弈的框架下，从政府多目标角度考虑企业碳配额的最优分配和政府公平的问题。

首先，根据 (p, α) 比例公平的方法刻画政府所持公平的态度，导出给定政府公平态度下的根据企业历史碳排放量或者企业减排效率进行加权的配额最优分配，建立进行最优分配和政府公平态度之间的一一对应关系。其次，假设产品市场是完全信息下双寡头垄断市场，两企业按照政府分配的配额进行相应减排，同时企业间进行产量和减排量博弈，并最大化各自利润。整个博弈过程可以看作政府和企业间的主从博弈。最后，采用遗传算法模拟多目标规划下的政府最优配额分配，并根据 (p, α) 比例公平得到的对应关系以揭示政府应持的公平态度，进一步分析企业间减排效率差异对配额分配和政府公平态度的影响。

1. (p, α) 比例公平和最优配额分配

比例公平最初由 Kelly 等（1998）提出，在考虑资源约束条件下，利用最大化各参与者效用函数之和，推导出定义式。Mo 和 Walrand（2000）引入了参数 α，将比例公平推广为 (p, α) 比例公平，统一了几种公平性的定义，给出了相应的证明。根据他们的证明，仅当效用函数满足：

$$u_i(x) = \begin{cases} p_i \log x_i & \alpha = 1 \\ p_i(1-\alpha)^{-1} x_i^{1-\alpha} & \alpha \neq 1, \alpha > 0 \end{cases} \quad (4\text{-}1)$$

$\max_{x_i} \sum_{i=1}^{n} u_i(x_i, \alpha)$ 对应的最优分配 x_i 就是 (p, α) 比例公平。α 是外生给定的参数，越大代表整体上所得的分配就越公平，p_i 是权重指标，代表各参与者的支付。我们用 α 描述政府对于公平的态度，而 p_i 采用两种权重指标，从碳排放量角度考虑公平时，p_i 等于各企业历史碳排放量，而从碳减排效率角度考虑公平时，p_i 等于各企业减排效率。

政府分配企业碳配额时，会选定公平的态度 α，假设分配给企业的碳配额总量为 A，如果以企业历史碳排放量进行加权，根据 (p, α) 比例公平，最大化式（4-1）所示的效用函数之和，可以解出最优分配：

$$A_1 = \frac{A}{1+(e_2/e_1)^{1/\alpha}}, \ A_2 = A - A_1 \quad \alpha > 0 \quad (4\text{-}2)$$

式中，A_i 为企业 i 得到的碳配额，$e_1 > e_2$，企业 1 的历史碳排放量较大。同理，按照企业减排效率加权时，其最优分配为

$$A_1 = \frac{A}{1+(\gamma_1/\gamma_2)^{1/\alpha}}, \ A_2 = A - A_1 \quad \alpha > 0 \quad (4\text{-}3)$$

式中，γ_i 的倒数 $1/\gamma_i$ 为企业 i 的碳减排效率，假设 $\gamma_1 > \gamma_2$，企业 1 的减排效率更低。

图 4-1 显示政府不同的公平态度下，分别采用企业历史碳排放量和减排效率

加权得到的最优配额分配情况,假设碳配额总量 A 为 1。图 4-1(a)显示用历史碳排放量加权时,企业 1 始终取得不少于企业 2 的碳配额,碳排放量较多的企业获得更多的配额资源。图 4-1(b)显示用减排效率加权时,企业 2 始终获得不少于企业 1 的碳配额,减排效率高的企业获得更多的配额资源。无论哪种情况,当 α 趋向于无穷大时,政府最公平的分配逼近于 max-min 最优公平解,即两个企业平分配额总量。

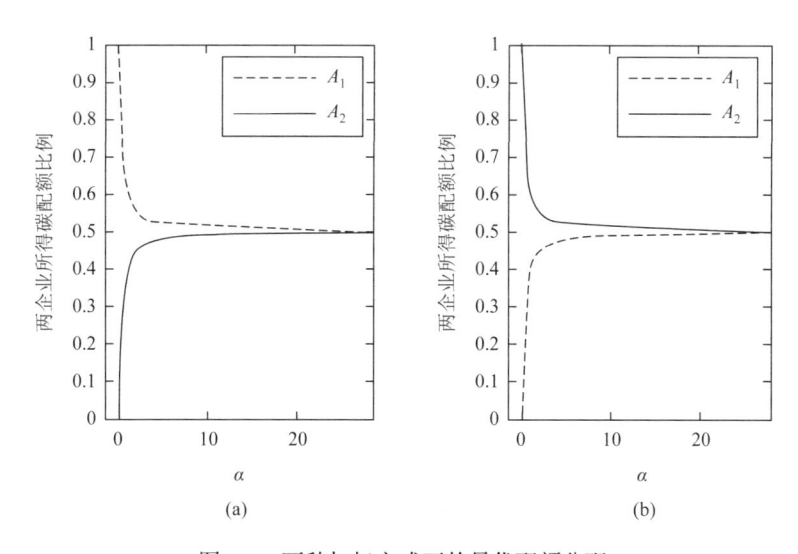

图 4-1 两种加权方式下的最优配额分配

左图为按照历史碳排放量加权的分配结果,$e_1/e_2 = 1.5$;右图为按照减排效率加权的分配结果,$\gamma_2/\gamma_1 = 1.5$

从 (p, α) 比例公平视角,如果行业中历史碳排放量多的企业获得较多配额,说明符合历史碳排量加权的最优分配。而减排效率高的企业获得较多配额,则符合减排效率加权的最优分配。更为重要的是,式(4-2)和式(4-3)显示,政府所持公平的态度和企业最终配额分配一一对应,故可以根据企业最终获得的配额解出政府所持公平的态度。

2. 企业最优决策

假设两家企业生产的产品无差异,单位产品的碳排量相同,生产成本也相同。为简化,进一步假设边际生产成本为 0。产品市场逆需求函数为

$$P_1 = Q - q_1 - q_2 \tag{4-4}$$

式中,P_1 为产品价格;q_i 为企业 i 的产量($i = 1, 2$);Q 为大于零的常数项。

不考虑减排时的单位产品碳排放量为 1,即企业碳排放量等于其产量。政府开始实施强制碳减排以后,两家企业的减排效率存在差异,减排成本为 $C_i = \gamma_i A L_i^2$,

$1/\gamma_i$ 表示其减排效率。企业 1 的减排效率较低，$\gamma_2 = k\gamma_1 (k > 1)$，即企业 2 的减排效率是企业 1 的 k 倍。不失一般性，设企业 2 的减排效率 $1/\gamma_2 = 1$。

除了政府免费分配的碳配额外，企业可以在碳交易市场上买卖碳排放权许可证，实际的碳排放量等于政府分配的配额再加上在碳排放权市场的交易量。假设企业 i 分配得到的碳配额、减排量和碳交易市场买入碳权量分别为 AE_i、AL_i 和 AT_i。企业 i 的碳排放量/产量为

$$q_i = AL_i + AE_i + AT_i \tag{4-5}$$

另外，碳排放权市场均衡意味着碳权交易价格等于边际减排成本，即碳排放权市场价格 $P_2 = 2\gamma_1 \times AL_1 = 2\gamma_2 \times AL_2$。同时，均衡时一定有两企业的碳交易量之和为零（$AT_1 + AT_2 = 0$）。

企业 i 的利润由产品收益、减排成本和买卖碳权收益三部分组成，最大化利润是式（4-6）的最优解：

$$\begin{aligned} \max_{q_i, AL_i} \pi_i &= P_1 q_i - C_i + P_2 AT_i \\ &= (Q - q_1 - q_2)q_i - \gamma_i AL_i^2 - 2\gamma_i AL_i (q_i - AL_i - AE_i) \end{aligned} \tag{4-6}$$

$$\text{s.t. } q_1 - AL_1 - AE_1 + q_2 - AL_2 - AE_2 = 0$$
$$2\gamma_1 \times AL_1 = 2\gamma_2 \times AL_2$$

式（4-6）是决策变量 q_i 和 AL_i 的凹函数，两企业寡头博弈的一阶均衡条件为

$$\begin{cases} \dfrac{d\pi_1}{dq_1} = Q - 2q_1 - q_2 - 2\gamma_1 AL_1 + \lambda_1 = 0 \\ \dfrac{d\pi_1}{dAL_1} = -2\gamma_1 (q_1 - AL_1 - A_1) - \lambda_1 = 0 \\ \dfrac{d\pi_2}{dq_2} = Q - 2q_2 - q_1 - 2\gamma_2 AL_2 + \lambda_2 = 0 \\ \dfrac{d\pi_2}{dAL_2} = -2\gamma_2 (q_2 - AL_2 - A_2) - \lambda_2 = 0 \end{cases} \tag{4-7}$$

式中，λ_1 和 λ_2 为拉格朗日乘子。

3. 主从博弈

在政府与企业的博弈中，与企业关心利润不同，政府一方面注重保护环境，另一方面关心碳减排对经济产生的影响，相应的政府决策是多目标规划问题，即最大化社会福利和最小化企业减排总成本。博弈顺序为：政府根据所持公平的态度先决定碳配额分配方式，企业在政府公布碳配额分配方案后，选择合适

的产量和碳减排量以最大化利润。政府再根据企业的反应确定最优配额分配。根据式（4-7）解得的企业 1、2 的最优产量 q_1^*、q_2^* 和最优减排量 AL_1^*、AL_2^*，如式（4-8）、式（4-9）所示。式中，A 为配额总量，A_1 为分配给企业 1 的碳配额，k 为减排效率差异倍数。政府分配给企业的配额小于企业的碳排放量，故两企业的最优减排量不可能为负数，即 $AL_1^*, AL_2^* \geqslant 0$。

$$q_1^* = \frac{(8k+2)A_1 + 3Q - 2A^2}{8k+7}$$
$$AL_1^* = \frac{(2k-2)A_1 + 4Q - 4A^2k + 2Qk - 5A^2}{(8k+7)(k+1)} \quad (4\text{-}8)$$

$$q_2^* = \frac{(-6k-4)A_1 + (Q+2A^2)(2k+1) + 2A^2}{8k+7}$$
$$AL_2^* = k\frac{(2k-2)A_1 + 4Q - 4A^2k + 2Qk - 5A^2}{(8k+7)(k+1)} \quad (4\text{-}9)$$

在政府的目标函数中，两企业碳减排总成本为

$$\begin{aligned} \text{Cost} &= \gamma_1 AL_1^2 + \gamma_2 AL_2^2 \\ &= (k+k^2)AL_1^2 \end{aligned} \quad (4\text{-}10)$$

社会整体的福利为

$$\text{Welfare} = \text{cs} + \pi_1 + \pi_2 \quad (4\text{-}11)$$

式中，π_1, π_2 分别为企业 1、2 的利润；cs 为消费者的福利，根据产品市场逆需求函数以及式（4-8）和式（4-9）求得的最优产量 q_1^*, q_2^*，消费者福利为

$$\text{cs} = \int_{Q-q_1-q_2}^{\infty} (Q - P_1) dP_1 = 0.5(q_1 + q_2)^2 \quad (4\text{-}12)$$

政府的目标函数为

$$\begin{cases} \min \text{Cost} = (k+k^2)AL_1^2 \\ \max \text{Welfare} = 0.5(q_1+q_2)^2 \\ \qquad\qquad + (Q-q_1-q_2)(q_1+q_2) - (k+k^2)AL_1^2 \end{cases} \quad (4\text{-}13)$$

在碳配额总量 A 给定的情况下，政府的决策变量是分配给企业的最优配额 A_1、A_2，而对于公平的态度 α 可利用式（4-2）或式（4-3）反解得到。

4. 模型求解

政府最优配额分配方案的实质是求解多目标规划问题，本书用遗传算法对这

一问题进行优化。遗传算法是一种启发式的随机搜索算法，模仿了生物遗传、进化，并引用了随机统计原理。虽然遗传算法得出的结果每次都不尽相同，但理论上遗传算法总会有很多机会得到全局最优结果，而不是局部最优结果。求解过程分为编码、解码、交配、突变、倒位、个体适应性评估、复制 7 个步骤，可以利用 MATLAB 函数工具箱中的 gamultiobj 求解。

具体参数设置如下：产品市场的逆需求函数截距 $Q=200$，在企业没有碳减排压力时，两企业古诺博弈下的均衡产量为 $\frac{2}{3}Q=133.33$。为强制企业减排，政府给企业的碳配额总量为 $A=120$，为两企业历史碳排放总量的 90%。另外，两企业减排效率差异为 $k=1.5$。

在每一次求解企业 1 的最优配额 A_1 中，按照规定条件在代际中筛选出合适的后代，并且兼顾最小化减排总成本和最大化社会福利这两个条件、两个指标，选取代际中间值作为最优值。为获得稳定的结果，重复使用算法进行求解，最终结果为所求最优值的均值。

图 4-2 展示了遗传算法模拟 10 000 代际的结果。当模拟次数逐渐增加时，该结果收敛。此时企业 1 的最优配额，即减排效率低的企业 1 得到碳配额相对较少，占总量的 35.6937%。从 (p,α) 比例公平视角，减排效率高的企业获得较多配额，说明最优分配是按照减排效率加权的。由式（4-3）最优分配和政府公平态度的对应关系，可以解出政府所持公平的态度，此时 $\alpha=0.4718$。

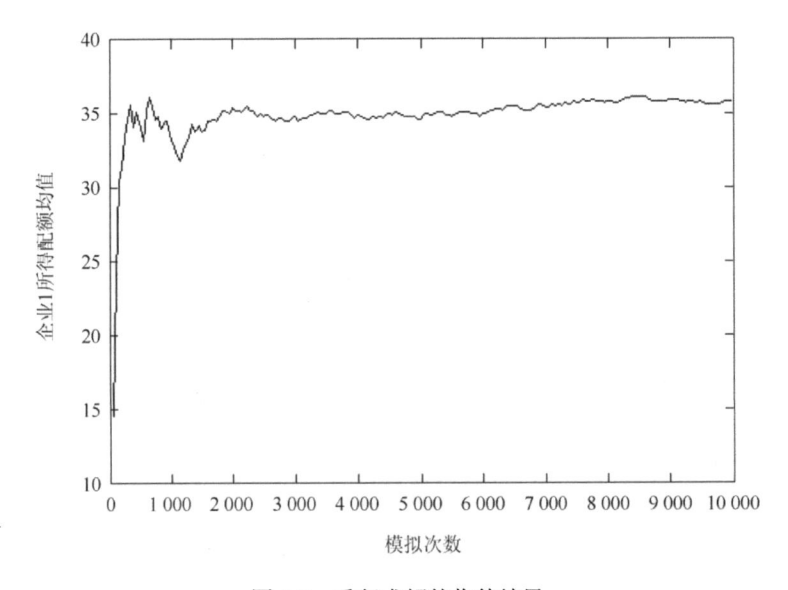

图 4-2 重复求解的收敛结果

进一步，在产品市场需求函数确定的情况下，当改变企业间碳减排效率的差异时，求得收敛的最优配额分配和公平态度的变化情况，如图4-3所示。

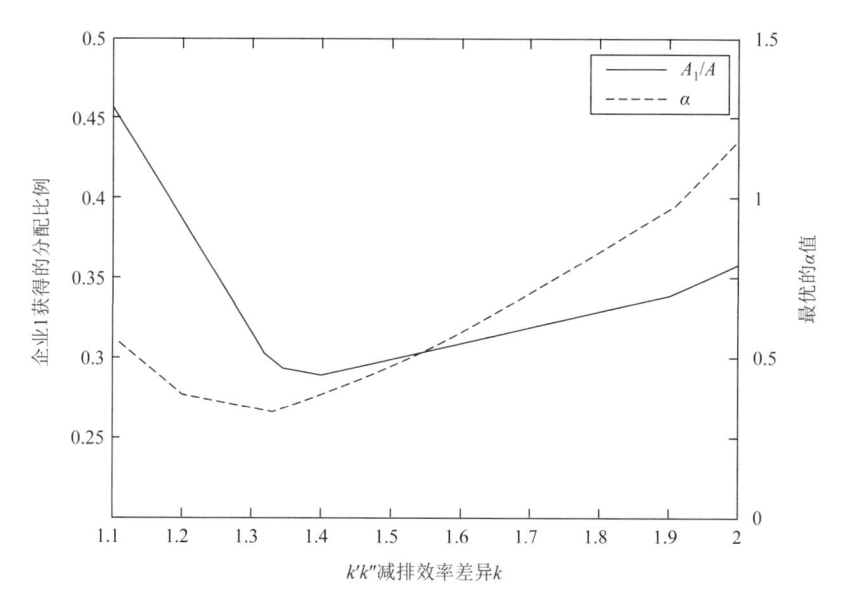

图 4-3 减排效率差异变化时的最优配额分配

命题 1 在政府兼顾社会总福利和减排总成本的多目标下，减排效率低的企业所得配额相对较少。在企业减排效率差异较小和较大的行业，减排效率差异对配额分配方式和政府所持公平态度的影响是完全不同的。而且存在一个减排效率差异的区间，随着减排效率差异的增大，低效率企业分配的碳配额逐渐减少，而政府所持公平态度逐渐增强。

命题1说明在兼顾社会总福利和减排总成本的多目标下，政府所持公平态度和配额分配方式会根据不同行业企业减排效率的差异发生截然不同的变化。图4-3显示，明显存在一个减排效率差异的区间$[k', k'']$，使得政府的公平态度和配额分配在该区间的两侧出现了完全相反的变化。当行业内企业减排效率差异较小时（$k<k'$），随着企业减排效率差异的增加，政府较不注重公平，在配额分配上倾向减排效率高的企业，效率低的企业获得的配额逐渐减少。如果行业内企业减排效率差异较大（$k>k''$），随着企业间效率差异的增加，政府所持公平态度随之增强。因减排效率高的企业优势较大，为防止社会福利的下降，减排效率低的企业获得的配额逐渐增多。还有一种情况，当行业内企业间碳减排效率差异增加到某一区间时（$k'<k<k''$），随着企业减排效率差异的增加，效率低的企业获得的配额逐渐减少，但政府所持公平态度则逐渐增强。在这种情况下，减排效率高的企业有一

定优势，但不是巨大优势，这时政府的公平性与减排效率是一致的，政府无论从公平或效率角度都更倾向于给效率高的企业更多的配额，这也说明公平并不意味着给减排效率低的企业更多的碳配额。

另外，在减排效率存在差异的行业，无论效率差异如何变化，最优的配额分配方案中企业 1 分配到的碳配额比例始终不超过 50%，即减排效率低的企业分配的碳配额较少。这说明兼顾社会总福利和减排总成本的最优分配应该遵循从减排效率入手，侧面反映了"基准线法"在政府多目标下的优越性。

4.2 基于理想点法的最优碳配额分配

随着我国治污措施的强化和新环保法的实施，企业碳减排压力越来越大。2017 年底我国正式启动全国碳排放权交易市场，根据减排目标政府会设定一个总体的绝对碳排放量上限，并对碳排放配额事先进行分配，企业减排之后多余的部分可以在市场上出售，从而构成配额交易市场。在碳排放总量控制交易体系建设中，被纳入管控企业的碳配额分配是一个非常重要的环节，它不仅体现了政府的偏好和减排目标，也直接影响到各企业的碳减排决策。在碳配额具体分配过程中，政府为了兼顾减排的经济与社会效益，需要综合考虑多种因素，如减排成本和社会福利，在保证减排目标的同时实现经济平稳发展。

最优碳配额分配的研究一直是学术研究的前沿热点。从宏观层面，Germain 和 van Steenberghe（2003）运用动态博弈对国家间的配额进行了公平的分配。Viguier 等（2006）运用 M-矩阵博弈评估欧盟国家间的碳配额分配方案，发现高减排成本的成员国试图以国内的初始排放配额分配来补贴高耗能行业。Pang 等（2015）认为在全球碳配额重新分配过程中，低效率国家应出售配额获得支付，高效率国家应放松环境限制增加生产，以获得全球帕累托的改进。Ye 等（2015）研究深圳市根据碳强度和实际产量分配配额的两步分配程序，发现这种分配可以减少单位产出的碳排放量来缓解碳排放增长问题。Chang 等（2016）提出基于 Shapley 值的分配在中国各区域间是平等而有效的。Guo 等（2017）引入零和博弈建立 ZSG-SBM 模型，对国内 30 个省份进行了有效率的碳减排目标的分配。

最新的研究更多关注企业微观层面的碳配额分配问题。Zheng 和 Chen（2012）和陈煌熔（2017）以最大化社会效益为目标，提出碳配额分配的方法。令狐大智和叶飞（2015）、叶飞和令狐大智（2015）以碳排放量有差异的两企业间博弈为背景，研究碳配额分配机制。杨仕辉等（2016）以有减排效率差异的企业或区域为研究背景，对碳配额进行相关的分配和调度。陈煌熔（2017）利用减排效率差异的两企业与政府间的博弈，提出了配额最优分配方法。An 和 Lee（2018）运用企业间非合作博弈模型,以减少碳的总排放量为目的讨论三种分配方式,并研究了有效率差异的企业在参与博弈后财务业绩上的表现。这些研究大多从政府单一目标视角进行碳配额分配,现实中政府需要综合考虑公平、效率、社会效益等多目标规划问题。

国内外部分学者从多目标角度提出碳配额分配方法。Abido(2003)采用改进后的进化算法设计了一种新的分配方式,使得同时最小化污染物排放量和燃料成本。Rose和Zhang(2004)从公平和效率出发,运用非线性规划模型对6种碳配额分配方式做出了评价。彭鹃等(2014)运用理想点法,将环境经济效益、减排费用、公平性、生产连续性作为优化目标,解决了碳配额分配的问题。Zhang和Hao(2017)运用ZSG-DEA方法,得到了兼顾效率与公平的碳配额分配方法。但这些研究更多地从多目标优化算法角度,较少考虑政府与企业间相互博弈的行为。

综上所述,国内外提出了较多碳配额分配的方式和方法,并针对企业间减排效率差异选取了不同的方法构建模型。相对而言,兼顾多个目标进行碳配额分配的研究较少,而考虑政府与企业间动态博弈行为,并结合多目标规划的优化算法,研究行业内企业碳配额分配具有很强的创新性。

下面将从这个角度入手,在有减排效率差异的企业的背景下,以动态博弈框架刻画政府与企业间的博弈过程,采用多目标规划的理想点法对政府兼顾减排成本和社会福利的多目标下的企业最优配额分配进行研究,并且对减排压力,以及减排效率差异对碳配额分配造成的影响进行了分析,结果发现政府多目标下的碳配额分配应向高减排效率企业倾斜,且减排压力越大,分配给高效率企业的碳配额越多。同时,企业间减排效率差异较小和较大的时候,其对最优配额分配产生完全不同的影响。

4.2.1 动态博弈模型

考虑碳配额分配过程中政府和企业的动态博弈过程。首先,政府兼顾社会福利和减排成本做出最优配额分配;其次,行业内两个减排效率有差异的企业以最优化各自企业利润为目标,选择合适的产品产量、碳减排量、碳权市场交易量。在这个过程中,随着公众环保意识和治理减排措施增强,政府可分配的配额总量较上一期有所下降,企业会面临比以前更大的减排压力。

1. 模型建立

假设两企业生产同质产品,单位产品的碳排放量为1。为简化,假设产品边际生产成本为零,市场的逆需求函数为

$$P_1 = Q - q_1 - q_2 \quad (4\text{-}14)$$

式中，Q 为大于零的常数项；P_1 为单位产品的市场价格（$P_1 \geqslant 0$）；q_i 为第 i 个企业的产品产量，$i = 1, 2$。

企业碳减排成本依赖于企业减排效率和减排量，第 i 个企业的减排成本函数 C_i 满足：

$$C_i = \gamma_i AL_i^2 \quad (4\text{-}15)$$

式中，$1/\gamma_i$ 为第 i 个企业的减排效率；AL_i 为第 i 个企业的减排量。假设两企业的减排效率存在差异，且企业 1 的减排效率较低（$1/\gamma_1 < 1/\gamma_2$），设 $k = \gamma_1/\gamma_2$ 表示两企业减排效率差异的大小（$k > 1$）。

当碳排放权市场均衡时，始终有单位碳排放权的价格等于两企业的边际减排成本：

$$P_2 = 2\gamma_1 AL_1 = 2\gamma_2 AL_2 \quad (4\text{-}16)$$

式中，P_2 为碳排放权市场的均衡价格，且 $AL_i \geqslant 0$。

两企业生产所需的碳排放指标来源于三个部分：政府配额、碳排放权交易量以及自身减排量。A_i 为第 i 个企业得到的碳配额；AT_i 为第 i 个企业的碳权市场交易量，$AT_i > 0$ 意味着在碳权市场买入碳权，反之代表在碳权市场卖出碳权。在碳排放权交易市场，两企业的交易量之和一定为 0，即 $AT_1 + AT_2 = 0$。两企业产量需满足：

$$q_i = A_i + AL_i + AT_i \quad i = 1, 2 \quad (4\text{-}17)$$

政府要求同时实现社会福利最大化和减排成本最小化，其对两企业最优的碳配额分配为 A_1, A_2。社会总减排成本可以表示为两企业减排成本之和。

$$\min C = \gamma_1 AL_1^2 + \gamma_2 AL_2^2 \quad (4\text{-}18)$$

社会总福利可以利用逆需求曲线积分得到，如式（4-19）右端。

$$\begin{aligned} \max W &= \int_{Q-q_1-q_2}^{\infty} (Q - P_1) \mathrm{d}P_1 + \pi_1 + \pi_2 \\ &= 0.5(q_1 + q_2)^2 + \pi_1 + \pi_2 \end{aligned} \quad (4\text{-}19)$$

式中，π_i 为企业 i 的利润，即社会福利是消费者福利和两企业利润的和。

政府可分配的碳配额总量是 A，考虑如何将碳配额最优分配给两企业。在碳减排政策实施之前，两企业进行单纯的产量博弈以最大化利润，此时总的碳排放量为 $2Q/3$。为实现减排目标，政府分配的碳配额总量必须小于企业总的碳排放权量（$A < 2Q/3$），且当期比上期要进行一定程度的压缩。

$$d \cdot A < \frac{2Q}{3} \quad 0 < d < 1 \quad (4\text{-}20)$$

式中，d 的值反映了政府减排的力度，d 越小，企业面临的减排压力越大。

政府的多目标最优决策依赖于式（4-18）、式（4-19）的求解结果，而式（4-20）是分配时的约束条件：

$$\begin{cases} \min C = \gamma_1 AL_1^2 + \gamma_2 AL_2^2 \\ \max W = 0.5(q_1+q_2)^2 + \pi_1 + \pi_2 \\ \text{s.t.} \quad A_1 + A_2 = A \end{cases}$$

（4-21）

企业在得到碳配额后，根据配额数量，做出最优化各自利润的决策。企业 i 的利润由产品收益、减排成本、碳权市场交易的收益三部分确定：

$$\max \pi_i = P_1 q_i - C_i - P_2 AT_i$$

（4-22）

$$\text{s.t.} \begin{cases} AT_1 = q_1 - AL_1 - A_1 \\ AT_2 = q_2 - AL_2 - A_2 \\ AT_1 + AT_2 = 0 \\ P_2 = 2\gamma_1 AL_1 = 2\gamma_2 AL_2 \end{cases}$$

（4-23）

两企业进行同时博弈，最终完全确定各自的产品产量、碳排放量和碳权市场的交易量。

2. 博弈模型求解

利用逆向归纳可以对该博弈进行求解。首先从两企业的博弈中求得关于政府决策参数 A_1, A_2 的反应函数，其次在政府多目标决策下，利用理想点法将多目标函数整合为最终的决策函数并进行模拟分析。这里使用的理想点法是一种基于目的规划法的多目标求解方法，相较于其他方法有很多优势，如建立的模型直观，求解思路清晰，结果稳定且收敛。

对两企业博弈的求解需要从式（4-22）、式（4-23）出发，式（4-22）展开后是关于 q_i, AL_i 的凹函数，引入拉格朗日乘子 λ_1, λ_2，根据式（4-22）可以求解出博弈的一阶均衡条件：

$$\begin{cases} \dfrac{\mathrm{d}\pi_1}{\mathrm{d}q_1} = Q - 2q_1 - q_2 - 2\gamma_1 AL_1 + \lambda_1 = 0 \\ \dfrac{\mathrm{d}\pi_1}{\mathrm{d}AL_1} = -2\gamma_1(q_1 - AL_1 - A_1) - \lambda_1 = 0 \\ \dfrac{\mathrm{d}\pi_2}{\mathrm{d}q_2} = Q - 2q_2 - q_1 - 2\gamma_2 AL_2 + \lambda_2 = 0 \\ \dfrac{\mathrm{d}\pi_2}{\mathrm{d}AL_2} = -2\gamma_2(q_2 - AL_2 - A_2) - \lambda_2 = 0 \\ q_1 - AL_1 - A_1 + q_2 - AL_2 - A_2 = 0 \\ kAL_1 = AL_2 \end{cases}$$

（4-24）

求解可得

$$q_1^* = \frac{(8k+2)A_1 + 3Q - 2A}{8k+7}$$

$$q_2^* = \frac{(-6k-4)A_1 + (Q+2A)(2k+1) + 2A}{8k+7}$$

$$AL_1^* = \frac{(2k-2)A_1 + 4Q - 4kA + 2Qk - 5A}{(8k+7)(k+1)}$$

$$AL_2^* = k\frac{(2k-2)A_1 + 4Q - 4kA + 2Qk - 5A}{(8k+7)(k+1)}$$

（4-25）

此时，对应政府的两个目标可表述为式（4-26）、式（4-27）：

$$C = \frac{k[(2k-2)A_1 + 4Q - 4kA + 2Qk - 5A]^2}{(8k+7)^2(k+1)} \quad (4\text{-}26)$$

$$W = \frac{2(k-1)\{-(3k+1)(k-1)A_1^2 + [(4A+Q)(k+k^2) + Qk^2 - 2A + 3Q]A_1\} + B}{(8k+7)^2(k+1)}$$

（4-27）

其中：

$$B = (10Q^2 - 24A^2 + 40QA)k^3 + (36Q^2 - 56A^2 + 100QA)k^2 \\ + 7(6Q^2 - 5A^2 + 10QA)k + 20Q^2 - 2A^2 + 6QA$$

（4-28）

本书采用基于最短距离的理想点法对涉及的多目标问题求解。基于最短距离的理想点法，是以各决策方案与多目标理想值的最短距离为依据选择最优解，并将两目标看作同等重要。设两企业总减排成本 C、社会总福利 W 的最优值为 $C^* = \min C$，$W^* = \max W$，即 $C^* \leqslant \min C$，$W^* \geqslant \max W$，即可将多目标规划问题转化为

$$\min S = \sqrt{(C - C^*)^2 + (W - W^*)^2} \quad (4\text{-}29)$$

在连续函数的情况下，求解距离 S 依赖于对 C^* 与 W^* 具体函数式的求解。

式（4-26）中，在 $k > 1$，$A_1 \geqslant 0$ 时，减排成本 C 是关于分配给企业1配额 A_1 的单调增函数，当 $A_1 = 0$ 时，取得

$$C^* = \min C = \frac{k(4Q - 4kA + 2Qk - 5A)^2}{(8k+7)^2(k+1)} \quad (4\text{-}30)$$

式（4-30）意味着，模型中最小化减排成本的分配方案中，企业1得不到任何配额，企业2得到所有的配额。社会福利 W 为关于企业1所得配额 A_1 的二次函数，且开口向下，其对称轴 A_1' 与 A 的关系如下：

$$A_1' - A = \frac{4Ak^3 + 2Qk^3 - Qk^2 + 2Qk - 3Q - 6Ak + 2A}{6k^3 - 10k^2 + 2k + 2} - A$$

$$= \frac{-2Ak^3 + 2Qk^3 - Qk^2 + 2Qk - 3Q + 10Ak^2 - 8Ak}{6k^3 - 10k^2 + 2k + 2}$$

$$= \frac{(2Q - 2A)k^2 + (8A + Q)k + 3Q}{2(3k+1)(k-1)}$$

(4-31)

式（4-31）的值从分子、分母两方面分析。$k>1$ 时，分母 $2(3k+1)(k-1)$ 始终大于 0。在 $AL_i \geqslant 0$ 和 $P_1 \geqslant 0$ 的前提下，$k>1$，且 $A_i \in [0, A]$ 时，有

$$\begin{cases} Q \geqslant \dfrac{4kA + 5A - (2k-2)A_1}{2k+4} \geqslant \dfrac{4k+5}{2k+4}A \\ Q \geqslant \dfrac{4kA + 2A + (2k-2)A_1}{6k+3} \geqslant \dfrac{2k}{2k+1}A \end{cases}$$

(4-32)

则 k 为大于 1 的任意值时，为强制企业减排，可分配的总额都应满足 $A<2Q/3$，即分子是二次函数，开口向上，其对称轴 $(8A+Q)/(2A-2Q)$ 恒小于 0，且 $k=0$ 时分子的值为 $3Q$，即 $k>1$ 时，该式单调递增，且恒大于 0。则 $k>1$ 时：

$$\frac{4Ak^3 + 2Qk^3 - Qk^2 + 2Qk - 3Q - 6Ak + 2A}{6k^3 - 10k^2 + 2k + 2} - A > 0$$

(4-33)

即

$$\frac{4Ak^3 + 2Qk^3 - Qk^2 + 2Qk - 3Q - 6Ak + 2A}{6k^3 - 10k^2 + 2k + 2} > A$$

(4-34)

则 $A_1 \geqslant 0$ 时，即 $A_1 = A$ 时，取得

$$W^* = \max W = \frac{2(k-1)\{-(3k+1)(k-1)A^2 + [(4A+Q)(k+k^2) + Qk^2 - 2A + 3Q]A\} + B}{(8k+7)^2(k+1)}$$

(4-35)

式（4-35）意味着，模型中以最大化社会福利为目标的最优分配中，企业 1 得到所有配额，企业 2 得不到任何配额。

利用式（4-26）、式（4-27）、式（4-30）、式（4-35），式（4-29）可进一步表示为

$$\min S = \frac{2(k-1)}{(8k+7)^2(k+1)}\sqrt{a_1 A_1^4 + a_2 A_1^3 + a_3 A_1^2 + a_4 A_1 + a_5}$$

(4-36)

其中：

$a_1 = (13k^2 + 6k + 1)(k-1)^2$

$a_2 = -2(k-1)[(28A - 2Q)k^3 + (36A - 11Q)k^2 + (10Q - 2A)k - 2A + 3Q]$

$a_3 = (86A^2 - 36AQ + 20Q^2)k^4 + (224A^2 - 186AQ + 68Q^2)k^3 + (6A^2 - 126AQ + 77Q^2)k^2$
$\quad - (24A^2 - 6AQ - 6Q^2)k + 6A^2 - 18AQ + 9Q^2$

$a_4 = -2A(3Q - A + 6Ak + Qk + Ak^2 + 2Qk^2)(3Q - 2A + 4Ak + Qk + 4Ak^2 + 2Qk^2)$

$a_5 = A^2(3Q - A + 6Ak + Qk + Ak^2 + 2Qk^2)^2$

4.2.2 数值分析

根据式（4-36）可求得企业的最优碳配额 A_1^*，A_2^*，若企业的减排效率确定，则企业的产量以及碳排放量决策也完全确定。由于式（4-36）所示的函数较难获得解析解，运用数值分析手段，可以对减排效率差异、减排压力变化时的最优碳配额分配方法做出数值分析。

取 $A = 100$，$\gamma_1 = k$，$\gamma_2 = 1$，$k \in [1.1, 5]$，$\alpha \in (0,1)$，在式（4-32）的前提下，取 $Q = 500$。此时，企业2（减排效率较高的企业）所获得的最优配额情况如图4-4所示。

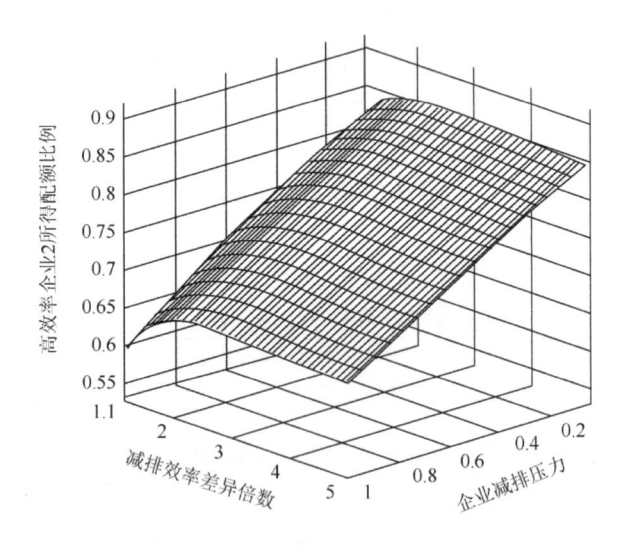

图4-4 企业2所得配额比例变化情况

图4-4反映了企业间减排效率差异和减排压力变化时，政府多目标下的最优碳配额情况。高效率企业2整体上获得的配额比例较高，超过50%，且减排效率差异和减排压力对企业的碳配额分配造成不同的影响。当减排效率差异增加时，高效率企业2得到的配额先增加后减少。同时，随着减排压力的减小，企业2得

到的配额越来越多。下面我们对企业间减排效率差异和减排压力对最优配额分配的影响进行详细的分析。

1. 企业间减排效率差异倍数 k 的数值分析

在图 4-4 中，保持企业减排压力 $d=0.5$，即政府可分配的碳配额总量只有上期的一半，分析减排效率差异倍数 k 对碳配额分配影响的情况。这里的企业最优配额分配是考虑了政府和企业间动态博弈，且政府兼顾减排成本和社会福利多目标下对企业的最优碳配额分配。

命题 2 在政府兼顾减排成本和社会福利的多目标下，高减排效率企业得到的碳配额较多，且随着企业间减排效率差异倍数的增加，其所得碳配额的比例先增加后减少。

当政府只考虑减排成本时，根据式（4-25）、式（4-26），高减排效率企业分得的碳配额越多，碳减排量越少，总的减排成本越小，故高减排效率企业 2 拿到全部的配额。低效率企业 1 不获得任何配额分配，其生产所需的配额完全来源于碳排放权市场的交易和排放量的减少。

当政府只考虑社会福利时，根据式（4-25）、式（4-27），高减排效率的企业拿到越多的配额，会导致总的产品产量下降，社会总福利减少，故低减排效率企业 1 拿到全部的配额。高效率企业 2 不获得任何配额，主要依赖于自身主动减排维持生产，生产量较小。

当政府兼顾社会福利和减排成本时，存在一个企业间减排效率差异转折点 k'，图 4-5 中约为 2.7，当企业间减排效率差异倍数较小，$k<k'$ 时，随着减排效率差异

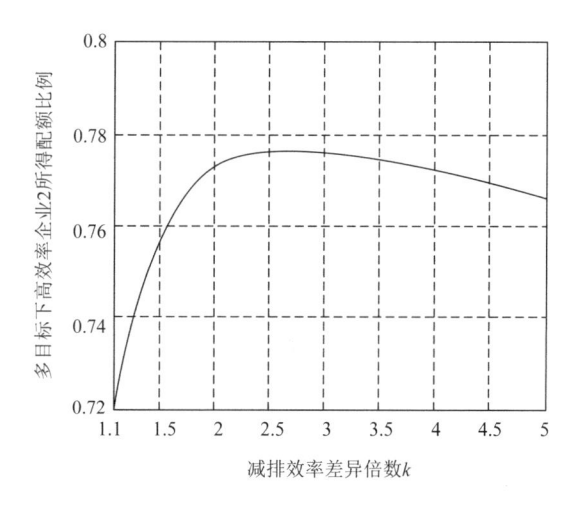

图 4-5 减排效率差异倍数 k 对配额分配比例的影响

倍数的增加，政府应增加对高减排效率企业 2 的配额分配，以此抑制减排成本的上升。但当 $k>k'$ 时，过大的减排效率差距会剧烈地减少社会福利，政府在减排成本和社会福利两者之间，会更多地考虑社会福利。随着减排效率差异倍数的增加，政府让高效率企业承担更多的碳减排，逐渐减少其得到的碳配额。另外，需要注意的是，虽然多目标下政府在减排效率差异倍数 k 值不同时有不同的分配倾向，但对高效率企业 2 的配额分配始终超过企业 1 所得配额，显示了政府对高减排效率企业的支持。

命题 3 随着企业间减排效率差异的增加，社会福利呈逐渐下降趋势，且趋于平缓。

本章中企业间减排效率差异的增加是由低效率企业 1 的减排效率更低所造成的，故减排效率差异的增加直接导致企业间产量差异的扩大，进而导致总产品产量的减少，社会整体福利下降。

企业间减排效率差异越大，本质上企业 1 的减排效率越低，根据式（4-25），实际生产量受到越大的压制。但过大的差异会使得政府关注社会福利的下降，在碳配额分配上向低效率企业倾斜，并使得社会福利下降的趋势减缓。

命题 4 随着企业间减排效率的增加，减排总成本呈先上升后下降的趋势。

根据式（4-16），高减排效率企业 2 的碳减排量是低减排效率企业 1 碳减排量的 k 倍（$k>1$）。高减排效率企业承担更多的减排任务，且随着减排效率差异倍数的增加，这一趋势更为明显。一方面，高效率企业承担的减排量和减排比例都不断上升；另一方面，低效率企业减排效率越来越低，减排量剧烈下降，使得社会总减排量持续下降。

当减排效率差异倍数较小时，低效率企业减排量开始下降，但高效率企业承担的减排量剧烈上升，减排成本上升较快，使得总减排成本有小幅上升的趋势。当减排效率差异倍数较大时，低效率企业的减排量维持在较小的水平，高效率企业的减排能力有限，减排量增长较为缓慢，导致在总体减排量下降的趋势下，总减排成本开始出现下降的情况。综合来看，总减排成本随着减排效率差异呈现先上升后下降的趋势。根据图 4-6 和图 4-7，多目标下的碳配额分配体现了政府在不同情况下的分配倾向。当企业间减排效率差异倍数较小时，政府为抑制减排总成本的上升，倾向于扶持高效率企业，对社会福利的关注度不够；当减排效率差异倍数较大时，低效率企业的生存空间被压缩，严重减少产品市场的产量，损害整体的社会福利，政府不得不向低效率企业倾斜更多的配额，以抑制社会福利下降的幅度。整体来看，多目标下的分配较好地平衡了减排成本和社会福利的情况，更为贴近政府在碳配额分配中所需考虑的真实情况。

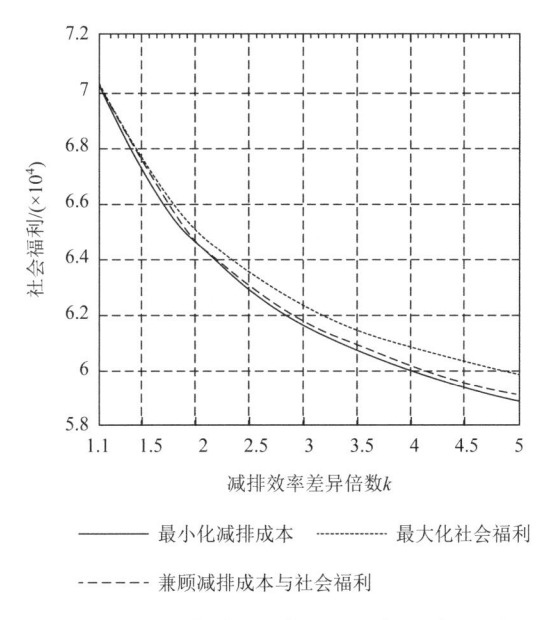

图 4-6　减排效率差异倍数 k 对社会福利的影响

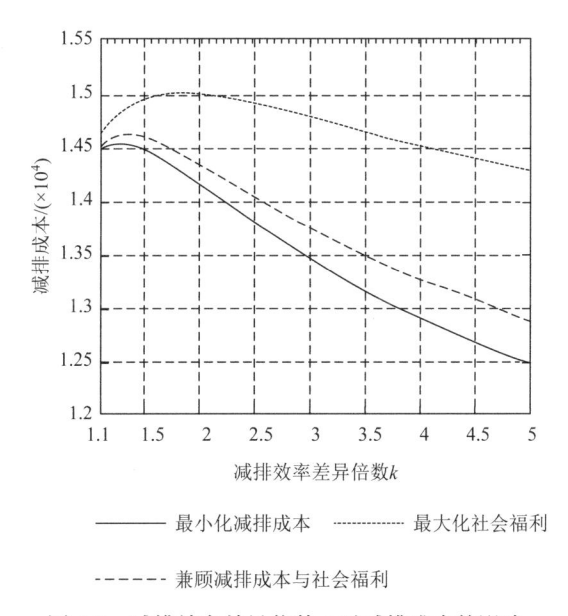

图 4-7　减排效率差异倍数 k 对减排成本的影响

2. 企业减排压力 d 变化的数值分析

在图 4-4 中,保持减排效率差异倍数 $k = 1.5$ 时,分析企业减排压力 d 对碳配额分配的影响,得到图 4-8。

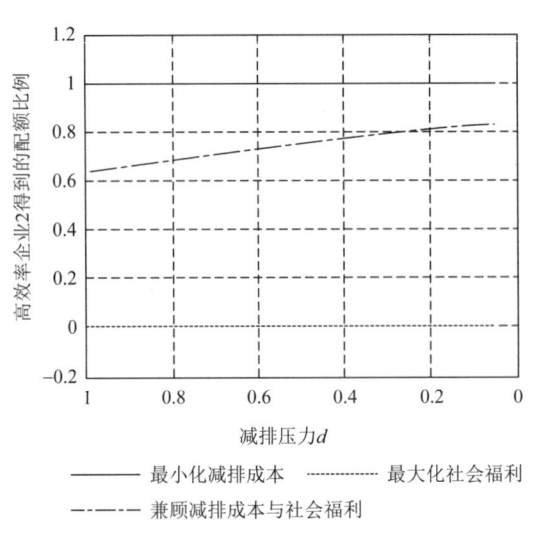

图 4-8 减排压力 d 对碳配额分配比例的影响

命题 5 随着减排压力的增大，政府多目标下分配给高减排效率企业的配额越来越多，低减排效率企业的减排压力则越来越大。

企业面临的减排压力大，对应着 d 的取值小，可分配的碳配额总额小。这时两企业的生存空间受到压缩，被迫增加减排量使得减排成本上升，而产能下降导致社会福利下降。政府在多目标要求下选择分配策略时，实质是在选取合适的点使得在两目标上达成协调：损失部分社会福利可以较大程度地减少减排总成本，或者增加较少的减排总成本可以较多地增加社会福利。

利用式（4-26）、式（4-27），对高效率企业 2 得到的配额求导，可以发现减排成本和社会福利都是关于 A_2 的单调减函数，该结论在式（4-30）、式（4-35）也已指出，并且它们的变化率之差可以表示为式（4-37）。根据式（4-37），当减排效率差异一定时，随着总配额 A 的减少，两目标间的差距越来越大。政府为了协调两目标间的情况，最后选择增加对高效率企业 2 分配的配额比例。

$$\frac{dW}{dA_2} - \frac{dC}{dA_2} = -4 \frac{A\left[(5k+1)(k-1)^2 \frac{A_2}{A} + (k^2+10k+11)\right]}{(8k+7)^2(k+1)} + \frac{2(k-1)(2k^2+7k-3)Q}{(8k+7)^2(k+1)}$$

（4-37）

这一举措的实质为，减排压力增加时，政府更为注重减排成本，最后增加了对高效率企业的配额分配比例，以获得两目标间的相对平衡。政府的分配结果意味着可分配的碳配额总额下降时，向减排效率较高的企业倾斜，才能够更好地满足政府所需实现的多目标要求。

根据减排成本和社会福利的表达式（4-26）、式（4-27），前文已推导出式（4-29）、式(4-34),减排成本是关于高效率企业获得配额的减函数,社会福利是关于高效率企业获得配额的增函数。单目标进行分配时,若只考虑最大化社会福利,高效率企业2获得的配额应为0;只考虑最小化减排成本,高效率企业2应获得全部的配额。这反映了单一目标下的分配可能存在较差的公平性和合理性。

基于多目标规划的理想点法,我们在政府与企业博弈框架下,导出了政府兼顾减排成本和社会福利的最优碳配额分配。进一步从企业的减排效率差异和减排压力两个方向入手,分析了企业最优配额的变化情况。

行业内的企业存在减排效率差异时,政府在进行碳配额分配时应向减排效率高的企业如可再生能源电力企业倾斜,以达到社会福利和减排成本两目标的实现。针对减排效率差异不同的行业时,政府的分配策略应做适当调整:在减排效率差异较小的行业,政府应注重总减排成本,促进高效率企业发展,同时增加对低效率企业的减排压力,促使其进行技术更新升级;在减排效率差异较大的行业,政府应更多注重社会福利,适当向低效率企业倾斜,避免产品市场受到过大的影响。

在环境保护政策趋严的背景下,企业碳减排压力会越来越大,政府此时更应该增加对高减排效率企业的扶持,减少对低效率企业的配额分配比例,其实质是压缩落后产能企业的生存空间,迫使低效率企业淘汰落后的生产技术,增加绿色创新投资以提高碳减排效率。

4.3 碳配额分配下的企业减排技术投资策略

本节在以上政府兼顾社会福利和减排成本的多目标条件下,对企业最优碳配额分配方式展开研究的基础上,进一步讨论行业内减排效率有差异的企业之间的减排技术投资行为,重点分析企业技术投资最优策略以及政府改进博弈结果的举措。

4.3.1 政府多目标配额分配下的企业技术投资博弈模型

本书以碳配额分配中政府和企业的完全信息动态博弈过程为背景。博弈顺序如下:首先,政府需要兼顾社会效益(社会福利)和经济效益(减排成本)双目标,预先做出碳配额分配方案;其次,行业内两减排效率有差异的企业以各自利润最大化为目标,选择合适的产品产量、碳减排量、碳权市场交易量,同时决策是否对减排技术进行投资升级。根据逆向求解规则,先从企业最优决策开始推导博弈均衡。

1. 企业反应函数

产品市场为双寡头垄断，行业内两企业生产同质产品，市场的逆需求函数为

$$P_1 = Q - q_1 - q_2 \quad (4\text{-}38)$$

式中，Q 为大于零的常数项；P_1 为单位产品的市场价格（$P_1 \geq 0$）；q_i 为第 i 个企业的产品产量，$i = 1, 2$。在企业实行碳减排之前，1 单位产品排放 1 单位的碳，即产品碳排放量等于产量。另外，为简化，假设产品边际生产成本为零。

用 $N_i (i = 1, 2)$ 表示两企业是否投资对现有减排技术升级，企业技术投资决策表述为

$$N_i = \begin{cases} 0 & \text{不投资} \\ 1 & \text{投资} \end{cases} \quad (4\text{-}39)$$

企业的碳减排成本依赖于减排效率和减排量的大小，企业 i 的减排成本函数 C_i 设为式（4-40），其中 AL_i 为第 i 个企业的碳减排量。

$$C_i = \frac{\gamma_i AL_i^2}{(m-1)N_i + 1} \quad (4\text{-}40)$$

两企业的碳减排效率存在差异，借鉴前人的研究，用 $1/\gamma_i$ 代表企业碳减排效率，该值越大，则企业的减排效率越高。碳减排效率的差异导致了两企业减排成本的差异：减排效率高的企业，单位减排的成本较低。同时，该差异体现为减排技术的代际差异（$\gamma_1 > \gamma_2 > \gamma_3$）：企业 1 采用老技术，减排效率较低（$1/\gamma_1$），可投资升级为新技术；企业 2 采用新技术，减排效率较高（$1/\gamma_2$），可投资升级为效率更高的未来技术（$1/\gamma_3$）。两企业碳减排效率差异的大小可以用企业 2 的碳减排效率除以企业 1 的效率来表示。两企业都有一次投资机会，投资将现有的减排技术进行升级：企业 1 可投资从老技术升级为新技术，企业 2 可投资从新技术更新为未来技术。假设两企业升级减排技术的投资成本相同，都是 $I(I > 0)$，技术升级后减排效率提升至原来的 m 倍（$m = \gamma_1/\gamma_2 = \gamma_2/\gamma_3, m > 1$）。

当碳排放权市场均衡时，始终有单位碳排放权的价格等于两企业的边际减排成本：

$$P_2 = \frac{2\gamma_1 AL_1}{(m-1)N_1 + 1} = \frac{2\gamma_2 AL_2}{(m-1)N_2 + 1} \quad (4\text{-}41)$$

式中，P_2 为碳排放权市场的均衡价格，且 $AL_i \geq 0$。

企业生产所需的碳排放指标来源于三个部分：政府配额、碳排放权交易量及碳减排量。A_i 为第 i 个企业得到的碳配额，AT_i 为第 i 个企业的碳权市场交易量，$AT_i > 0$ 意味着在碳权市场买入碳权，反之代表在碳权市场卖出碳权。在碳排放权交易市场，两企业的交易量之和一定为 0，即 $AT_1 + AT_2 = 0$。两企业产量需满足：

$$q_i = A_i + AL_i + AT_i \quad i = 1, 2 \tag{4-42}$$

在政府分配的配额确定的情况下，两企业以最大化各自利润为目的，针对产品产量、碳减排量及是否投资升级做出决策。企业 i 的利润 π_i 由产品收益、减排成本、碳权市场交易的收益及技术投资成本四部分确定：

$$\max \pi_i = P_1 q_i - \gamma_i AL_i^2 / (mN_i - N_i + 1) - P_2 AT_i - N_i I \tag{4-43}$$

$$\text{s.t.} \begin{cases} AT_1 = q_1 - AL_1 - A_1 \\ AT_2 = q_2 - AL_2 - A_2 \\ AT_1 + AT_2 = 0 \\ P_2 = \dfrac{2\gamma_1 AL_1}{N_1(m-1)+1} = \dfrac{2\gamma_2 AL_2}{N_2(m-1)+1} \end{cases} \tag{4-44}$$

式（4-43）中，收益函数是关于产品产量 q 和碳减排量 AL 的凹函数，引入拉格朗日乘子 λ_1, λ_2，其一阶导数可以表示为

$$\begin{cases} \dfrac{d\pi_1}{dq_1} = Q - 2q_1 - q_2 - 2\gamma_1 AL_1/(mN_1 - N_1 + 1) + \lambda_1 = 0 \\ \dfrac{d\pi_1}{dAL_1} = -2\gamma_1 (q_1 - AL_1 - A_1)/(mN_1 - N_1 + 1) - \lambda_1 = 0 \\ \dfrac{d\pi_2}{dq_2} = Q - 2q_2 - q_1 - 2\gamma_2 AL_2/(mN_2 - N_2 + 1) + \lambda_2 = 0 \\ \dfrac{d\pi_2}{dAL_2} = -2\gamma_2 (q_2 - AL_2 - A_2)/(mN_2 - N_2 + 1) - \lambda_2 = 0 \\ q_1 - AL_1 - A_1 + q_2 - AL_2 - A_2 = 0 \\ \dfrac{mAL_1}{(m-1)N_1 + 1} = \dfrac{AL_2}{(m-1)N_2 + 1} \end{cases} \tag{4-45}$$

令 $a = mN_1 - N_1 + 1, b = mN_2 - N_2 + 1$，则式（4-45）中的产量和减排量关于投资决策变量 a, b，也即 N_i 的函数如下：

$$\begin{cases} q_1 = \dfrac{(2a + 4m + 4bm)A_1 - a(2A - 2Q - bQ)}{4a + 4m + 3ab + 4bm} \\ q_2 = \dfrac{-(4a + 4m + 2bm)A_1 + 4aA + 4mA + abQ + 2bmQ}{4a + 4m + 3ab + 4bm} \\ AL_1 = \dfrac{2a(bm - a)A_1 - a(2aA - 2aQ + 3abA + 4bmA - 2abQ - 2bmQ)}{(a + bm)(4a + 4m + 3ab + 4bm)} \\ AL_2 = \dfrac{2bm(bm - a)A_1 - bm(2aA - 2aQ + 3abA + 4bmA - 2abQ - 2bmQ)}{(a + bm)(4a + 4m + 3ab + 4bm)} \end{cases}$$

$$\tag{4-46}$$

进行减排技术投资升级会影响到企业的产量和减排量决策。直观上,决策变量 a,b 对减排技术的升级必然导致减排效率的进步和碳减排量的上升,有可能增加企业最终的产品产量。由于是否进行技术更新的决策是离散的,每个企业只能选择投资或者不投资,投资决策最终依赖于升级成本 I 的大小。利用式(4-39),两企业的博弈可以描述为:$G=\{N_1,N_2;\pi_1,\pi_2\}$,其中 π_1,π_2 均是由 4 种可能的利润结果 π_{1i},π_{2i} 组成,$i=\{1,2,3,4\}$,如表 4-1 所示。其中,π_{1i} 和 π_{2i} 分别表示两企业在四种战略组合 $\{0,0\}$、$\{1,0\}$、$\{0,1\}$、$\{1,1\}$ 下的利润。例如,π_{11} 表示企业 1 在两企业都不升级技术,对应战略组合 $\{0,0\}$ 下获得的利润;π_{22} 表示企业 2 在企业 1 升级、企业 2 不升级,对应战略组合 $\{1,0\}$ 下获得的利润。

表 4-1 企业技术更新博弈情况

	$N_2=0$	$N_2=1$
$N_1=0$	π_{11},π_{21}	π_{13},π_{23}
$N_1=1$	π_{12},π_{22}	π_{14},π_{24}

令 T_{i1} 表示企业 i 在对方不投资升级时,进行投资可以多获得的利润,T_{i2} 则表示企业 i 在对方投资升级时,进行投资可以多获得的利润,具体来说 $T_{11}=\pi_{12}-\pi_{11}$,$T_{12}=\pi_{14}-\pi_{13}$,$T_{21}=\pi_{23}-\pi_{21}$,$T_{22}=\pi_{24}-\pi_{22}$。由于每个企业的投资决策是基于最大化利润,那么判断利润差 T_{ij} 是否大于 0,就可判断企业在对方决策一定时,应该选择的占优策略。例如,当 $T_{11}>0$ 时,如果企业 2 的策略是不进行投资,那么企业 1 的最优反应是投资;若 $T_{11}>0>T_{12}$,企业 1 的最优决策随企业 2 决策变化,当企业 2 不投资时,企业 1 应选择投资,当企业 2 投资时,企业 1 的最优决策是不投资,即 $\{1\to0;0\to1\}$。这里的 $x\to y$ 表示 x 是针对 y 的最优反应。因此两企业的最优反应函数可以表示为式(4-47),其中 $i=1,2$:

$$N_i^*\begin{cases}1 & \min(T_{i1},T_{i2})\geqslant 0\\ 1\to 0;0\to 1 & T_{i1}>0>T_{i2}\\ 0\to 0;1\to 1 & T_{i2}>0>T_{i1}\\ 0 & \max(T_{i1},T_{i2})\leqslant 0\end{cases} \quad (4\text{-}47)$$

博弈均衡是两企业反应函数的交点,交点的具体变化依赖于 T_{ij} 的具体情况。

2. 政府配额分配博弈均衡

政府分配的碳配额总量是 A,考虑如何将碳配额最优分配给两企业。在碳减排政策实施之前,两企业进行单纯的产量博弈以获得最大化利润,古诺均衡时总的碳排放量为 $2Q/3$。为实现减排目标,政府分配的碳配额总量必须小于企业总的碳排放权量（$A < 2Q/3$）。政府的配额分配需兼顾社会效益和经济效益，目标是实现社会福利最大化和减排成本最小化，设两企业最优的碳配额分配为 A_1, A_2。则政府多目标决策可以表述为

$$\begin{cases} \min C = \dfrac{\gamma_1 A L_1^2}{(m-1)N_1+1} + \dfrac{\gamma_2 A L_2^2}{(m-1)N_2+1} \\ \max W = \displaystyle\int_{Q-q_1-q_2}^{\infty}(Q-P_1)\mathrm{d}P_1 + \pi_1 + \pi_2 \\ \text{s.t.} \quad A_1 + A_2 = A \end{cases} \quad (4\text{-}48)$$

利用基于最短距离的理想点法对该多目标问题求解。该方法将两个目标看作同等重要，以各决策方案与多目标理想值的最短距离为依据选择最优解。设两企业总减排成本 C、社会总福利 W 的最优值分别为 $C^* = \min C, W^* = \max W$，即 $C^* \leqslant \min C$，$W^* \geqslant \max W$。政府的多目标规划问题转化为

$$\min S = \sqrt{(C-C^*)^2 + (W-W^*)^2} \quad (4\text{-}49)$$

政府在预测到两企业可能的最优决策后，会对配额做出最优分配。考虑到存在技术投资成本 I，由于理想点法的最短距离性质，如式（4-50）所示，技术投资成本的大小不会对最优化结果产生影响，因此在多目标的分配前提下，政府的分配结果主要依赖于企业间不同的减排效率差异。

$$\begin{aligned}&\min \sqrt{[(C+I)-(C+I)^*]^2 + [(W-I)-(W-I)^*]^2} \\ &= \min \sqrt{(C-C^*)^2 + (W-W^*)^2}\end{aligned} \quad (4\text{-}50)$$

利用式（4-50），政府根据可能出现的 4 种博弈结果，无须确定 I 的具体值。利用式（4-46）就可以预测到企业的产量和碳排量决策，进一步确定得到两目标取值，最终完全确定分配企业 1、2 的配额 A_1、A_2。

3. 博弈均衡

在政府分配的碳配额完全确定的情况下，企业的反应函数也完全确定，此时的博弈结果依赖于式（4-47）所示的反应函数的交点。但最终的博弈结果依赖于 T_{ij} 是否大于 0。例如，在 $T_{22} < T_{21} < T_{12} < T_{11}$ 和 $T_{21} < T_{22} < T_{12} < T_{11}$ 的情况下，根据式（4-47），最终博弈的纯策略均衡如表 4-2 所示。

表 4-2 两种情况下企业博弈的纯策略均衡

$T_{22} < T_{21} < T_{12} < T_{11}$	$T_{ij} \geqslant 0$	$T_{22} < 0 < T_{21}$	$T_{21} \leqslant 0 \leqslant T_{12}$	$T_{12} < 0 < T_{11}$	$T_{ij} < 0$
均衡结果	{1,1}	{1,0}	{1,0}	{1,0}	{0,0}
$T_{21} < T_{22} < T_{12} < T_{11}$	$T_{ij} \geqslant 0$	$T_{21} < 0 < T_{22}$	$T_{22} \leqslant 0 \leqslant T_{12}$	$T_{12} < 0 < T_{11}$	$T_{ij} < 0$
均衡结果	{1,1}	{1,1}	{1,0}	{1,0}	{0,0}

4.3.2 数值分析

为保证参数不为负,在碳减排技术的代际差异倍数 $m>1$ 的条件下,利用 $AL_i \geq 0$ 和 $P_1 \geq 0$ 两条件,根据式(4-46)简化可以得到 Q 值的取值范围,如式(4-51)所示,其中 $A_i \in [0, A]$。

$$\begin{cases} Q \geq \dfrac{4kA + 5A - (2k-2)A_1}{2k+4} \geq \dfrac{4k+5}{2k+4}A \\ Q \geq \dfrac{4kA + 2A + (2k-2)A_1}{6k+3} \geq \dfrac{2k}{2k+1}A \end{cases} \quad (4\text{-}51)$$

不妨取 $A=100$,$\gamma_1 = m, \gamma_2 = 1$,$m \in [1.1, 2.1]$,在式(4-51)的前提下,取 $Q=100$。可以计算分析出两企业最优的技术投资决策和博弈均衡的结果。

在实行碳减排之前,1 单位产品会产出 1 单位的碳。企业实施碳减排后,根据式(4-42),单位产品的实际碳排放量为 $(A_i + AT_i)/q_i$。图 4-9 展示了两企业在不同的博弈结果下,单位产品碳排放量的变化情况。

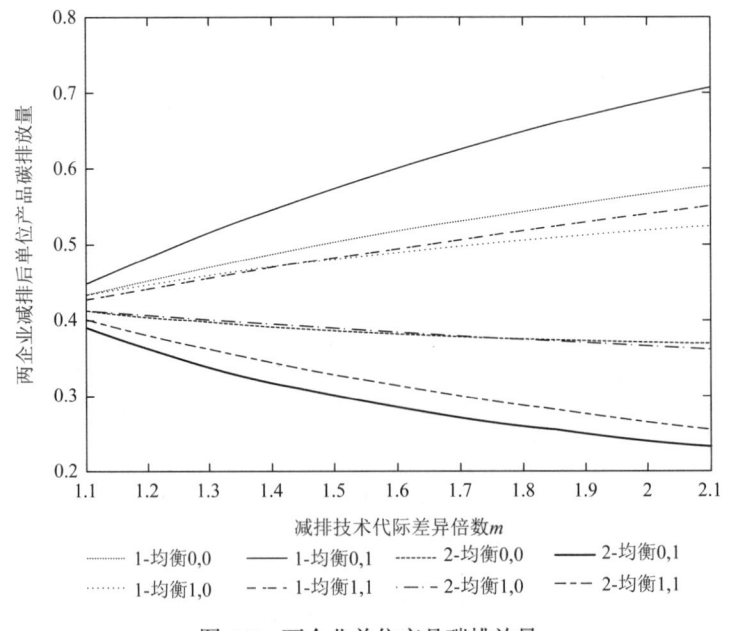

图 4-9 两企业单位产品碳排放量

图 4-9 显示,两企业实施减排后,单位产品的碳排放量都有不同程度的下降(均小于 1),且减排高效率企业 2 的单位产品的碳排放量较低(参见图中最下面的 4 条线)。减排技术代际差异对两企业的影响完全不同,随着减排技术代际差异

的逐渐增大，高效率企业单位产品的碳排放量逐渐降低，而低效率企业单位产品的碳排放量逐渐升高。

1. 政府配额分配分析

政府在表 4-1 所示的 4 种可能结果下，针对多目标要求会预先做出碳配额分配，配额分配情况随技术代际差异的变动如图 4-10 所示。

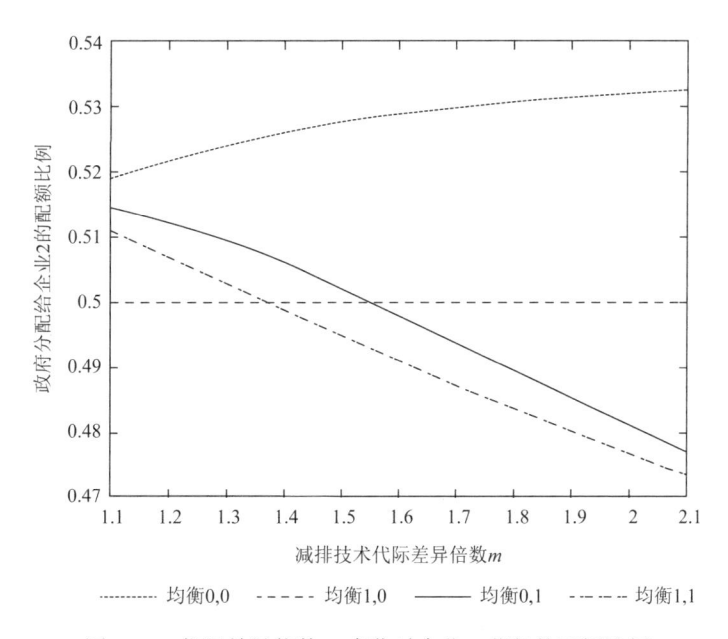

图 4-10 代际差异倍数 m 变化时企业 2 获得的配额比例

命题 6 随着减排技术代际差异的扩大，政府多目标下的配额政策显示为引导低效率企业进行技术投资。高效率企业只有在低效率企业技术升级且碳减排技术代际差异较小的情况下也进行技术升级，才能获得政府更多的配额分配。

在两企业都不投资进行技术升级时，政府分配的配额向高效率企业 2 倾斜，点连线斜率为正，这代表政府对于高效率企业的支持。如果企业 1 投资，企业 2 不投资，两个企业最终具有相同的减排效率，政府则予以完全公平的分配，图 4-10 中"-----"显示两企业各得总配额的 50%。如果企业 1 不投资，企业 2 投资，两企业的减排效率差异扩大，图 4-10 中"——"斜率为负，政府在多目标的权衡中选择更加注重社会福利，给予高效率企业 2 的配额逐渐下降，倾向照顾低效率的企业。如果两企业均投资，社会整体的减排成本有所下降，"-----"斜率为负，政府同样更加关注社会福利的情况，倾向选择分配给低效率企业更多的配额以提升社会福利。

图 4-10 中，对比点连线即均衡 {0, 0} 线与虚线即均衡 {1, 0} 线，当企业 2 不投

资时，企业1投资会导致高效率企业2配额的减少，而自身获得的配额显著增加。同时，对比实线即均衡{0,1}线与点划线即均衡{1,1}线，当企业2选择投资时，企业1投资同样会导致自身配额获得量增加。也就是说，无论高效率企业是否进行碳减排技术投资升级，低效率企业进行技术投资升级都可获得更多的碳配额。另外，对于高效率企业2来说，配额变动仍依赖于低效率企业1的行动，图4-10中"——"始终低于点连线即均衡{0,0}线，显示低效率企业不投资升级，高效率企业投资升级会使自身的配额减少。而当低效率企业投资升级时，"----"和"----"有交叉，说明减排技术代际差异较小时，高效率企业投资升级会得到更多的碳配额。但如果碳减排技术差异较大，高效率企业贸然投资技术升级可能会使两企业间的减排效率差异很大，反而减少其获得的配额数量，失去竞争优势地位。

综上所述，低效率企业的投资决策会显著增加自己的配额数量，高效率企业进行投资决策后，配额变化依赖于低效率企业的决策和碳减排技术代际差异的大小，这显示出政府多目标下的配额政策可激励低效率企业投资减排技术的升级更新，但对高效率企业的影响并不确定：只有当减排代际差异较小，且低效率企业1进行投资时，高效率企业2才会倾向于投资，其他情况下企业2的技术升级行为反而会减少自己获得的配额数量。

2. 企业反应函数分析

对两企业决策的利润差T_{ij}的大小进行分析，发现$T_{11}>T_{12}$，$T_{21}<T_{22}$恒成立。根据式（4-47），减排成本在两阈值之间时，企业1的策略为：$1\to0,0\to1$，而企业2的决策为$1\to1,0\to0$。具体的投资成本与决策的关系展示在图4-11中。

命题7 减排技术代际差异增加时，随技术投资成本的上升，低效率企业进行投资升级技术的可能性较大。

随着减排技术代际差异的扩大，减排成本阈值上升，两企业的投资阈值曲线有相似的变化。当技术投资成本位于区域Ⅰ时，两企业均不投资，当投资成本位于区域Ⅱ时，两企业均选择投资。在实线和虚线中间的Ⅲ、Ⅳ区域表示的是依赖性策略：区域Ⅲ表示，当企业2不投资时，企业1选择投资；当企业2投资时，企业1选择不投资。区域Ⅳ表示，当企业1不投资时，企业2也不投资；当企业1投资时，企业2也投资。这里反映出低效率企业更有动力提升减排效率，同时根据政府配额的分析，低效率企业1以此策略可获得更多的配额，而高效率企业2则在技术升级上更为慎重。另外，图4-11（a）实线高于图4-11（b），企业1的整体不投资成本阈值较高，企业2的阈值较低。这表明在同样的投资成本下，低效率企业可能对碳减排技术升级，而高效率企业则可能无动于衷，因此兼顾社会效益和经济效益的多目标下的配额政策虽然能实现落后技术的淘汰，但较难实现所有企业均主动投资进行减排技术升级。

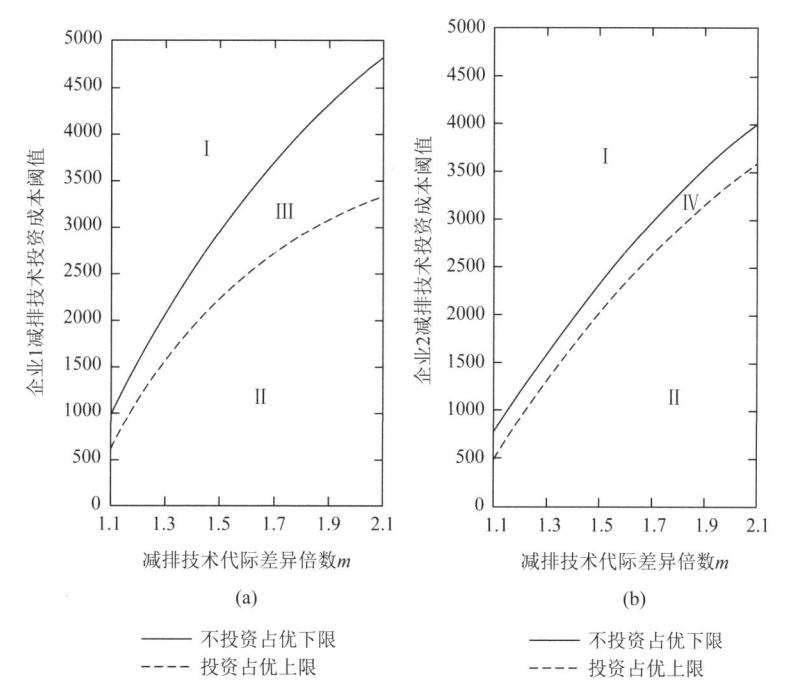

图 4-11 减排效率提升倍数和投资成本对两企业反应函数的影响

3. 博弈结果分析

将图 4-11 所示的反应函数综合考虑，分析最终纯策略博弈结果，可以得到如图 4-12 所示的情况。

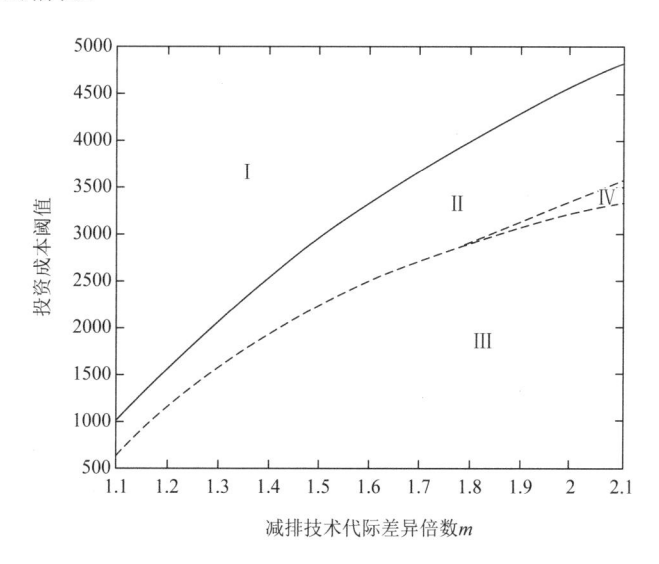

图 4-12 企业 1、2 间博弈的纯策略均衡结果

命题 8 技术投资成本下降或减排技术代际差异扩大时，行业内两企业投资升级技术的可能性增加。

随着碳减排技术代际差异增加，两企业投资成本阈值增加，两企业最终的博弈结果如下：区域 I 表示两企业均不投资，该区域的技术投资成本较高，且提升效率倍数较低；区域 II 表示低效率企业 1 投资，企业 2 不投资，该区域的投资成本较高，高效率企业 2 不主动投资，企业 1 则有动力投资以增加自身获得的配额数量；区域 III 表示两企业均投资，该区域提升效率较高，技术投资成本较低，这也是政府最希望出现的均衡结果。区域 IV 较为特殊，该区域内低效率企业 1 的最优策略为 1→0，0→1，即"你升级我就不升级，你不升级我就升级"；而高效率企业 2 的最优策略为 0→0，1→1，即"你不升级我不升级，你升级我也升级"。两企业博弈并没有纯策略均衡，但在一定的扰动条件下，可能得到确定的纯策略均衡结果。

根据图 4-10、图 4-11，政府使用的多目标配额分配策略能促进低效率企业主动进行投资，但对于高效率企业的影响有限，这意味着依赖单一的配额政策可能无法实现行业整体技术升级的目标。图 4-12 则指出了解决这一问题的思路：一方面，政府可以对两企业进行一定的投资成本补贴，尤其是高效率企业，促进两企业主动进行投资；另一方面，政府应该扩大碳减排技术的代际差异，推进更高效的减排技术的研发和使用进程，实现社会整体减排效率的上升和减排成本的下降，并最终实现产业结构升级和绿色经济增长的目标。

综合来看，政府多目标下的配额分配策略虽然会引导低效率企业主动淘汰落后技术，但可能阻碍高效率企业进行碳减排技术的投资，需要采用补贴企业减排成本、鼓励高端减排技术的研发等措施，促进行业内所有企业进行技术升级，提高产品技术、工艺装备、能效环保等水平。这些结论对可再生能源电价机制的完善和补贴政策的成效具有重要的借鉴意义。

4.4 本章小结

本章首先从 (p,a) 比例公平视角，推导出了历史碳排放量和减排效率两种加权形式下的最优配额分配和政府公平态度之间的对应关系式。在政府和企业主从博弈框架下，采用遗传算法得到了政府兼顾社会福利和减排成本多目标下的最优配额分配，进一步分析了企业间减排效率差异对配额分配方式和政府公平态度的影响。研究发现在政府兼顾社会福利和减排成本多目标的情况下，减排效率低的企业获得碳配额较少，最优配额分配和政府公平态度会随着企业间碳减排效率差异的大小发生截然不同的变化，而公平也不意味着给低效率企业更多的碳配额。具体来说，在企业间减排效率差异较小和较大的行业，减排效率差异对配额分配方式和政府所持公平态度的影响是完全不同的。在减排效率差异较小的行业，随着减排效率差异增大，政府分配给低效率企业的配额越来越少。当企业间减排效率差异增加到某一区间时，低效率企业配额减少的同时，政府公平性反而增加，从效率和公平角度，政府都应该倾向减排效率高的企业，淘汰落后企业。但是在减排效率差异较大的行业，政府不得不考虑社会整体福利的情况，随着企业间效率差异的加大，政府越来越注重公平，分配给低效率企业的配额也越来越多。

其次，基于多目标规划的理想点法，本章在政府与企业博弈框架下，导出了政府兼顾减排成本和社会福利的最优碳配额分配。进一步从企业的减排效率差异和减排压力两个方向入手，分析了企业最优配额的变化情况。行业内的企业存在减排效率差异时，政府在进行碳配额分配时应向减排效率高的企业倾斜，以达到社会福利和减排成本两目标的实现。针对减排效率差异不同的行业，政府的分配策略应做适当调整：在减排效率差异较小的行业，政府应注重总减排成本，促进高效率企业发展。同时增加对低效率企业的减排压力，促使其进行技术更新升级。在减排效率差异较大的行业，政府应更多注重社会福利，适当向低效率企业倾斜，避免产品市场受到过大的影响。

在环境保护政策趋严的背景下，企业碳减排压力会越来越大，政府此时更应该增加对高减排效率企业的扶持，减少对低效率企业的配额分配比例，其实质是压缩落后产能企业的生存空间，迫使低效率企业淘汰落后的生产技术，增加绿色创新投资以提高碳减排效率。因此，本书的研究结论对于贯彻质量第一、效率优先的供给侧结构性改革，以及通过产业结构升级不断增强我国经济创新力和竞争力具有重要的参考价值。

最后，在政府兼顾经济效益和社会效益的多目标碳配额分配的背景下，本章建立了行业内有减排效率差异的企业间的博弈模型，分析了政府目标下的碳配额分配以及不同情况下企业的碳减排技术投资决策，研究结果发现政府兼顾社会效益和经济效益的多目标碳配额分配政策，会引导低效率企业的技术升级，抑制行业内企业间效率差异的扩大。具体来说，低效率企业有可能进行投资技术升级，并得到更多的配额；但高效率企业的技术投资不确定，如果技术升级后使企业间效率差异很大，高效率企业获得的配额反而减少。另外，低效率企业放弃投资的成本阈值较高，在相同的技术投资成本下更可能进行减排技术升级，较高的技术投资成本和较大的减排技术代际差异使这种情况更为明显，而且博弈均衡结果显示，只有在技术投资成本较低且碳减排技术代际差异较大的情况下，才可能出现行业内所有企业均投资升级碳减排技术的情形。

综合来看，政府多目标下的配额分配策略虽然会引导低效率企业主动淘汰落后技术，但可能阻碍高效率企业进行碳减排技术的投资，需要采用补贴企业减排成本、鼓励高端减排技术的研发等措施，促进行业内所有企业进行技术升级，提高产品技术、工艺装备、能效环保等水平，这对加快建设资源节约型、环境友好型社会，确保完成"双碳"目标，促进经济转型升级，实现经济发展与环境改善双赢，以及推进生态文明建设具有重要意义。

第 5 章 可再生能源电力投资的社会福利模型

研究可再生能源电力投资社会福利模型的目的和意义在于帮助揭示隐含其中的各种变化规律，发现电价补贴机制的作用机理，即在社会福利最大化原则下探寻各种补贴、激励政策的正确方向、调整时机，以及如何在面对政策的成本与收益间做出权衡等，从而揭示不同情形下均能发挥最优表现的可再生能源电价机制形成的必要条件和内在机理。而不同的投资阶段（发电新技术 R&D、并网发电等）、不同种类及不同技术发展阶段的可再生能源电力等决定了投资所具有的不同微观过程，不能用相同的模型去刻画所有相应的社会福利问题。尽管如此，本章从众多具有不同特征和过程的现象中挖掘可再生能源电力投资中的本质或典型特征，以形成此类社会福利问题的基本模型参考或思路。我们首先以 Fischer 和 Newell（2008）为基础，介绍含有碳排放价格、可再生能源生产补贴、碳税、可再生能源占比组合（市场份额）标准、碳排放密度、可再生能源 R&D 投资补贴等六个方面的社会福利函数静态模型；其次从电力终端消费视角，借鉴 Pawlina 和 Kort（2006）中的方法，应用效用决策理论对消费者所得到的瞬时消费者剩余进行定价的思路和方法完成社会福利模型构建；最后，以研发能力非对称企业间的竞争与合作情形为背景，以间接补贴（R&D 补贴）和直接补贴（电价补贴）的多种组合为政策条件，以两企业 R&D 最优投资时机的选择决定期权博弈均衡类型并最终决定社会福利为分析思路，还原社会福利的本来面目，即构建由生产者、消费者和政府剩余组成的社会福利动态组合。

5.1 基于环境和技术政策的社会福利静态模型

综合经济合作与发展组织国家及我国在减少碳排放和支持可再生能源方面的政策，主要集中在六个方面：①碳排放价格；②可再生能源电力生产补贴；③对化石原材料征税；④可再生能源占比组合标准；⑤碳排放许可证制度（为所有生产设定了一个平均排放密度标准）；⑥可再生能源 R&D 投资补贴。模型框架将围绕以上六个可选变量来搭建。

5.1.1 模型假设

在 Fischer 和 Newell（2008）中，为了突出变量特征和简化模型结构[①]，构建仅包括两个企业（有碳排放的企业和零碳排放企业）的模型，模型中的两企业是完全竞争厂商，提供相同的商品（电力）。化石类电力生产者被假设为使用边际技术并制定整个市场的电力价格[②]，因此，在一定范围内可再生能源电力生产者是有竞争优势的，可以取代化石类电力生产者。

模型分为两个阶段，每个阶段都包含若干年的时间。发电、消费和排放在两个阶段均发生，但技术投资仅在第一阶段进行，且将有效降低第二阶段中可再生能源发电的成本。另外一个重要假设是：企业决策不仅考虑当前给定的电力价格，还会考虑第二阶段的预期电价。

考虑到技术创新和新技术的普及与使用都需要时间，记第一阶段时间为 n，第二阶段时间为 m。为了简化模型和确保该阶段中技术改进行为是同质的，假设第一阶段中折现率为 0。但是，在模型的两个阶段中均设定折现因子 δ，在第二阶段中通过调整折现年限 m 的长短可以有效弥补第一阶段中折现率为 0 的缺失。基于上述假设，m 年即实际有效年数。

5.1.2 有排放的化石类电力生产部门

存在碳排放并以化石为原料的发电企业用上标 F 表示，该部门 t 年的总产出记为 f_t。边际产出成本记为 MC，其受碳排放密度影响较小且不随产量波动，其以 μ_t 的自然增长率稳定增长，模型允许企业在排放密度和高成本（减排成本函数）之间进行抉择，可供企业选择的方式有：燃料切换、煤改化技术或其他效率改进方式。

两类政策直接影响化石类电力企业：碳排放价格（如排放税、许可证的均衡价格）和产量税（包含显性税和隐性税）。记 t 时刻的碳排放价格为 τ_t，产量税为 φ_t。与产量标准（例如，可再生能源占比组合标准和可交易绩效标准）相关的其他政策变量将在以后的模型拓展中进行讨论，因为它们必须修订后才能进入本广义模型。

[①] 该六部门既囊括了关于碳排放的大部分政策（约 2/5），又方便了参数进行数据取值、建模。然而定性的结论主要还是来源于其他部门或跨部门减排行动的经验判断。

[②] 虽然大部分的电力部门仍然受到管制，但政策引致的边际生产成本变化很可能会传递给消费者，长期来看，逐步放松管制将使未来市场更具有竞争性。

典型的化石类电厂利润函数可表达为

$$\pi^F = n[P_1 - \mathrm{MC}(\mu_1) - \tau_1\mu_1 - \varphi_1]f_1 + \delta m[P_2 - \mathrm{MC}(\mu_2) - \tau_2\mu_2 - \varphi_2]f_2 \quad (5\text{-}1)$$

式中，P_t 为电价，厂商利润最大化取决于产量和排放密度函数，且服从如下一阶条件：

$$\frac{\partial \pi^F}{\partial \mu_t} = 0 : -\mathrm{MC}'(\mu_t) = \tau_t \quad (5\text{-}2)$$

$$\frac{\partial \pi^F}{\partial f_t} = 0 : P_t = \mathrm{MC}(\mu_t) + \tau_t\mu_t + \varphi_t \quad (5\text{-}3)$$

式（5-2）表示排放价格决定了排放率，与之相对应的产出边际成本是恒定的（包括产量税 φ 和产量函数中隐含的排放价格因素 τ、μ）。式（5-3）的结论与化石企业现实中的运行情况类似，在完全竞争市场中，电价等于化石类厂商的边际成本，即化石类厂商是边际技术最优的。

总排放量 E_t 是排放率和化石电力产量的乘积：

$$E_t = \mu_t f_t \quad (5\text{-}4)$$

在没有排放价格的情况下，排放密度函数满足一阶条件：$-\mathrm{MC}'(\mu_t) = 0$，设方程解为 μ_0，则与之对应的电力生产价格为 P_0，且 $P_0 = \mathrm{MC}(\mu_0)$。

上述模型仅假设单一的石化技术改进，虽然以点概面，但这种简化有助于我们获得代表性的定量分析结论。

5.1.3 零排放的可再生能源电力企业

该行业的另外一个生产者，即零排放的可再生能源电力企业，用 R 表示。如风电生产者，其年产量计为 q_t。生产成本函数 $G(K_t, q_t)$ 中知识积累 K_t 是递减的凸函数，产量 q_t 是递增的凸函数，因此 $G_q > 0, G_{qq} > 0, G_K < 0, G_{KK} > 0$[①]。此外，由知识的边际成本下降、产量和知识积累的交叉偏导数的对称性可知：$G_{qK} = G_{Kq} < 0$。为了进一步简化模型：假设可再生能源企业存在不成熟的技术改进，而化石生产部门并没有相关技术改进。当然假设化石技术不存在改进或正向改变是不符合实际的，但化石部门技术更新率相对较低，如果不具备相当高的技术辨识能力只会使模型变复杂[②]。

[①] 由于减少风能发电的土地有限，生物质原料的数量有限，可再生能源长期生产函数是凸的。相反，长期中石化类电力生产不存在原材料投入不足的问题，由此模型假设边际成本（规模报酬）不变是可证明的。

[②] 也存在反例：降低化石燃料清洁成本的技术进步（如清洁煤）。但是就我们的模型而言，这些情况都包含在碳排放价格的作用中，其结果是进一步强调了缺乏价格信号的不同政策下社会福利成本的差异。

知识积累 $K(H_t, Q_t)$ 是研发投资积累（R&D）H_t 和"干中学"（learning by doing, LBD）积累 Q_t 的函数。每年的研发投资金额在两个阶段中均按照一定比例增长，记为 h_t，即 $H_2 = H_1 + nh_1$。"干中学"在第一阶段中随总产量增加，$Q_2 = Q_1 + nq_1$。研发成本 $R(h_t)$，在任意一年中均是 R&D 投资的递增凸函数，并满足：$R_h(h) > 0$，其中：$h > 0, R_h(0) = 0, R_{hh} > 0$。在严格的边际成本为正的假设下，必须进行要素投入才能获得新知识，如专门的要素投入、人工和设备。此外，如果 R&D 和 LBD 是替代的，则 $K_{HQ} < 0$；如果两者是互补的，则 $K_{HQ} > 0$。

直接影响可再生能源电力价格的政策有两种：可再生能源生产性补贴（s），对 R&D 进行补贴（即政府以 σ 比例承担 R&D 成本）。在本书的二阶段模型中，典型的零排放可再生能源厂商利润表示为

$$\pi^R = n[(P_1 + s_1)q_1 - G(K_1, q_1) - (1-\sigma)R(h_1)] + \delta m[(P_2 + s_2)q_2 - G(K_2, q_2)]$$

（5-5）

式中，$K_2 = (H_2, Q_2)$。厂商利润最大化时，两个阶段的产量和 R&D 分别服从如下一阶条件：

$$\frac{\partial \pi^R}{\partial q_1} = n[P_1 + s_1 - G_q(K_1, q_1)] - \delta m G_K(K_2, q_2) n K_Q(H_2, Q_2) = 0$$

$$\frac{\partial \pi^R}{\partial q_2} = \delta m[P_2 + s_2 - G_q(K_2, q_2)] = 0$$

$$\frac{\partial \pi^R}{\partial h_1} = -n(1-\sigma)R_h(h_1) - \delta m G_K(K_2, q_2) n K_H(H_2, Q_2) = 0$$

整理后得到如下等式：

$$G_q(K_1, q_1) = P_1 + s_1 - \delta m G_K(K_2, q_2) K_Q(H_2, Q_2) \quad (5\text{-}6)$$

$$G_q(K_2, q_2) = P_2 + s_2 \quad (5\text{-}7)$$

$$(1-\sigma)R_h(h_1) = -\delta m G_K(K_2, q_2) K_Q(H_2, Q_2) \quad (5\text{-}8)$$

从式（5-6）知，可再生能源部门的生产成本（边际成本）等于所有收入（即市场价格和生产性补贴）和通过"学中干"在第二阶段降低的未来成本现值，请注意式（5-6）中最后一项整体为正值①。由于第二阶段"干中学"不产生收益，所以式（5-7）中没有体现。从式（5-8）可知，公司将不断进行 R&D 直到 R&D 投资的折现收益等于边际投资成本。

---

① 我们此处假设企业对未来的预测是完美的，没有知识溢出，未来所有的投资回报企业都内化为 R&D 和 LBD 投资。另外，我们还假设市场价格能充分反映 R&D 和 LBD 成本及技术商业化成本。这些假设与现实并非一致，仅是为了简化背景，便于我们进一步扩展模型和定性分析。

5.1.4 消费者需求

通常来说，可再生能源和化石类能源是完全替代品。令消费者电力需求是价格的函数，记为 $C(P)$，$C'(P)<0$，消费者剩余为 $CS = \int_{P_t}^{\infty} C(P) dP$。当局部均衡时，由可再生能源政策变化造成的消费者剩余变动可表示为

$$\Delta CS = -n \int_{P_0}^{P_1} C(P) dP - \delta m \int_{P_0}^{P_2} C(P) dP \tag{5-9}$$

当均衡时，总消费（总需求）等于总供给（即化石类能源和可再生能源发电量之和）：$C(P)_t = f_t + q_t$。

5.1.5 社会福利

政府收益同样受政策的影响，我们假设这些收益（包括流入和流出）均是一次性支付的方式。因此，政府收益变化等于税收收入与补贴支出的净额：

$$\Delta V = n[(\varphi_1 + \tau_1 \mu_1) f_1 - s_1 q_1 - \sigma R(h_1)] + \delta m[(\varphi_2 + \tau_2 \mu_2) f_2 - s_2 q_2] \tag{5-10}$$

环境损害是年排放量的函数并存在于两个阶段中。根据污染物流动和非流动的特征，将该函数表达为

$$\Delta D = D(E_1, E_2, n, m) - D(E_0, E_0, n, m) \tag{5-11}$$

政策引发的社会福利变动是消费者剩余和生产者剩余之和，以及环境损害变动与税收、补贴的净额：

$$\Delta W = \Delta CS + \Delta \pi^R - \Delta D + \Delta V \tag{5-12}$$

需要注意的是：因假设化石类厂商以边际成本生产，则其利润为零，即 $\Delta \pi^F = 0$。

当然，社会福利并不是政策评价的唯一标准，总排放量、消费者剩余、可再生能源占比组合等指标也是较好的评价标准。此外，即使在一般均衡下社会福利也受其他因素的影响，如税后扭曲、税收漏出、市场失灵等。最后，政治经济背景对政策目标的制定也有较大影响。尽管我们建立的局部均衡社会福利模型并没有包含上述影响因素，但本模型仍旧具有较高的代表性。

5.1.6 可再生能源厂商对价格、产出和 R&D 的响应

虽然政策既影响能源电力的市场价格又影响可再生能源电力补贴，但可再生

能源电力生产商最终关心的依旧是各阶段中发电产生的总收益。我们将其定义为

$$P_t^R \equiv P_t + s_t \quad (5\text{-}13)$$

通过可再生能源部门对价格变动、研发成本变动的响应进行静态比较分析（略），得出主要结论如下：首先，在第一和第二阶段可再生能源产量均与价格同向增长 $\left(\dfrac{\mathrm{d}q_t}{\mathrm{d}P_t^R}>0\right)$；由于边际成本较低，第二阶段中基于知识积累的产出也是增长的 $\left(\dfrac{\mathrm{d}q_t}{\mathrm{d}K_t}>0\right)$。其次，在第二阶段由于价格变高（相对成本而言）刺激可再生能源产出增加，即成本下降使得企业利润增加的第二阶段中的 R&D 投入也随之增长。上述结论同样适用于"干中学"。此外，投资效率的提升使得厂商成本降低，R&D 补贴也增加了（相较第一阶段而言）。

与上面的分阶段相比，分析第一阶段中产出对 R&D 的响应、LBD 和 R&D 的相互作用反而更难。两种形式的知识积累都可以使第二阶段产出增加，而这种增加效应又需要根据它们是互补品还是替代品进行分类分析。特别是替代品的时候，LBD 和 R&D 对第一阶段中电价与 R&D 补贴变动的响应既可以是同向的，也可以是反向的。

具体来看，如果 LBD 和 R&D 是互补品，第一阶段中产出通常和 R&D 同向增长，即提高 R&D 补贴将增加第一阶段可再生能源的产出。同理，提高第一阶段电价，将促进 R&D 增加和提高 LBD 的积累。与此相反，如果 LBD 和 R&D 是替代品，即在任何产出水平上 LBD 和 R&D 都此消彼长。按常识来看，第一阶段的产出随 R&D 波动，但在第二阶段由于 R&D 成本降低将使产出增加，该情况下 LBD 通常不是此消彼长而是也在增长。但在完全替代品的假设条件下，由于 LBD 和 R&D 的相互挤出效应，大规模的 R&D 补贴将减少第一阶段的产出，而大规模的生产性补贴将减少第一阶段的 R&D。上述关于 LBD 和 R&D 相互影响的分析对于政策制定十分重要，因为不同的政策其第一和第二阶段电价、R&D 成本的组合策略是不同的。

5.2 基于效用决策理论的社会福利模型

在微观经济学中，社会福利通常被看作消费者剩余和生产者剩余的总和，而在福利经济学中则还需考虑政府剩余等其他方面的福利，本模型先在微观经济学范畴中进行研究，然后拓展到福利经济学范畴。

本模型中，企业以投资可再生能源电力为"代价"，以未来电力产品市场上的净现金流为"回报"。因此，本书将社会福利定义为消费者剩余和企业投资净现值

之和[①]。同时，必须注意到，由于电力产品的特殊性（消费者消费电力时，不会、不需甚至也不能去选择所消费电力的发电商）和可再生能源电力的外部性，在此处应把传统意义上的消费者剩余理解为一种复合性社会剩余，即除了外部性以外，还应包括电网作为发电商的消费者所产生的消费者剩余。在竞争性电力市场中，电网既是企业，同时又为国家、社会代言并体现公共利益。由于可再生能源电价高，电网吸纳的可再生能源电力越多，全网整体电价就会越高。在消费者电力需求具有弹性的情况下，电网将承受部分成本。因此，电网同样符合经济学中对"理性人"的假设，问题的难点在于：如何将众多因素合理地纳入模型且方便分析与求解？经反复论证，本书借鉴 Pawlina 和 Kort（2006）中的方法，应用效用决策理论构建出社会福利模型（为方便理解，此处仍将社会剩余称作消费者剩余）。

模型框架如下：设产品将对消费者产生一个瞬时消费者剩余 $U_{it}=\theta_i h-p_t$（实际上，$\theta_i h$ 为边际效用）。以负指数效用函数为例，相当于消费者的效用函数为：$u(X)=1-e^{-\theta_i hX}$。其中：h 为反映可再生能源电力的外部性、成本、质量等的综合性特征系数，质量越高，消费者效用越高；θ_i 为偏好特性参数，代表电网的偏好，即成本越低、供电越稳定、电网改造越简单易行的可再生能源电力，电网越喜欢该可再生能源电力上网，θ_i 也就越大；$\theta_i h$ 为绝对风险回避因子；X 的性能波动越大，期望效用越低。在 $X=0$ 时的边际效用为：$\dfrac{\mathrm{d}u(X)}{\mathrm{d}X}|_{X=0}=\theta_i h e^{-\theta_i hX}|_{X=0}=\theta_i h$。在经济学中的基本定价（价值）原则是边际效用（消费者愿意支付的价格）。因此，我们将其与上网电价 p_t 相比较，超出部分即为消费者剩余。由于电网公司面对的是技术、发展阶段、成本形成特点、规模、管理水平等均有所不同的可再生能源发电商，因此，假设 θ_i 均匀分布于随机区间 $[0, A_t]$，即电网对不同的电力产品具有不同的价值判断；p_t 为 t 时刻的电价；用 $F(\theta)$ 表示 θ 的分布函数，$f(\theta)$ 为其分布密度函数。电网购买可再生能源电力的条件是，$U_{it} \geq 0$，即 $\theta_i \geq \dfrac{p_t}{h}$，因而偏好区间 $[0, A_t]$ 中电网购买电力的概率为 $1-F\left(\dfrac{p_t}{h}\right)$。该购买概率与市场对电力的瞬时需求量 ω_t 成正比，即

$$1-F\left(\dfrac{p_t}{h}\right)=\gamma\omega_t \tag{5-14}$$

利用均匀分布的性质化简式（5-14），得瞬时需求函数：

$$p_t=(A_t-\gamma\omega_t)h \tag{5-15}$$

---

① 实际上，在忽略生产成本情况下，可再生能源电力投资商投资完成后所卖出的电力的瞬时利润即为瞬时生产者剩余，瞬时生产者剩余的现值扣除沉没成本即为企业的投资净现值。

在不考虑生产成本情况下，按利润最大化原则可得完全垄断下的新产品价格和产量为

$$p_t^* = \frac{hA_t}{2}, \quad \gamma\omega_t^* = \frac{A_t}{2} \tag{5-16}$$

相应的最大瞬时利润为 $\frac{h}{4\gamma}A_t^2$。瞬时消费者剩余 CS_t：

$$\mathrm{CS}_t = \int_{\frac{A_t}{2}}^{A_t}\left(\theta_i h - \frac{hA_t}{2}\right)\frac{1}{A_t}\mathrm{d}\theta_i = \frac{1}{2}\left(A_t h - \frac{A_t h}{2}\right)\frac{A_t}{2} = \frac{h}{8}A_t^2 \tag{5-17}$$

至此，基于效用决策理论的社会福利模型框架的基本设想就已完成。前面已提到，可再生能源电力越早面世，消费者得到的效用会越高，则真实的消费者剩余还与电力并网时机有关，也就与投资延迟时间有关。因此，将其与各种投资延迟效应研究的结论相结合，计算各种情况下的预期消费者剩余现值，并与企业投资净现值相加，最终得到相应情形下的社会福利动态函数，我们将在第 7 章的基于社会福利的可再生能源 R&D 激励政策评价中完整地展现这一过程。

5.3 本章小结

将社会福利作为衡量产业政策成效的普遍做法，可再生能源电力补贴政策自然也不例外，但难度在于如何对社会福利进行客观、科学而又便利的量化。本章从众多具有不同特征和过程的现象中挖掘可再生能源电力投资中的本质或典型特征，以形成此类社会福利问题的基本模型参考或思路。我们分别以 Fischer 和 Newell（2008）为基础，构建含有碳排放价格、可再生能源生产补贴、碳税、可再生能源占比组合（市场份额）标准、碳排放密度、可再生能源 R&D 投资补贴等六个方面的社会福利函数静态模型；应用效用决策理论对消费者所得到的瞬时消费者剩余进行定价的思路和方法完成社会福利模型构建。

本章分别构建的可再生能源电力投资社会福利动态和静态两类模型及其思路可作为此类问题的基本模型，其他情形下做出适当变化仍然适用。

第6章 可再生能源电力外部性与激励

伴随着社会能源消耗数量的不断上升和人们对清洁环境的日益追求,唯有利用可再生能源才是解决能源危机的可靠途径已成为广泛共识。可再生能源有发电、供热等多种利用形式,其中可再生能源应用于发电相对成熟,并且在我国很多地区得到了推广应用,即可再生能源代替传统能源进行发电已经成为可再生能源利用的最佳方式。由于发电技术已成为现有技术条件下可再生能源商业化开发利用的重点,而电力市场本就是一个多元化能源结构下的多方博弈市场,尽管有国家的各种扶持、补贴政策,但可再生能源电力产品所具有的间歇性、不稳定性等特点所导致的可再生能源电力负外部性是可再生能源发电并网难现象普遍存在的重要原因之一,负外部性会反过来加重对可再生能源电力投资的观望、延迟动机(不确定条件下投资的实物期权特征总是会推迟投资),从而不利于可再生能源产业的发展。因此,必须对可再生能源电力外部性进行充分分析和科学评估,解决指标计量与价值等敏感性问题,才能制定出科学、有效、实时的可再生能源电力发展激励政策以推动其发展。

6.1 可再生能源发电外部性

外部性又称为溢出效应、外部影响或外差效应,指一个人或一群人的行动和决策使另一个人或一群人受损或受益的情况。经济外部性是经济主体(包括厂商或个人)的经济活动对他人和社会造成的非市场化的影响,即社会成员(包括组织和个人)从事经济活动时其成本与后果不完全由该行为人承担。经济外部性分为正外部性和负外部性。正外部性是某个经济行为个体的活动使他人或社会受益,而受益者无须花费代价,负外部性是某个经济行为个体的活动使他人或社会受损,而造成负外部性的人却没有为此承担成本。

6.1.1 可再生能源电力正外部性

从社会经济效益方面而言,对可再生能源投资的增加,直接增加社会投资,从而促进经济增长,增加就业机会,提高能源安全性。从环境方面看,可再生能源的节能减排效益明显高于传统发电方式。

以风电为例，风电是利用风能来发电，属于可再生清洁能源，能减少环境污染成本。首先，除去财务成本，投资建设一座 50MW 的风电场投资基本在 4.6 亿元左右，这里面主要包含设备采购、工程建设、征地补偿三大块。设备采购方面国产品牌和外资品牌的单位 kW 价格相差很大，国内价格最优惠的风机当属华锐风机，集团采购价格基本为 3600 元每 kW，进口价格最贵的是西班牙 Gamesa，国内采购价为 6200 元每 kW。工程建设要看风电场地形地貌等影响工程量的因素，基本上差别不大，升压站主变及配套设备属于成熟技术，价格差别也不大。征地补偿部分价差比较大，因为各地综合地价标准不一样，无法具体衡量。

其次，风力发电度电成本还与风功率密度有着紧密联系，简而言之风越好，风机出力越大，单位发电量越多，平均成本越低。

最后，风力发电的收益来自电网公司，也就是说上网电量的高低是衡量风电场的另一个重要因素，换言之，电网公司控制着风电场发电量的上限。总的来说，综合以上各种因素，在我国北方，年均风速为 6.5m/s 的风电场，每 kW·h 风电成本不会低于 0.50 元。

根据国家发展改革委价格司发布的《关于完善风力发电上网电价政策的通知》，按风能资源状况和工程建设条件，将全国分为四类风资源区，成本电价如表 6-1 所示。由于风力发电整个过程不会产生环境污染物，因此不计环境成本。

表 6-1 风电平均成本电价

资源区	成本电价/(元·kW·h)	占国土面积比例	完全成本/(元·kW·h)
风资源丰富区	0.51	8%	0.5744
风资源较丰富区	0.54	18%	
风资源可利用区	0.58	50%	
风资源贫乏区	0.61	24%	

资料来源：国家统计局、国家发展改革委、北极星电力网

特别是与现行我国发电量占比最大的火电相比，风电在环境成本上占据极大优势。表 6-2 是燃煤火电完全成本表。

表 6-2 燃煤火电完全成本（单位：元/kW·h）

污染物及其他成本项目	环境成本	成本电价	完全成本
SO_2	0.1795	0.4752	1.0302
NO_x	0.0366		
CO_2	0.1865		

续表

污染物及其他成本项目	环境成本	成本电价	完全成本
$PM_{2.5}$	0.1065		
煤炭开采	0.0423	0.4752	1.0302
煤炭运输	0.0036		
合计	0.5550		

资料来源：国家统计局、国家发展改革委、北极星电力网

从表 6-1、表 6-2 对比可以看出，风力发电的完全成本远低于燃煤火电完全成本，特别在环境成本方面，凸显风电的优势。从而可再生能源正外部性得以显现。

由于可再生能源发电会被优先全额调度，当可再生能源代替火电机组进行发电以后，就意味着以前由于火电机组进行发电而消耗的不可再生能源被节省下来，并且，火电机组由于消耗不可再生能源而排放的污染物的数量会减少，水资源的消耗也会大幅下降，这就会使自然环境的破坏度降低，产生了环境正外部效益。

再从社会外部性来看，可再生能源发电可以为当地居民提供更多的就业岗位，通过销售电能，也可以促进地区的财政收入增加，有利于促进当地经济水平的提升。当地政府可以将财政收入投入到当地的公共设施建设及社会福利方面，促进和谐社会的发展。

6.1.2 可再生能源电力负外部性

可再生能源发电主要依赖于自然界可再生的清洁能源，由于我们利用这些清洁能源时，不可避免地会面临这些自然的力量固有的一些特点，比如季节性、周期性、不稳定性、随机性、昼夜差异性、能量密度较低等。往往在用电负荷高的时候，自然力却可能很低（图 6-1）；又由于电能不能被大规模储存，且要依托网络做到发、输、配、售瞬时平衡，因此风能、太阳能等可再生能源大规模发电并

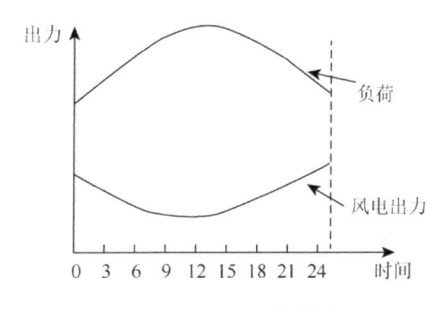

图 6-1 风电出力时差

网一方面会对电网安全稳定运行产生影响；另一方面可再生能源大规模发电并网要求系统具备较强的调峰能力，带来系统投资和部分电源运行成本的大幅度增加，从而使社会用电成本增加。

为了促进可再生能源的利用，解决当前我国电能消耗过量的问题，国家出台了相关政策对可再生能源的发电进行优先全额收购，可再生能源发电并网后，电网不得不全额高价收购其发电量，并提供相应的并网配套设施投资，但由于可再生能源发电还存在一些技术上的缺陷，如果将可再生能源发电与原有的电力系统并网，就有可能给电力企业、原有的火电机组、用户带来一定的损失。如风电和光伏发电的波动电源特性使得电网企业不得不增加备用辅助服务的购买以保证系统稳定、可靠运行，从而降低了电网企业的购售电利润，增加了其投资成本和辅助服务购买成本。常规火电企业往往因系统中可再生能源发电量的优先调度而使得常规发电机组的年利用小时数下降，火电机组发电效益随之下降；另外为满足可再生能源发电优先调度要求，常规火电机组不得不增加启停机次数来调峰，从而常规火电企业不仅遭受售电利润减少的影响，而且增加了机组的启停和检修费用。

另外，国家政策鼓励广大企业参与到可再生能源发电项目的投入中来，要求电网企业要优先全额收购可再生能源的发电量。但是由于可再生能源的发电价格高于火电机组的发电价格，高出的差额需要在电网销售中进行分担，这就使电网企业的购电成本增加，相对应地，销售电能的利润就有所下降。由于可再生能源产生的电能的价格高于传统的火电机组产生的电能的价格，高出的差额需要分摊到全国的销售电量中，这就意味着如果用户所在区域的电力企业购买了可再生能源产生的电能，用户就要分担由可再生能源产生电能的差额而产生的费用。

环境影响方面，利用可再生能源发电的地区会占用当地自然资源，如风力发电，通常会占较大面积，并且风机运行会产生很大的噪声，给鸟类的生长带来影响。巨大的噪声甚至会致使附近的居民被迫搬迁，这就是可再生能源发电对环境产生的负外部性。同时，可再生能源并网需要配备并网设施，需要电力企业投入成本，为了给用户提供优质的电能，还需要电力企业出资处理可再生能源发电产生的波动问题。

6.1.3 外部性分析

由发达国家能源结构改善的经验可知，新能源电力在改善能源结构方面是依靠可再生能源的增加来替代化石能源消费绝对量的减少。由于中国的化石能源消费也在不断地增长，中国能源结构的改善需要可再生能源必须以更快的速度发展。根据中国《"十四五"可再生能源发展规划》,"'十四五'主要发展目标是:——可再生能源总量目标。2025年,可再生能源消费总量达到10亿吨标准煤左右。'十四五'期间,可再生能源在一次能源消费增量中占比超过50%。——可再生能源发电目标。2025年,可再生能源年发电量达到3.3万亿千瓦时左右。'十四五'期间,可再生能源发电量增量在全社会用电量增量中的占比超过50%,风电和太阳能发电量实现翻倍。——可再生能源电力消纳目标。2025年,全国可再生能源电力总量消纳责任权重达到33%左右,可再生能源电力非水电消纳责任权重达到18%左右,可再生能源利用率保持在合理水平。——可再生能源非电利用目标。2025年,地热能供暖、生物质供热、生物质燃料、太阳能热利用等非电利用规模达到6000万吨标准煤以上"。根据美国能源信息署公布的统计资料,中国太阳能热利用、太阳能光伏发电、风电分别居世界第1位、第4位和第5位。但中国化石能源占全部能源消费的90%以上,并且以生产性消费为主。若用可再生能源替代化石能源必须要使可再生能源进入大规模的生产性消费领域,就需要可再生能源并网发电和发展生物质液体燃料替代石油。

目前大规模开发利用的可再生能源只有水电。自2014年以来,中国水电装机容量和发电量稳居世界第一,水电资源成为我国第二大能源主体。2022年,我国的水电发电装机容量为41 350万kW,较上年同期增加2258万kW,同比增长5.8%。2030年后,中国能源结构的改善在相当大的程度上将依赖非水可再生能源。从2009年至2021年,我国发电装机容量已从8.7亿kW提升至23.8亿kW,年均增速约为9%,其中,水力发电装机容量从2.0亿kW提升至3.9亿kW,年均增速约为6%;光伏发电装机容量从2500万kW提升至3.1亿kW,年均增速为119%;风力发电装机容量从0.2亿kW提升至3.5亿kW,年均增速约为27%。风力、光伏发电装机规模容量均突破3亿kW,装机规模居世界首位。截至2022年6月,我国发电装机容量为24.4亿kW,水力、光伏、风力发电装机规模分别为4.0亿kW、3.4亿kW、3.4亿kW。2022年上半年,水力、光伏、风电、生物质等可再生能源装机占全部新增发电装机容量约79%,说明我国能源结构在持续优化中。

在目前国家"双碳"目标的推动下,可再生能源发展对我国能源结构改善的作用尚需不断提升。我国可再生能源产业目前正处于发展阶段,加之可再生能源电力外部性(特别是负外部性)的存在,应进一步加大在可再生能源技术研发方面的投入,加快可再生能源产业的技术进步和技术创新,提高可再生能源产业的技术含量,以消除负外部性对成本、环境及电网调峰等的负面影响,强化正外部性对减少碳排放和改善能源结构的正面影响。同时,对于已具备商业化发展条件的可再生能源产业,要尽快地建立合理的市场竞争机制,避免过度竞争和竞争不充分给可再生能源开发利用造成不利的影响。

6.2 可再生能源发电外部性评价方法

充分认识和正确评估可再生能源发电的正负外部性是科学、有效制定电价补贴、财税优惠等可再生能源发展激励政策的关键所在。下面将从可再生能源发电外部性评价指标和价值敏感性两方面进行论述。

6.2.1 可再生能源发电外部性评价指标

1. 环境效益指标

环境效益指标的计量主要包括节煤效益的计量、节水效益的计量和减排效益的计量。可再生能源发电并网后，分担了原来发电机组的发电任务，年发电量会降低，区域内每年都会节约发电量，如上面提到的，节约了发电量，就意味节约需发这些电能而需要的不可再生能源。众所周知，煤电机组在发电过程中，由于冷却需要会消耗大量的水能，可再生能源发电却无需水能的消耗，也就是说可再生能源发电并网以后，可以每年为地区节约数吨的水资源。同样，火电机组发电是通过燃烧不可再生能源，会产生废气、废物，这些废弃物排放到自然环境中，会对自然环境造成污染。可再生能源是洁净能源，并网后会减少废弃物的排放，保护了自然环境。

2. 环境影响指标

环境影响指标的计量主要包括鸟类栖息与植被破坏的外部成本和居民的搬迁成本。一些可再生能源发电项目会占用较大的土地面积，在这些土地上栖息的鸟类会被迫转移到其他地区，区域内的植被也会遭到不同程度的破坏，保护鸟类的栖息地及植被都会产生一定的费用支出。同样，风电场以及生物质电厂在运行的过程中会产生很大的噪声，距离发电厂较近的居民可能会由于噪声过大而无法正常生产生活，因此，需要居民搬离发电厂，搬迁也会产生费用，即搬迁成本。可再生能源发电都要将这些成本计入在内。

3. 社会效益指标

可再生能源发电项目可以带来的社会效益包括就业效益与财税增加效益。就业效益是指为项目所在地增加了就业机会，由于就业数量的增加，产生了一定的经济效益，使社会更加稳定。财税增加效益是指可再生能源发电项目并网以后，不仅可以通过销售电能获得经济收益，还会向地方政府缴纳增值税和企业所得税。

各个可再生能源发电项目都会为企业带来一笔丰厚的财税收益,与企业所得税的增加效益加到一起,就是可再生能源发电所产生的社会效益。

4. 市场影响指标

市场影响指标的计量主要包括电网企业增加的外部成本、常规发电企业增加的外部成本以及电力用户增加的外部成本。电网企业增加的外部成本主要是由于可再生能源发电价格高于火电机组的发电价格,然而,由于国家相关规定的限制,要求电力企业需要优先全额收购可再生能源生产的电能,高于火电机组发电价格而产生的超出购买电能费用支出则需要销售电量进行平均分担。由于电网企业的购电价格会高于不可再生能源的发电价格,这就意味着成本的增加,购电成本增加以后,电能的销售利润就会下降。由于社会所需求的电能一部分由可再生能源发电企业承担,这就抢占了原有火电机组所承担的生产电能的份额,火电机组的利用率会下降,发电效益也会降低。由于电力企业要优先购买可再生能源生产的电能,就会使火电机组开启与停用次数增加,火电机组每停用后再次开启都会需要较大的成本投入,这部分外部成本也是不容被忽视的。可再生能源并网以后,随着生产电能数量的增加,火电机组启停次数也会增加,启停机的成本额必然会增加,同时也会对火电机组造成损坏,维修的费用也会上升,上述各项费用加到一起就是发电企业外部成本费用的增加。如上所述,由于可再生能源生产的电能的价格高于火电机组生产电能的价格,这个差价要求从全国电能销售量中进行平均,这就意味着每位用电用户都要为其买单。同时,风电场的装机容量较大,接入高压电主网以后,会由于不具备低电压穿越能力而出现脱网事故,区域内的电压会骤然下降,电压暂降次数增加会对工业用户的对电压敏感的一些设备造成损坏,给工业带来经济损失。

6.2.2 可再生能源发电外部性价值敏感性分析

1. 电网弃风概率、光电转化效率、生物质燃料供应短缺率变动影响

电网弃风概率是指一个地区可以接收的风电数量。这个数量是可以利用电网运行方式、低谷用电计划来增加低谷充电负荷来进行调整的。如此一来,电网弃风概率就会明显降低,由于采用的是优先全额调度模式,风电场的平均年期望发电量就会增加很多,它与电网弃网概率成反比。光伏电站的光电转化效率的重要影响因素是光伏发电材料的技术水平,光电转化效率会伴随发电技术水平的提升而不断提高,因此,光伏电站的年度发电量就会提升,它与光电转化率成正比。生物质燃料供应问题同样会对生物质电厂的年利用率产生重要影响。如果生物质燃料充足，就可以保证生物质电厂的运营时间加长，如果燃料供应不足，就会由于燃料缺乏而停产，因此，生物质燃料供应短缺率与电厂年度期望发电量成反比。

2. 可再生能源发电成本及上网电价降低的影响

由于发电技术的发展，可再生能源发电成本将会不断下降，这就意味着电能收购价格会上调。但是，这一目标在短期内是无法实现的。可再生能源电力价格仍然远远高出火电机组的产电价格，就成本而言，仍处于劣势。然而，如上所述，可再生能源发电虽然会导致电价的上升，给用户增加用电成本，但是从给地区增加就业岗位，增加财税收入来讲，又会产生正外部性，二者相互抵消，最后的结果便具有了不确定性。同时，另一个问题也是值得探讨的，用户用电量会影响可再生能源电能的销售量，用电量的增加会导致用户用电成本增加，但是也会促进地方财税收入增加，因此，地区可再生能源发电可能会由于成本下降与上网价格下降，其外部性价值也有所下降。

3. 系统发电负荷增加的影响

如果系统的发电负荷增加，由于可再生能源的发电量不会明显增长，火电机组会由于电量需求增加而生产更多的电能。这就需要改变原有的火电机组的检修计划，也就导致三项外部性指标发生变化。社会用电量的增加还会降低可再生能源发电在全部电量中所占的比例，这样缘于可再生能源负外部性的影响也会被降低。

4. 风电场和光伏电站出力预测误差减少的影响

预测误差技术是指风电场和光伏电站对发电数量及电网的可靠性进行的预测。预测技术的不断成熟可以减少电网企业为保证电网运行安全而购置的设施以及技术人员，电网企业购买可再生能源电能的辅助费用就会有所下降，负外部性指标就会降低，外部价值就会明显增加。

5. 可再生能源发电并网配套设施单位容量投资成本下降产生的影响

如果可再生能源发电装机容量固定不变，并网所需要的配套设施与技术的下降会给电力企业带来极大的好处，配套设施与技术价格的下降，可以节省电力企业在应对可再生能源电力并网时的开支，使电网企业的外部成本降低，地区可再生能源发电外部价值则会增加。

6. 地区标煤价格上涨的影响

市场供求关系是影响电煤价格的最重要因素。不可再生的能源由于数量会越来越少,因此,整体上来讲,市场价格会呈现上涨趋势。区域内标煤价格上涨以后,火电机组的能源消耗就会增加,与此形成鲜明对比的就是可再生能源发电而显现的节煤效益会更加明显,可再生能源发电会得到更大范围的推广与应用,在外部成本不变的情况下,可再生能源发电量的增加必然会使地区的外部价值有所增加,二者是正相关关系。

6.3 可再生能源发电外部性解决方案

针对可再生能源发电并网外部性问题,可以从管理、经济和技术等层面来加以解决。可再生能源发电并网过程中的技术外部性是指由于能源属性、发电技术的不同对电力系统产生的谐波污染、电能质量波动、闪变等影响电网可靠运行的技术类问题。因此,解决技术外部性的主要措施是加大投资力度,促进发电技术进步,从而减少技术外部性的影响,本书主要从管理和经济层面进行分析研究。

6.3.1 管理层面

1. 梳理常规发电方式的电价形成机制

常规发电方式就是火力发电,在制定火力发电的上网价格时,并没有考虑发电所产生的负外部性问题,这样的做法是不利于社会经济、自然环境与资源的和谐发展的。在这种电价机制下,火力发电并不担心由于生产电能而需要承担的责任,从另一个角度分析,就意味着可再生能源发电比不可再生能源发电所具备的优势不能获得相应的补偿,人们对于高价购买可再生能源生产的电能就变得不可理解。因此,应该重新梳理常规发电方式的电价形成机制,将火力发电给社会、自然及资源带来的破坏当作成本考虑进去,最终的上网电价可以反映出自然资源的稀缺性,体现可再生能源的可贵之处。

2. 完善可再生能源发电产业激励机制

通过上面的分析可以看出,可再生能源发电的外部价值是十分优良的,市场经济是影响发电产业发展的最重要因素,然而,由于存在市场失灵的情况,作为重要的能源产业,单纯地依赖市场机制无法保证可再生能源发电产业健康、持续、稳定的发展,这就需要国家进行干预,通过经济杠杆的运用、政策的出台,建立完善的可再生能源发电产业激励机制。例如,减轻发电企业的税务负担,补贴资金等,这样才能为可再生能源发电产业提供强有力的支持与保障。

3. 健全可再生能源发电项目开发模式

自从我国出台了"厂网分开"政策以后，电网企业与发电厂已经变成了两个主体，这种发电模式适用于不可再生能源发电，但是却不利于可再生能源发电产业发展，这就需要进一步健全可再生能源发电项目开发模式。与不可再生能源发电相比，可再生能源发电的成本略高，并且仍然存在还未解决的技术性难题，这些问题都会给可再生能源并网带来更高的成本支出，导致电网企业出现外部成本损失。如果允许电网企业来开发可再生能源发电项目，电能的购买就不会存在外部性问题，就会调动电网企业对可再生能源发电的积极性。

4. 加强可再生能源的发电补贴基金管理

政府会向常规发电企业征收不可再生能源的稀缺资本与环境保护成本，可再生能源电能高出不可再生能源电能价格需要向全国电力用户征收，这样就产生了数额巨大的可再生能源发电补贴基金，这些补贴基金可以补贴给发电企业，也可以补贴给地方政府，用于地方环境保护，还可以补贴给工业用户。然而，发电补贴基金的分配应该合理，管理应该严格，要使其发挥出应有的价值。

5. 开发可应用的电能储能技术

通过多年的发展，风电等可再生能源发电势头强劲，装机容量增加，但是在接入高电压等级输电网中，随机性出力对电网的影响有增无减，还会出现电网弃网现象。因此，我们应该大力发展储能技术，这样就可以使风电场等可再生能源发电站随机性出力不足的问题得到解决，促进风电利用率的提升，使可再生能源产业持续发展。

6. 创建绿色电力捐助资金账户

随着我国公民环保意识的增强，越来越多的人开始注重绿色能源的运用，对绿色能源项目的支持力度大大增加。由于我国在绿色电力项目发展上还存在很大的资金缺口，因此，政府应该大力倡导民众出一份力量，参与到绿色电力项目发展中来，创建绿色电力捐助资金账户，将社会的公益资金集结到一起，用于支持可再生能源的电力发展。同时国家要通过大力宣传公益捐助公民，树立模范形象，引导社会新风气，让更多的人关注绿色电力，为促进绿色电力的发展出一份力量。

6.3.2 经济层面

归纳国内外众多相关研究结论，可以划分为以下四种解决途径。

1. 征税或补贴

补贴可以激励产生正的外部性的经济活动，征税可以抑制产生负的外部性的经济活动。这种用于消除负外部性的税收被称作庇古税。庇古税即用税收手段迫使企业实现外部性的内部化：当对一个企业施加一种外部成本时，应对它征收一种税，该税收等于该企业生产每一单位产品所造成的外部损害，即税收恰好等于边际外部成本，即污染者必须对每单位的污染活动支付税收，税额等于负的外部性活动对其他经济行为者造成的边际外部成本，即边际社会成本与边际私人成本的差额。通过征收这样一种税收，污染者便将负的外部性内部化。

在实践中，征收环境税、提供补贴、发放污染许可证、收取押金都是间接控制方法。征收环境税与提供补贴相比，是阻止而不是鼓励资源流入污染严重的企业；无须确定污染的基准点，只需确定单位排放量的税金就够了；可附带得到一笔财政收入。征收环境税与发放污染许可证相比，许可证的发售有膨胀的可能，存在炒买炒卖的投机性。征收环境税与收取押金相比，收取押金的操作相当麻烦，且只能限于很小的范围内。由此可见，征收环境税的确是一个理想的环境保护手段。

2. 政府的直接经济干预

由于外部性、垄断等现象影响了资源配置效率，降低了社会福利，因此有必要由政府对此进行干预，以缓解市场失灵和提高社会福利水平。针对负外部性，政府认为可以通过禁令和颁布标准来实现最优外部性。

3. 产权交易

产权交易的概念是科斯首先提出来的，在他看来，可以通过交易成本的选择和私人谈判，以及产权的适当界定和实施来实现外部性内部化。

4. 法庭谈判

当负（正）外部性发生的时候，如果其中的当事人察觉并无法容忍自己所遭受的负外部性影响（或自己给他人带来的正外部性收益），那么他可以通过法律诉讼，要求实施负外部性（或得到正外部性收益）的一方给予自己全额的补偿。

针对我国可再生能源的具体发展情况，我国政府对可再生能源电力发展扶持目前采取相关电价补贴以及税收等激励政策。

可再生能源的利用是能源利用的必然趋势，它会随着不可再生能源储量的减少而逐渐被社会所关注。当前，我国正处于可再生能源发展的关键阶段，处于可再生能源发电并网的重要时期，不可避免地会对社会、自然环境、电力企业、用户等产生一定的影响。为此，我们应该积极探讨发挥正外部性的方法与途径，找出规避负外部性的渠道，促使可再生能源发电可以持续、健康、稳定地发展起来，承担起生产优质电能的责任，为国家建设贡献一份力量。

6.4 基于外部性的可再生能源发电并网补贴政策

随着"双碳"目标的制定和面向世界的承诺、产业规模的不断扩大、能源消费需求的不断增长，我国可再生能源开发面临的诸多问题和障碍逐渐显现，成为制约我国新能源产业规模化的瓶颈。这些问题和障碍总体可以归纳为八方面，主要有：①高成本仍是产业市场竞争力较弱的重要影响因素；②自主创新能力较弱影响了产业的持续发展；③制造和配套能力有待提升；④关键零部件依赖国外；⑤政出多门和行业管理松散；⑥标准体系建设滞后；⑦政策措施的出台滞后于产业发展的客观需求；⑧并网难成为当前可再生能源发电的最大瓶颈，其重要原因在于可再生能源电力本身的负外部性。

针对可再生能源电力外部性，我国采取了补贴激励政策，特别对于电力上网难的问题，我国目前的可再生能源电力上网补贴政策主要依据《中华人民共和国可再生能源法》《可再生能源电价附加补助资金管理暂行办法》等制定。然而补贴激励政策对于刺激我国可再生能源电力投资的有效性有待进一步论证。

6.4.1 国内外研究现状

赵子健和赵旭（2012）指出，2010年中国的可再生能源比例未达预期目标，同时部分可再生能源电力由于无法上网外送而浪费，针对这一现象进行探讨，认为关键在于目前的政策设计没有考虑电网的非线性投入产出关系，从而激励政策效果有限。杨帅（2013）对我国可再生能源补贴政策做了福利效应分析，以及开发平均成本、产业成本负担和生活消费负担的测算，指出我国可再生能源补贴政策对不同产业和居民的福利影响虽然较小，但存在不公平分担的问题。认为我国未来应从较为成熟产业的设备制造和电厂建设补贴转移到先进技术的研发上，并针对不同的可再生能源技术、资源、成本动态、环境效益等，对补贴的额度和成本分担进一步细化。谢旭轩等（2013）总结了具有国际可再生能源发展领先水平的代表性国家的可再生能源补贴政策机制及其最新动向。分析了德国、丹麦、意大利、美国等最新的可再生能源补贴政策。并基于国际经验,提出了对我国目前面临的可再生能源补贴资金不足问题的一些建议。汪莹(2012)站在立法角度,通过系统梳理我国已颁布的可再生能源法律法规及政策,对我国可再生能源产业财政补贴制度提出建议;柯建飞(2006)从可再生能源发展基金的设立、税收支持、财政补贴和可再生能源电力价格保护等四个方面做了探讨。赵寒娇(2010)分析了可再生能源电力的制约因素、政策缺陷,提出建立我国可再生能源电力产业发展激励机制的建议。

国外文献方面,Benli(2013)研究了土耳其可再生能源资源目前的潜力和对国家能源的贡献大小。Lee 和 Zhong(2014)从可再生能源的全球市场领导者和趋势进行识别与分析,包括在经济和可再生能源方面的政策,以及在具体的可再生能源行业所呈现出的最具吸引力的投资机会等,提出了最有前景的可再生能源的投资工具供投资者参考。Kern 等(2014)指出英国的海上风电部署在世界处于领先地位,这种领先地位来源于英国可再生能源的激励政策。Kaya(2006)探讨了土耳其可再生能源的政策和塑造这些政策的政治组织,还分别从有效利用可再生能源的潜力、能源政治、政治组织、激励、定价和购买机制等方面分析并给出解决这些问题的提案和建议。Wiser 等(1998)分析了加利福尼亚州在规定范围内对可再生能源产业调整的支持方案的案例。得到了来自加利福尼亚州的经验,包括成本控制问题必须加以解决,政策组合比任何单一的可再生能源政策更加有效,在改制过程中可再生能源开发政策的有效性,与持续时间和稳定性密切相关。

6.4.2 世界可再生能源发展背景

能源是经济和社会发展的重要物质基础。随着世界范围内的能源短缺,以及各国对环境保护的日益重视,开发和研究可再生能源来代替被过度开采和使用的不可再生能源,已是各国政府在资源利用方面共同的发展方向。可再生能源是指化石等传统能源之外的、在自然界可以循环再生的新型能源。

20 世纪 70 年代以来,可持续发展思想逐步成为各国共识,可再生能源的开发和利用受到各国政府的高度重视,许多国家将可再生能源的发展作为能源战略的重要组成部分,纷纷提出明确的发展目标,制定颁布了相关政策与法律法规,使可持续能源产业在近年来得到迅速发展,可再生能源产业,如光伏发电、风能、太阳能等技术的开发应用已成为各类能源中发展最为快速的热点领域。

美国是能源消耗大国,也是全球人均温室气体排放水平较高的国家。为降低对其他国家的能源依赖以及寻求可持续发展的道路,美国近年来不断出台多项能源政策,以立法和财政补贴的形式扶持可再生能源产业的发展。美国国会议员表示将推动税法改革，促进可再生能源项目享受到与石油项目一样的税收政策。税法改革提案的发起者认为，可再生能源发展势头强劲，应该允许风能、太阳能、生物燃料等可再生能源项目以"业主有限合伙制企业"的性质征税。这种形式的税收结构允许企业从股票市场募集资金，并使企业可以避免缴纳收入所得税。

欧盟是世界上可再生能源发展最为迅速的地区。目前欧盟能源的进口依存度达50%。随着经济不断发展，这一数字将不断上升，欧盟能源安全令人担忧。为此，欧盟制定了相关策略，积极开发可再生能源。1997年欧盟颁布可再生能源发展白皮书，提出到2050年，可再生能源在整个欧盟国家的能源构成中要达到50%。白皮书中提到的计划包括欧盟内部的市场手段，进一步鼓励可再生能源利用的政策，以及各国在可再生能源领域中的投资及信息共享，对此欧盟各国纷纷采取对应措施来响应。

以德国为例，2011年9月，德国经济部、环境部和科技部等部门曾联合颁布了德国第6个能源研究计划，重点集中在可再生能源技术研发、提高能源效率、能源存储技术和电网技术改进等方面。德国经济部、环境保护部等部门联合制定了长期能源转型战略，规划了未来40年德国能源转型的主要目标。德国在2004年、2008年曾两次修订可再生能源法，明确提出要在考虑规模效应、技术进步等因素的影响后，逐年减少对可再生能源新建项目的上网电价补贴，促进可再生能源市场竞争能力的提高。2012年1月1日，德国再次修改可再生能源法，提出到2020年，35%以上的电力消费必须来自可再生能源，到2030年50%以上、2050年80%以上的电力消费必须来自可再生能源。有数据显示，2012年德国可再生能源行业投资总额达到了266亿欧元。截至2011年底，德国在可再生能源行业就业的人数达到了创纪录的38.2万人，比上一年度增长4%。

日本作为人口密度较大、资源紧张的国家，可再生能源的利用也是其经济发展的重要方向。日本政府曾在2012年8月公布了实现可再生能源飞跃发展的新战略，目标是到2030年使海上风力、地热、生物质、海洋等四个领域的发电能力扩大到2010年的6倍以上。表6-3为各国对可再生能源采取的主要扶持政策。

表6-3 各国对可再生能源采取的扶持政策

扶持政策	相关内容	实施国家
强制可再生能源目标（配额制）	要求可再生能源电力须在整个发电量中占到一定比例	英国、美国、澳大利亚、日本
特许权制度	政府直接与风电开发商签订长期购买合同	英国、印度、巴西
本地化要求或鼓励本地化	安装的风机设备国产化率必须占到一定比例	西班牙、加拿大、巴西
绿色电力市场	允许用户支付比普通电价高一些的费用购买可再生能源电力	美国

续表

扶持政策	相关内容	实施国家
本地化的优惠政策和激励机制	向开发商提供低息或者无息贷款，向那些将产品制造基地迁入当地的企业提供优惠	澳大利亚、印度、中国、美国、西班牙
固定电价	设定固定电价	丹麦、德国、美国、荷兰、日本、西班牙
金融激励	从对传统电力企业的收费中拿出一部分资金，或者直接从电力消费中拿出一部分资金用于补贴可再生能源电力企业	丹麦、德国、澳大利亚、印度、巴西
税收激励政策	风机制造或者研发税收激励，降低风机技术的采购者或者销售者的销售税收	丹麦、德国、澳大利亚、印度、日本、西班牙

资料来源：中国社会科学院工业经济研究所

6.4.3 中国可再生能源电力发展概况

2002年以来，我国能源问题凸显，随着经济增长速度进一步加快，煤、电、油供求关系明显趋紧，全国出现了较大的电网缺口，煤炭供应紧张，石油进口量激增，大力发展可再生能源势在必行。2002年，国家电力公司成立了国家电网公司、中国南方电网公司和五大发电集团，"厂网分开"正式实施运行，这也标志着我国电力工业体制市场化改革迈出了历史性的第一步。可再生能源是指化石等传统能源之外的新型能源，主要包括风能、太阳能、生物质能、地热、海洋能、小水能、天然气水合物及核能等。其中，风能是最有开发利用前景和技术最成熟的一种新型可再生能源，我国蕴藏丰富的风力资源，广泛分布于东南沿海地区和新疆、甘肃、内蒙古、河北等地区。下面分别就电力生产、电力基建、电力消费和电力体制改革形势与政策等方面进行归纳。

1. 电力生产

近几年，我国可再生能源电力发展速度越来越快，图6-2、图6-3分别为2012~2021年全国电力装机结构和不同电源发电设备利用小时数。截至2021年底，全国全口径火电装机容量13.0亿kW，同比增长4.1%，其中，煤电11.1亿kW，同比增长2.8%，占总发电装机容量的比重为46.7%，同比降低2.3个百分点。2021年全口径非化石能源装机容量达11.2亿kW，同比增长13.4%，占总发电装机容量的比重为47%，首次超过煤电装机规模。水电、风电、太阳能发电装机容量均突破3亿kW。其中，水电装机容量约3.9亿kW（常规水电3.5亿kW，抽水蓄能3639万kW）；风电装机容量约3.3亿kW（陆上3.0亿kW，海上2639万kW）；太阳能发电装机容量约3.1亿kW（集中式2.0亿kW，分布式1.1亿kW，光热57万kW）。风电并网装机容量已连续12年稳居全球第一，太阳能发电并网装机

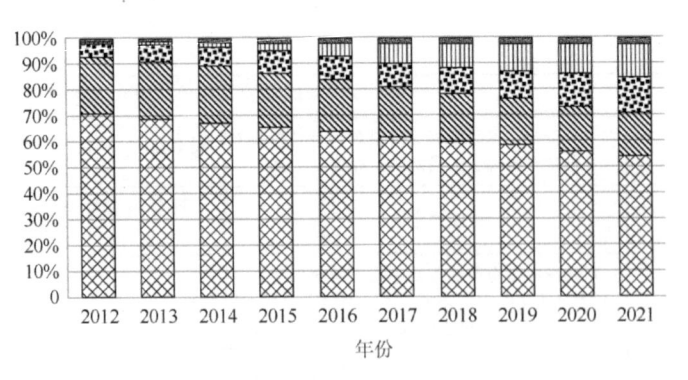

图 6-2　2012~2021 年全国电力装机结构

资料来源：2021 年数据来自中国电力企业联合会（简称中电联）快报，其余来自中电联历年电力工业统计数据

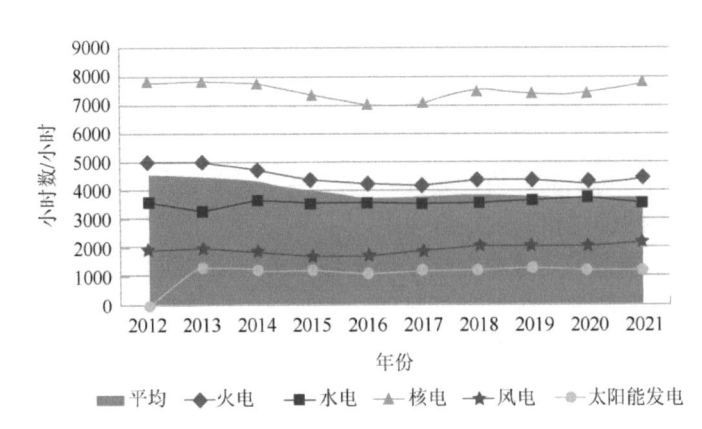

图 6-3　2012~2021 年不同电源发电设备利用小时数

资料来源：2021 年数据来自中电联快报，其余来自中电联历年电力工业统计数据

容量连续 7 年稳居全球第一，海上风电装机容量跃居世界第一。核电并网装机容量 5326 万 kW，生物质发电并网装机容量 3798 万 kW。

从装机增速看，2021 年，风电和太阳能发电装机以超过 15% 的速度大幅增长（图 6-4），太阳能发电同比增长 20.9%，风电同比增长 16.6%。核电同比增长 6.8%；水电同比增长 5.6%；火电同比增长 4.1%，其中，煤电同比增长 2.8%，占总发电装机容量的比重同比下降 2.3 个百分点。

2021 年，新增火电装机 4628 万 kW，并网水电、风电分别为 2349 万 kW、4757 万 kW，太阳能发电 5493 万 kW，核电 340 万 kW，生物质发电 808 万 kW。新增非化石能源发电装机容量 13 809 万 kW，占新增发电装机总容量的比重为 78.3%，同比提高 5.2 个百分点，新增非化石能源发电装机比重近八成。非化石能源总装机规模首次超过煤电。

第 6 章 可再生能源电力外部性与激励

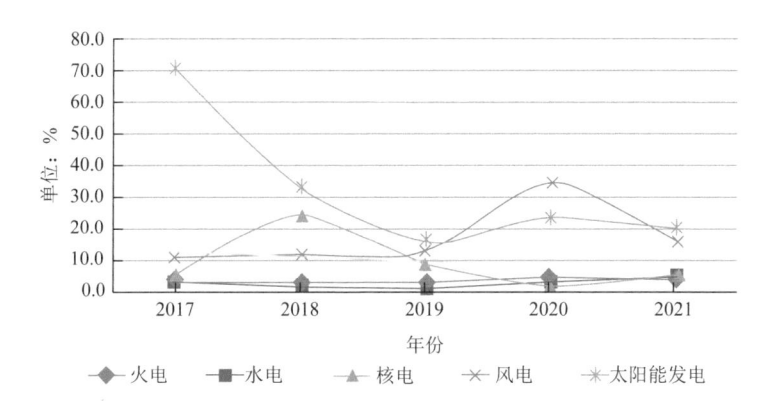

图 6-4 2017～2021 年全国分类型发电装机增速

资料来源：2021 年数据来自中电联快报，其余来自中电联历年电力工业统计数据

2. 电力基建

新能源投资大幅上扬，火电投资已连续五年下滑。图 6-5 显示了 2012～2021 年分类型电源投资金额情况。2021 年全国电源基本建设投资完成 5530 亿元，同比增长 4.5%。其中，水电投资 988 亿元，同比减少 7.4%，占电源投资的比重为 17.9%。火电投资 672 亿元，同比上升 18.3%，占电源投资的比重为 12.2%。核电投资 538 亿元，同比上升 42%，占电源投资的比重为 9.7%，扭转了 "十三五" 期间投资量一直收缩的局面。

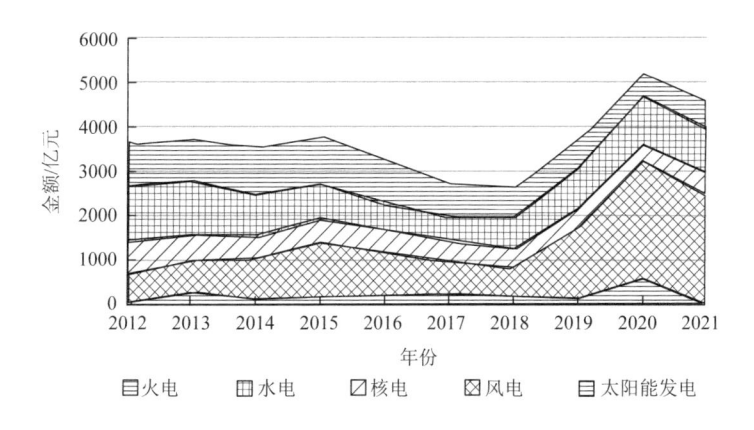

图 6-5 2012～2021 年分类型电源投资

资料来源：2021 年数据来自中电联快报，其余来自中电联历年电力工业统计数据

"十二五" 以来，新能源投资力度加大。2019～2021 年受平价上网政策影响，风电投资猛增，2020 年、2021 年风电投资占电源总投资的比重分别为 50.1%、44.8%。

3. 电力消费

主要能耗指标持续下降，碳排放量有效减少。全国供电标准煤耗持续下降。根据国家能源局数据，2021 年全国供电标准煤耗 302.5g/kW·h，同比再降 2.4g/kW·h，较 2012 年下降了 22.5g/kW·h。

全国线损率保持下降趋势。2021 年全国线损率 5.26%，同比下降 0.34 个百分点，保持继续下降走势，较 2012 年下降了 1.48 个百分点。

2021 年厂用电率尚未见公开数据，但总体呈现下降趋势。2020 年，全国厂用电率下降至 4.65%，比上一年降低 0.02 个百分点。其中，水电 0.25%，比上年升高 0.01 个百分点；火电 5.98%，比上年降低 0.03 个百分点，详见表 6-4。

表 6-4　2012～2021 年 6000kW 及以上电力行业能耗

费用项目	2012年	2013年	2014年	2015年	2016年	2017年	2018年	2019年	2020年	2021年
供电煤耗/(g/kW·h)	325	321	319	315	312	309	308	306.4	304.9	302.5
线损率	6.74%	6.68%	6.64%	6.64%	6.47%	6.48%	6.21%	5.93%	5.60%	5.26%
厂用电率	5.10%	5.05%	4.83%	5.09%	4.77%	4.8%	4.69%	4.67%	4.65%	—
其中：火电	6.08%	6.01%	6.04%	6.04%	6.01%	6.04%	5.95%	6.01%	5.98%	—

资料来源：2021 年数据来自中电联快报，其余来自中电联历年电力工业统计数据

燃煤电厂超低排放改造稳步推进，污染物排放下降明显。截至 2020 年底，全国煤电总装机容量的 89% 已实现超低排放。据中电联统计，2020 年，全国电力烟尘排放总量约为 15.5 万 t，同比降低 15.1%；二氧化硫排放总量约为 78 万 t，同比降低 12.7%；氮氧化物排放总量约为 87.4 万 t，同比下降 6.3%。图 6-6 为 2011～2020 年污染物排放总量和排放绩效情况。

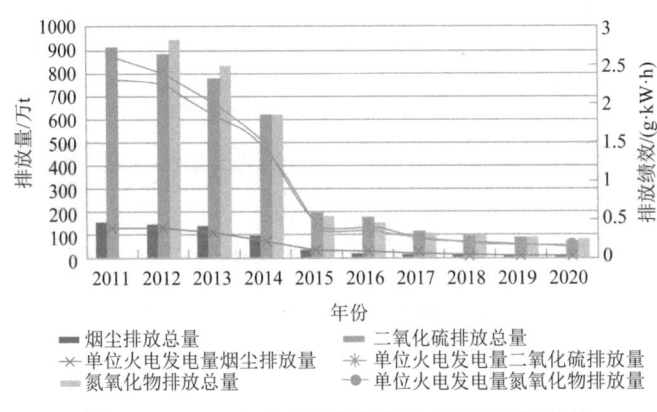

图 6-6　2011～2020 年污染物排放总量和排放绩效

资料来源：中电联历年电力工业统计数据

电力行业碳排放量有效减少。根据中电联数据,2020年全国单位火电发电量二氧化碳排放量约为832g/kW·h,比2005年降低20.6%;单位火电发电量一氧化碳排放量约为565g/kW·h,比2005年降低34.1%。2006~2020年,通过发展非化石能源、降低供电煤耗和线损率等措施,电力行业累计减少二氧化碳排放约185.3亿t,有效减缓了电力行业二氧化碳排放总量的增长。

全国碳市场建设稳步推进。2021年,《关于完整准确全面贯彻新发展理念做好碳达峰碳中和工作的意见》发布。2021年7月16日,全国碳市场正式启动,第一个履约周期为2021年全年,纳入发电行业重点排放单位2162家,覆盖约45亿t二氧化碳排放量,是全球规模最大的碳市场。至2021年12月31日,全国碳市场累计运行114个交易日,碳排放配额累计成交量1.79亿t,累计成交额76.61亿元。

4. 电力体制改革形势与政策

1)电力市场体系结构逐步完善,市场化交易不断增长

我国已初步形成在空间范围上覆盖省间、省内,在时间周期上覆盖多年、年度、月度、月内的中长期交易及日前、日内现货交易,在交易标的上覆盖电能量、辅助服务、合同、可再生能源消纳权重等交易品种的全市场体系结构。目前省间、省内中长期市场已较为完善并常态化运行。

2)我国省间电力交易体系已基本建成

《北京电力交易中心跨区跨省电力中长期交易实施细则》经多轮修订后于2021年9月正式印发,成为落实《电力中长期交易基本规则》的操作细则,为市场主体参与跨区跨省电力中长期交易提供依据。细则在年度、月度交易的基础上,增设月内(周、多日)交易。

在2017年7月出台的《跨区域省间富余可再生能源电力现货交易试点规则(试行)》下,省间现货方面,2020年国家电网实现了跨区域省间富余可再生能源电力现货交易全覆盖。在此基础上,2021年11月,国家电网有限公司印发了《省间电力现货交易规则(试行)》,计划在国家电网公司和内蒙古电力公司范围内启动试点交易。此次规则不仅放开售电公司、电网代购、电力用户参与省间电力现货交易,市场范围由跨区域省间扩大到所有省间,还将市场定位在落实省间中长期交易基础上,利用省间通道剩余输电能力,开展省间日前、日内电能量交易的电力现货交易。实现覆盖全国大部分省份的空间维度,覆盖多种能源的电量交易,对建立完整的电力市场体系起到了重要的衔接和支撑作用。其运行标志着我国完整、统一的省间电力交易体系已经基本建成。

3)电力价格市场化改革走向纵深

有序放开全部燃煤发电电量上网电价与工商业用户用电价格。2021年10月,

国家发展改革委印发《关于进一步深化燃煤发电上网电价市场化改革的通知》，明确有序放开全部燃煤发电电量上网电价，通过市场交易在"基准价＋上下浮动"范围内形成上网电价，上下浮动原则上均不超过20%，电力现货价格不受上述幅度限制。有序推动工商业用户全部进入电力市场，按照市场价格购电，取消工商业目录销售电价。居民、农业用电执行现行目录销售电价政策。目前尚未进入市场的用户，10kV及以上的用户要全部进入，对暂未直接从电力市场购电的用户由电网企业代理购电（《国家发展改革委办公厅关于组织开展电网企业代理购电工作有关事项的通知》对电网企业代理购电方式和流程进行了规范）。此外，为保障燃煤发电上网电价市场化改革，进一步放开各类电源发电计划，加强与分时电价政策衔接。

完善目录分时电价机制。《关于进一步完善分时电价机制的通知》称，在保持销售电价总水平基本稳定的基础上，进一步完善目录分时电价机制，建立尖峰电价机制，健全季节性电价机制。据不完全统计，已有24省市出台完善分时电价机制相关政策25条。

输配电价进入第二监管周期。2021年4月，国家发展改革委印发的《关于做好2021年降成本重点工作的通知》称，平稳执行新核定的2021年输配电价和销售电价，进一步清理用电不合理加价，继续推动降低一般工商业电价。持续推进电力市场化改革，允许所有制造业企业参与电力市场化交易。2021年10月14日，国家发展改革委印发《跨省跨区专项工程输电价格定价办法》，对2017年出台的《跨省跨区专项工程输电价格定价办法（试行）》作了修订。在第一监管周期（2017~2019年）的基础上，考虑到2020年应对疫情降电价（电费）的影响，核定后的各省级电网第二监管周期输配电价自2021年1月1日起执行。与第一监管周期相比，第二监管周期输配电价整体下降，其中，五大区域电网两部制输电价格中的电量电价，从第一周期的2个电量电价变化为第二周期的5个电量电价，各区域电网都有所属的电量电价。此外，自2021年12月2日起，对陕北—湖北、雅中—江西特高压直流工程执行临时输电价格。

完善抽水蓄能价格形成机制。2021年5月，《国家发展改革委关于进一步完善抽水蓄能价格形成机制的意见》，明确"要坚持以两部制电价政策为主体，进一步完善抽水蓄能价格形成机制，以竞争性方式形成电量电价，将容量电价纳入输配电价回收，同时强化与电力市场建设发展的衔接，逐步推动抽水蓄能电站进入市场"。

4）中长期交易落实"六签"，绿色电力交易方案出台

"六签"工作要求包括"全签""长签""分时段签""见签""规范签""电子签"六方面内容，旨在全面深化电力市场化改革，构建更加完善、有序的市场体系和市场结构。中电联数据显示，2021年全国电力市场中长期电力直接交易电量合计为30 404.6亿kW·h，同比增长22.8%。其中，省内电力直接交易电量合计为

28 514.6亿 kW·h，省间电力直接交易（外受）电量合计为1890亿 kW·h，分别占全国电力市场中长期电力直接交易电量的93.8%和6.2%。此外，广州电力交易中心已于2021年12月在全国范围内率先完成2022年电力中长期合同签订工作，交易成交规模达2423亿 kW·h（落地端），创历史新高，超过2019～2021年平均送电规模，市场主体参与率达100%，并首次实现所有"网对网""点对网"交易全量签约，还提前锁定了2022年南方区域跨省区送电安排，其中西电东送电量达2308亿 kW·h。

《绿色电力交易试点工作方案》称绿色电力交易将在现有中长期交易框架下，设立独立的绿色电力交易品种。参与绿色电力交易的市场主体，近期以风电和光伏发电为主，逐步扩大到水电等其他可再生能源，绿色电力交易优先安排完全市场化上网的绿色电力，进一步体现能源的绿色属性和价值。

5）持续推进售电侧改革

国家发展改革委、国家能源局印发的《售电公司管理办法》用以替代已经执行了5年的《售电公司准入与退出管理办法》。新版管理办法明确了售电公司注册条件、注册程序及相关权利与义务等内容，共计9章46条。其有三个亮点：一是注册条件和注册程序更有针对性；二是更加注重售电公司动态管理和风险管理；三是启动保底售电服务，衔接电网企业代理购电机制。

6.4.4 可再生能源电力上网政策

《新能源和可再生能源发展纲要》指出"制定有利于新能源和可再生能源的政策是国家扶持新能源和可再生能源发展最有力的支持"。根据我国新能源和可再生能源发展纲要与规划目标，技术类型和特点，应用前景和获利能力，分门别类地研究和制定相应的财政、投资、信贷、税收和价格等方面的优惠政策。

经济激励政策是市场机制下促进新能源和可再生能源发展的主要手段，各国均采用了丰富的经济措施来激励新能源产业发展，制约高耗能能源产业发展，并取得了明显的效果。结合中国实际，经济激励政策主要有税收政策、补贴政策、融资政策、价格政策和产业政策等。

（1）建立税收政策体系。增值税方面，实行减免优惠政策，降低可再生能源增值税税率，或实行即征即退政策，按照一定比例退还，从而增加可再生能源设备的推广使用和产品的市场占有率，帮助可再生能源企业起步发展。所得税方面，明确规定可再生能源产品所得税优惠税率；实行投资抵税制度，可再生能源企业所购置的新能源先进设备可在一定额度内抵免当年新增所得税；对单位或个人从事与可再生能源产品有关的技术转让、培训、咨询等所得收入，可以减征或免征所得税。关税方面，为鼓励国内资金投向可再生能源产业，免征对可再生能源生产设备进口的关税以及进口环节的增值税。另外，对非可再生能源、环境危害大的能源税率从高，可以考虑择机开征碳税和能源补偿税。

（2）加大补贴力度。调整和改善财政对可再生能源的补贴政策，加大补贴力度，综合运用各种补贴手段。继续实行用户补贴，给予购买可再生能源电力的消费者奖励性津贴，对用于农村牧区生活的可再生能源利用项目进行补贴，包括太阳能热水器、风能发电机等；进一步完善投资补贴政策，结合可再生能源企业的经营状况、技术改进和更新情况进行补贴。补贴一般用于新能源项目初始和推进阶段，针对公益性较强、受益范围广的项目，随着时间的推移和社会的普遍接受，应该逐步取消补贴，转而投入更有价值的项目。

而就政策的内容性质而言，中国发展可再生能源的法律政策大体上可以分为四个层次：法律、部门规章、规范性文件和地方性法规政策，发展规划属于规范性文件，见表6-5。

表6-5 我国可再生能源相关政策梳理

项目	政策名称	颁布机关	实施机构
法律	《中华人民共和国电力法》（1995年）	全国人大常委会	电力部门
	《中华人民共和国节约能源法》（1997年、2007年）	全国人大常委会	各级人民政府
	《中华人民共和国可再生能源法》（2005年）	全国人大常委会	能源主管部门
部门规章	《新能源基本建设项目管理的暂行规定》（1997年）	国家计划委员会	各级计划委员会
	《关于进一步支持可再生能源发展有关问题的通知》（1999年）	国家发展计划委员会、科学技术部	各级发展计划委员会、科学技术委员会、物价局、电力局
	《可再生能源发展专项资金管理暂行办法》（2006年）	财政部	财政部
	《可再生能源发电有关管理规定》（2006年）	国家发展改革委	能源主管部门、价格主管部门等
	《可再生能源发电价格和费用分摊管理试行办法》（2006年）	国家发展改革委	价格主管部门
	《可再生能源电价附加收入调配暂行办法》（2007年）	国家发展改革委	价格主管部门
	《节能发电调度办法（试行）》（2007年）	国家发展改革委、国家环保总局、国家电力监管委员会等部门	各级政府、国务院各部委
	《关于调整大功率风力发电机组及其关键零部件、原材料进口税收政策的通知》（2008年）	财政部	财政部门
	《关于可再生能源电价补贴和配额交易方案（2010年10月-2011年4月）的通知》（2007年、2008年）	国家发展改革委、国家电力监管委员会	各级发展改革委、物价局、电监局等
	《可再生能源发展基金征收使用管理暂行办法》（2011年）	财政部、国家发展改革委、国家能源局	各级发展改革委、物价局、国家电力监管委员会各级监管局、国家电网、南方电网公司

续表

项目	政策名称	颁布机关	实施机构
部门规章	《可再生能源电价附加补助资金管理暂行办法》（2012年）	财政部、国家发展改革委、国家能源局	各级发展改革委、物价局、国家电力监管委员会各级监管局、国家电网、南方电网公司
规范性文件	《中国新能源和可再生能源发展纲要》（1995年）	国家计划委员会办公厅、国家科学技术委员会办公厅和国家经济贸易委员会办公厅	各级人民政府
	《新能源和可再生能源产业发展"十五"规划》（2001年）	国家经济贸易委员会	国务院有关部门、相关企业
	《可再生能源中长期发展规划》（2007年）	国家发展改革委	国务院有关部门、相关企业
	《可再生能源发展"十一五"规划》（2008年）	国家发展改革委	国务院有关部门、相关企业
	《可再生能源发展"十二五"规划》（2012年）	国家发展改革委	国务院有关部门、相关企业
地方性法规政策	江西省、江苏省、云南省、上海市和天津市等制定了《节约能源条例》，北京市、浙江省、四川省、甘肃省、湖南省、湖北省等制定了《实施〈节约能源法〉办法》，山东省、安徽省、甘肃省和湖南省等制定了《农村能源建设管理条例》，北京市制定了《建筑节能管理规定》，广东省制定了《广东省节约能源条例》等。海南省、深圳市、青岛市等颁布了强制推广太阳能建筑应用的地方性法规		

资料来源：宋国君，等.2008.环境政策分析.北京：化学工业出版社

归纳起来，我国目前对于可再生能源的政策优惠主要有以下几个方面。

1. 贴息贷款制度

《关于进一步支持可再生能源发展有关问题的通知》规定，"可再生能源发电项目可由银行优先安排基本建设贷款。贷款以国家开发银行为主，也鼓励商业银行积极参与。其中由国家审批建设规模达 3000 千瓦以上的大中型可再生能源发电项目，国家计委将协助业主落实银行贷款。对于银行安排基本建设贷款的可再生能源发电项目给予 2%财政贴息。""可再生能源项目资本金应占项目总投资的 35%及以上。贴息一律实行'先付后贴'的办法，即先向银行付息，然后申请财政贴息。贴息实行逐年报批。"

2. 可再生能源发展专项资金制度

财政部于 2015 年 4 月印发的《可再生能源发展专项资金管理暂行办法》明确提出："可再生能源发展专项资金，是指通过中央财政预算安排，用于支持可再生能源和新能源开发利用的专项资金。""可再生能源发展专项资金实行专款专用，专项管理。""可再生能源发展专项资金重点支持范围：（一）可再生能源和新能源

重点关键技术示范推广和产业化示范；(二)可再生能源和新能源规模化开发利用及能力建设；(三)可再生能源和新能源公共平台建设；(四)可再生能源、新能源等清洁能源综合应用示范；(五)其他经国务院批准的有关事项。""可再生能源发展专项资金根据项目任务、特点等情况采用奖励、补助、贴息等方式支持并下达地方或纳入中央部门预算。"

3. 可再生能源电价附加制度

《可再生能源发展基金征收使用管理暂行办法》第七条规定："可再生能源电价附加征收标准为 8 厘/千瓦时。根据可再生能源开发利用中长期总量目标和开发利用规划，以及可再生能源电价附加收支情况，征收标准可以适时调整。"可再生能源发展基金用于支持可再生能源发电和开发利用活动。

(1) 可再生能源发展专项资金主要用于支持以下可再生能源开发利用活动：可再生能源开发利用的科学技术研究、标准制定和示范工程；农村、牧区生活用能的可再生能源利用项目；偏远地区和海岛可再生能源独立电力系统建设；可再生能源的资源勘查、评价和相关信息系统建设；促进可再生能源开发利用设备的本地化生产；《中华人民共和国可再生能源法》规定的其他相关事项。

(2) 可再生能源电价附加收入用于以下补助：①电网企业按照国务院价格主管部门确定的上网电价，或者根据《中华人民共和国可再生能源法》有关规定通过招标等竞争性方式确定的上网电价，收购可再生能源电量所发生的费用，高于按照常规能源发电平均上网电价计算所发生费用之间的差额；②执行当地分类销售电价，且由国家投资或者补贴建设的公共可再生能源独立电力系统，其合理的运行和管理费用超出销售电价的部分；③电网企业为收购可再生能源电量而支付的合理的接网费用以及其他合理的相关费用，不能通过销售电价回收的部分。

《可再生能源电价附加补助资金管理暂行办法》第六条、第七条、第八条规定："可再生能源发电项目上网电量的补助标准，根据可再生能源上网电价、脱硫燃煤机组标杆电价等因素确定。专为可再生能源发电项目接入电网系统而发生的工程投资和运行维护费用，按上网电量给予适当补助，补助标准为：50 公里以内每千瓦时 1 分钱，50-100 公里每千瓦时 2 分钱，100 公里及以上每千瓦时 3 分钱。国家投资或者补贴建设的公共可再生能源独立电力系统的销售电价，执行同一地区分类销售电价，其合理的运行和管理费用超出销售电价的部分，通过可再生能源电价附加给予适当补助，补助标准暂定为每千瓦每年 0.4 万元。"

《可再生能源电价附加收入调配暂行办法》第九条规定："可再生能源电价补贴包括可再生能源发电项目上网电价高于当地脱硫燃煤机组标杆上网电价的部分、国家投资或补贴建设的公共可再生能源独立电力系统运行维护费用高于当地省级电网平均销售电价的部分，以及可再生能源发电项目接网费用等。其中：

第6章 可再生能源电力外部性与激励

（一）可再生能源发电项目补贴额＝(可再生能源上网电价－当地省级电网脱硫燃煤机组标杆电价)×可再生能源发电上网电量

（二）公共可再生能源独立电力系统补贴额＝公共可再生能源独立电力系统运行维护费用－当地省级电网平均销售电价×公共可再生能源独立电力系统售电量

公共可再生能源独立电力系统运行维护费用＝公共可再生能源独立电力系统经营成本×(1＋增值税率)

（三）可再生能源发电项目接网费用是指专为可再生能源发电项目上网而发生的输变电投资和运行维护费。接网费用标准按线路长度制定：50公里以内为每千瓦时1分钱，50-100公里为每千瓦时2分钱，100公里及以上为每千瓦时3分钱。"

《关于2007年10月至2008年6月可再生能源电价补贴和配额交易方案的通知》规定：可再生能源电价附加资金补贴范围为2007年10月至2008年6月可再生能源发电项目上网电价高于当地脱硫燃煤机组标杆上网电价的部分、公共可再生能源独立电力系统运行维护费用、可再生能源发电项目接网费用。对纳入补贴范围内的秸秆直燃发电亏损项目按上网电量给予临时电价补贴，补贴标准为每千瓦时0.1元。

4. 税收优惠

根据《财政部 国家发展改革委 海关总署 国家税务总局关于落实国务院加快振兴装备制造业的若干意见有关进口税收政策的通知》，大功率风力发电机等新能源装备名列国务院确定的16个重大技术装备关键领域中，自2008年1月1日(以进口申报时间为准)起，"对国内企业为开发、制造这些装备而进口的部分关键零部件和国内不能生产的原材料所缴纳的进口关税和进口环节增值税实行先征后退。所退税款一般作为国家投资处理，转作国家资本金，主要用于企业新产品的研制生产以及自主创新能力建设"。

6.4.5 可再生能源激励政策评价

为实现"双碳"目标，结合现行可再生能源激励政策及其成效，必须在补贴、税收机制和上网电价机制方面不断进行完善。

1. 补贴和税收机制不完善

可再生能源发电伴随着社会效益和环境效益，它既能够有效缓解资源枯竭带来的能源紧缺压力，又能减少温室气体排放，保护环境，具有较高的正外部性。这种正外部性应该通过补贴等手段反映出来，从而提高可再生能源发电的竞争优势。补贴和税收减免等财政激励方式有利于保证可再生能源发电收益，降低发电成本，是影响可再生能源电力供应的主要因素。

1）可再生能源发电补贴不足

中国已设立可再生能源发展基金对可再生能源开发利用提供资金支持，发展基金包括国家政府的专项基金和可再生能源电价附加收入等。其中，可再生能源电价附加收入是目前补贴可再生能源上网发电的唯一资金来源。自2006年开始征收至今，电价附加已调整过4次，分别为2008年7月将电力附加从1厘/kW·h提高至2厘/kW·h，2009年11月上升至4厘/kW·h，2011年12月调至8厘/kW·h，2013年9月增加至1.5分/kW·h。但近些年，在中国可再生能源迅速发展的背景下，电价补贴远跟不上可再生能源发电的发展速度，电价附加补贴缺口日趋增大。据不完全统计，2009年缺口为13亿元，到2011年缺口已达100多亿元，2012年更是增至200亿元左右，可见实际到达企业手中的补贴资金情况更加糟糕。另外，除了电价附加征收标准造成的资金缺口问题，由于行政程序冗余，可再生能源电价补贴存在发放滞后的现象。可再生能源电价附加补贴的不足和发放延迟对可再生能源发电项目具有直接的冲击，极大地降低了投资者的投资热情，不利于可再生能源发电的开发利用和技术进步。

2）税收制度存在缺陷

税收是一种调节市场的主要宏观政策手段。对可再生能源发电提供税收减免政策有利于提高可再生能源电力的竞争力，减少发电成本，提高可再生能源发电项目的投资吸引力，其中税收政策的对象包括可再生能源发电厂和可再生能源设备制造企业。对发电厂收益而言，2013年1月国家税务总局发布的第3号公告——《关于中央财政补贴增值税有关问题的公告》明确规定："按照现行增值税政策，纳税人取得的中央财政补贴，不属于增值税应税收入，不征收增值税。"这一举措将进一步提高企业实际得到的可再生能源补贴额度，使可再生能源补贴更加合理化、完善化。

但是，可再生能源发电项目的税收减免政策也带来了一些弊端，税收减免导致项目所在地的政府税收收益下降，有些地方强迫可再生能源电厂使用当地制造设备，从而弥补税收的空缺，这样的地方保护主义行为不利于企业利润最大化目标的实现，同时，破坏了设备市场的竞争局面，不利于技术进步。另外，对装备制造业的税收减免政策，可以缓解企业的资金压力，降低制造成本，但是，长期的税收减免政策不利于企业自主创新能力的提高。

2. 上网电价机制缺乏灵活性

目前，中国已对风电、太阳能光伏采用固定电价机制，固定电价制度可以为开发商提供一个稳定的投资环境，确保投资者的利益，提高可再生能源发电的吸引力和投资积极性，能够有效促进可再生能源发电的装机容量增长。但是，很多研究表明固定电价机制适合发展初期的可再生能源市场，而随着中国可再生能源装机容量的迅速增长，固定电价制度面临着一些挑战。以风电为例，由于风能资源和电力负荷中心之间的分配不均衡，需要进行跨省电能交易，将多余的风电外送，促进风电并网，但是中国不同地区实行四种固定风电标杆价格标准，使得风电的跨省交易实现起来较为困难与复杂。另外，固定电价制度使得市场上的可再生能源价格不能由市场决定，缺乏灵活性，导致可再生能源发电不能及时、有效地对负荷水平变化做出反应，不利于可再生能源发电的大规模消纳，同时，固定电价对收益的保障阻碍了技术进步。目前，中国正在着手制订可再生能源发电配额政策，伴随配额制度的产生，可再生能源证书的价格也就成为未来可再生能源发电发展的重要影响因素。可再生能源证书是相关认证机构对一定量的可再生能源发电发放的专有凭证，它是一种能够交易的能源商品，伴随着可再生能源配额制产生，将强制性的配额制通过市场化的灵活交易方式实现，并为可再生能源提供补贴。可再生能源证书交易也是一种可再生能源发电的激励手段，有利于通过市场竞争降低成本，促进不同可再生能源技术之间的竞争，同时，也可以为投资者提供一个相对稳定的投资环境。

6.5 案例分析——现行财税政策对风电投资的影响

6.5.1 引言

全球能源危机愈演愈烈，传统化石能源不可再生且对人类赖以生存的地球环境及生态造成极大威胁，从长远看，唯有大力推动可再生能源技术和产业的发展才是能源问题的解决之道。在目前的技术水平条件下，发电技术是可再生能源商业化开发利用的重点。在太阳能、风能、生物质能等中国可再生能源发电方式中，风能发电已经具有了较为成熟的技术。

技术的进步和产业的发展离不开持续的投资，特别对于风电这种资本密集型产业来说尤为重要。而投资又是基于投资者对该产业或者项目的预期，因此，如何运用好财税政策这一政府扶持和引导风电产业发展的经济杠杆，以促进我国风电产业投资并降低其不确定性，促进我国风电产业的健康、快速发展已经成为当前能源管理领域的重要理论课题。

风电产业发展与政策方面，宋艳霞（2010）总结了对风电产业有影响的政策，根据我国具体国情的产业发展战略，提出构建与完善我国风电产业发展的财政政策体系的建议；李俊峰等（2014）介绍了全球的风电发展，回顾了我国的风电发展，并指出了风电行业的焦点问题；何满（2013）对中国风电产业现状、产业政策和存在的问题进行了初步的分析；时璟丽（2008）总结了我国支持风电发展的法规政策体系，指出法规政策的实施和存在的问题，并对完善法规政策提出了建议。

风电投资方面，Blanco（2009）通过研究欧洲风电场的生产成本，分析风力发电的供应链与其成本增长之间的关系，指出了影响风电投资成本的各种风险因素以及这些因素的相对重要程度和短期变化趋势；王正明和路正南（2008a）通过建立相关成本分析模型，分析风电项目投资的经济性并发现尽管现状不理想但改善空间很大；郝海光（2009）就目前税收政策对风电投资的影响加以分析；俞萍萍（2011a，2011b）通过分析与可再生能源激励政策相关的不确定性，从战略的角度考虑发电企业的互动，研究可再生能源的实际投资价值和时机；王晓天和薛惠锋（2012）基于行为决策理论，通过构建可再生能源投资决策行为分析概念模型，表明投资者的先验信念、政策偏好和技术风险态度对投资决策有显著影响。

对于风电投资决策，很多学者利用实物期权方法展开研究。Reuter等（2012）考虑政策和市场影响，利用实物期权判断在一定条件下，是应该投资火力发电还是风力发电；王文平和杨洪平（2008）分别建立了基于延迟实物期权的风力发电投资决策模型和基于复合实物期权的风力发电项目投资决策模型。对于风电投资风险的评价方法，Sadorsky（2012）分别利用基本的资本资产定价模型（capital asset pricing model，CAPM）、考虑时间风险的衍生CAPM和β系数模型对风力发电的系统风险估计进行了初步探索，指出β系数模型能够更好地评价风力发电的投资风险；李文富和郭树霞（2011）在合理构建风力发电投资风险评价指标体系的基础上，运用BP（back propagation，逆向传播）神经网络方法对风力发电投资风险进行了实证分析；乌云娜等（2011）认为在进行风力发电投资决策时，要更多地考虑运营阶段对总成本造成影响的风险因素，并运用蒙特卡洛模拟法对投资风险因素进行模拟分析，通过对单位电度成本进行比较来实现风力发电投资方案的优选。

从已有研究来看，很多学者对于影响风电投资的财税政策主要采取定性研究，为了使结论更直观、可信，本书采用敏感性分析统计方法，对现行财税政策对我国风电投资的影响进行分析。

6.5.2 风力发电的特点与属性

1. 风力发电发展现状

我国是一个海岸线绵长、风能资源丰富的国家，针对我国风能资源的分布特点，国家提出了相应的发展布局与发展规划。风力发电凭借其无污染、可再生、运行成本低的自身优势以及国家政策的有力扶持吸引了大量投资者，我国在短短几年间便跻身世界风电大国之列。然而，在风力发电迅速发展的同时，配套的硬件设施和相关服务业并没有相应发展起来，这就给风力发电的进一步发展带来了很大风险。

1）风力资源储备

中国幅员辽阔，风力资源丰富，开发潜力巨大。2014年中国气象局发布的《全国风能资源评估结果》显示，我国陆地70m高度风功率密度达到150W/m^{2}以上的风能资源技术可开发量为72亿kW，达到200W/m^{2}以上的风能资源技术可开发量为50亿kW；同时，项目组推算出80m高度风功率密度达到150W/m^{2}以上的风能资源技术可开发量为102亿kW，达到200W/m^{2}以上的风能资源技术可开发量为75亿kW。

我国的风能资源主要集中在北部地区和少数沿海地区，这些地区的风能资源开发量占全国的80%左右。风能资源的分布状况随地形、地理位置的不同而有所不同。就陆地风能而言，最丰富的当属"三北"地区，即西北、华北和东北的大部分地区，这些地区由于地处高空西风带，加之地势比较平坦，因此形成了我国最大的风能资源丰富带。

2）我国风力发电产业发展概况

自20世纪80年代以来，我国风能产业的发展稳步前进，其发展主要分为三个阶段。

1984年至1994年为早期示范阶段，在此阶段，主要利用丹麦、德国、西班牙等欧洲风电大国的本国贷款和赠款，建设小型示范风电场。同时国家"七五"计划和"八五"计划设立的国产风机攻关项目，取得了初步成果。这一时期是离网型风电补充电力供应阶段。1985年以前，边远地区和边疆哨所等电网难以到达地区的用电主要是由离网型风电来满足。

1995年到2003年为平稳发展阶段：1995年，国家计划委员会、国家科学技术委员会、国家经济贸易委员会共同制定了《中国新能源和可再生能源发展纲要》，提出到2000年和2010年全国风能开发能力达到30万~40万kW和100万~110万kW。2000年，在第一阶段取得的成果基础上，各部门相继出台了各种优惠的鼓励政策，科学技术部通过科技攻关和国家863高科技项目促进风电技术的发展，国家经济贸易委员会通过双加工程、国债项目、乘风计划等项目促进风电的持续发展。但随着1998年电力体制向竞争性市场改革，发展又趋缓慢。

2003年至今为规模化快速发展阶段。国家发展改革委通过风电特许权经营，下放5万kW以下风电项目审批权，给予了很多优惠的财税政策，扶持和鼓励国内风电制造业的发展，使内风电市场的发展进入到一个高速发展的阶段。根据中国风能协会2010年的数据，2010年(不包括台湾地区)新增安装风电机组12 904

台，装机容量 18 927.99MW，年同比增长 39.1%；累计安装风电机组 34 485 台，装机容量 44 733.29MW，年同比增长 73.3%。2005 年以来，中国的风电装机容量开始大幅度增加，年均增长率在 50%以上。

截至 2021 年，我国风电并网装机容量达到 30 015 万 kW，突破 3 亿 kW 大关，是 2020 年底欧盟风电总装机的 1.4 倍、美国的 2.6 倍，已连续 12 年稳居全球第一。

我国风电并网装机容量在 2015 年首次突破 1 亿 kW；2019 年突破 2 亿 kW，用时 4 年；此次突破 3 亿 kW，用时仅 2 年。图 6-7 和图 6-8 分别是历年中国风电累计装机容量和新增装机并网容量情况。

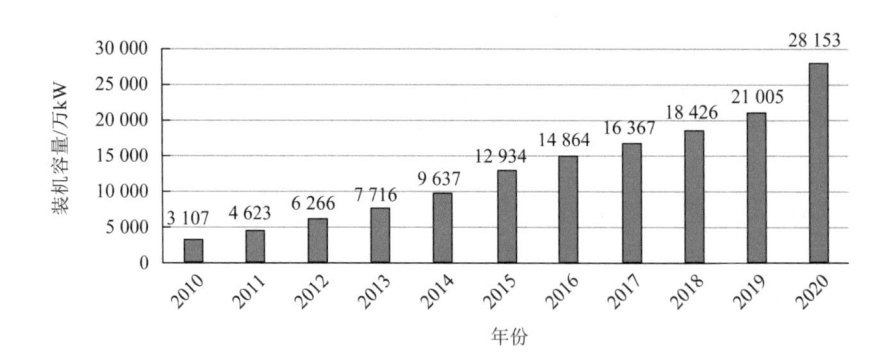

图 6-7 2010～2020 年中国风电累计装机容量

资料来源：国家统计局

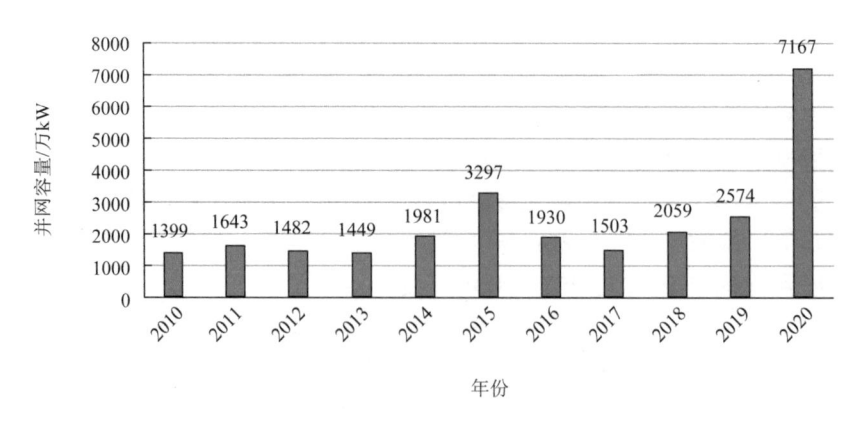

图 6-8 2010～2020 年中国风电新增装机并网容量

资料来源：国家统计局

3）我国电网接纳风电能力

风力发电的发展模式主要分为并网项目和非并网项目。并网项目指通过电网将风电进行输出的项目，非并网项目是指风电系统的终端负荷不再是传统的单一电网，而是直接将风电应用于电解铝、电解水制氢、煤化工等能够适应风电特性的高载能产业。目前，我国大部分风力发电投资仍是针对传统的并网项目，这给电网的发展提出较高的要求。但是，我国电网建设并没有跟上风力发电投资发展的速度。2010 年底，我国风力发电累计装机容量为 44.73GW，但能够并网的仅有 31GW，有 13.73GW 的风电机组无法并网，约占风电累计装机容量的 31%。

2010 年开始出现了大规模弃风现象，弃风量超过 100 亿 kW·h，特别是在我国东北、西北等地区，风电弃风现象更加频繁化、常态化。据不完全统计，2011 年我国限电弃风量超过 100 亿 kW·h，相当于损耗 330 万 t 标准煤或向大气排放 1000 万 t 二氧化碳，同时风电企业因限电弃风而遭受的经济损失达 50 亿元以上，约占风电行业盈利水平的 50%。这主要是因为 2006 年《中华人民共和国可再生能源法》颁布实施后，我国的风电产业呈现出迅猛发展的态势，而我国的电网建设却没有跟上风电发展的速度。政府在制定风电开发规划和审批风电场项目时，主要的衡量依据是当地的风能资源，并没有充分考虑到风电的消纳和输送问题，从而导致电网建设的速度与风电发展速度的不一致。

2. 风力发电的特点

1）不稳定性

风电机组输出的电能取决于风速的变化，如果风速消失，风电机组就无法正常地输出电能。而风力的有无并不是人为可以调控的。风能不能储存，同样风电也无法储存，风电有时有、有时没有，风电有间歇性。而风能是随着季节的变化每天都有所不同，所以风力发电的发电量也是没有办法确定和提前预测的。只能依靠历史数据给出大概范围。风电所有的这些特性造成了风电的不稳定性，考虑到目前的电网建设情况，为保证电网电压、频率的稳定，不影响电力的正常使用，有时不得不采取限制风力发电的措施。

2）反调峰性

我国的电网采用区域自我负责的管理制度。在电网上，本应该输出量等于输入量。风电反调峰顾名思义就是与电网调峰谷负荷工作唱反调，实质上是在调峰工作中某些地方电网或电厂出于本身利益和工作方便不顾电网平衡的一种反常行为，他们在电网负荷处于低谷时不吸收系统功率，相反还输出功率，抢发电量；而在高峰时因发电机组电压低、温度高又减其可调出力，其结果不仅加重了其他调峰调频厂的压力而且使系统高峰负荷时，出现严重低周波；而在夜间低谷负荷时出现严重高周波情况，这种现象在调度术语上，习惯上被称为反调峰。

风电的反调峰特性增加了电网调峰的难度，增加了电网调频的压力和常规电源调整的频次。调峰容量不足会出现低负荷时弃风的情况。

3. 风能电力是混合产品

混合产品是指该种产品的非竞争性和非排他性均不是很充分的产品，或者是具有较大正外部性的私人产品。风能电力兼具了准公共产品和私人产品的部分属性，它的非竞争性与非排他性均不是很充分，因此可以被看作混合产品。同时，风能电力也可以被看作具有较大正外部效益的私人产品。风能电力在生产和消费者内部具有私人产品的属性，生产者和消费者在边际效益与边际成本相等时达到最优，获得内部效益。外部效益是指生产者或者消费者的活动对其他生产者或消费者带来的非市场性影响，影响是经济的或者是有益的，则为正外部性，反之为负外部性。由于风能电力使用风能代替传统化石能源，将大大减少二氧化碳的排放，因此具有很大的正外部性。内部效益与外部效益的叠加是风能电力投资的总体效益，从而体现了风能电力的混合产品属性。

风能电力作为一种混合产品，其具有公共产品属性和正外部性，同时具有能源生产的可分割性，即通过价格机制，使生产者能够在边际成本与边际效用相等时完成市场交易，因此又具有私人产品的特质。因此风能生产和提供应该通过政府与私人部门协作的方式来实现。政府的作用在于弥补市场失灵部分，即通过立法、制度、价格等手段杜绝免费搭车的行为，从而为私人部门引入公共投资领域创造条件。同时风能发电前期投入较大，是资本密集型产业，政府的另一个重要作用是解决前期投资成本高的问题。而私人投资的引入可以通过市场机制实现资源的有效配置，提高生产和供给的效率。

4. 风力发电产业的自然垄断性

风能开发利用形成的电力供应属于自然垄断产业，所提供的产品是人们的日常生活必需品，其主要特征如下：第一，投资规模大，风力发电所需的固定资产建设投入巨大，投资的回收期较长，形成了大量的沉没成本；第二，资本的专业性强，资产流转存在困难，即流动性较差；第三，风力发电具有规模效应，边际成本较小。在可能的范围内，提供越多的电力，生产成本就会越低。

从以上内容可以看出，风力发电是资本密集型产业，由于其资本的沉没性，在对于固定资产和生产工艺的选择上技术显得尤为重要。

6.5.3 我国风电财税政策与风电投资

1. 风电财税政策总结

1）财税政策构成及必要性

本书所研究的风电产业发展的财税政策指的是促进风电产业发展的财政政策

和税收政策的统称。严格来讲，财税政策并不是一个标准词汇，税收政策是包含在财政政策之中的，但是由于税收政策对风电产业的发展有别于其他财政政策，所以本书将分别进行论述。

财政激励政策分为不同的层次，包括直接性激励政策、通过产量反映的激励政策和以总量为主导的激励政策，同时其他非直接政策也会对风力发电产生很大的影响。通过行政手段，可将风力发电未体现出来的环境价值具体化。因此，风力发电相关财税政策是风力发电在我国起步和形成规模化、吸引投资者进入风力发电领域的重要条件，也是降低风力发电厂商发电成本的必要手段。

2）财政政策总结

（1）风电上网电价政策。我国风电上网电价政策，经历了五个不同的历史阶段，即完全上网竞争阶段（20世纪90年代初到1998年）、审批电价阶段（1998~2003年）、招标与审批电价并存阶段（2003~2006年）、招标与核准方式阶段（2006~2009年）、固定标杆电价方式阶段（2009年至今）。从以上阶段演变可知，我国风电的上网价格制定越来越合理，使投资者的利益得到保证，并随着技术的发展，将在未来的能源市场中有越来越强的竞争力。

（2）财政补贴。2007年1月，国家发展改革委颁布《可再生能源电价附加收入调配暂行方法》，2012年3月，财政部、国家发展改革委、国家能源局共同发布了《可再生能源电价附加补助资金管理暂行方法》，延续了可再生能源发电项目补贴的做法。除此以外，地方省份为发展当地的新能源产业，结合本省财政能力，在国家补贴之外，给予本省的风电项目额外的电价补贴。

（3）支持风电技术研发。为推动风电设备的国产化发展，国家先后采取了相关措施鼓励国内制造企业和科研机构对风电的技术研发。如在国家863计划中，国家资助国内科研机构和风电装机制造商的风机研发与并网技术；2006年国家发展改革委联合财政部印发的《促进风电产业发展的实施意见》中明确提出："将择优培育若干风电机组整机制造企业和零部件制造企业，重点给拥有自主知识产权和品牌的兆瓦级以上风电企业的新产品研发、工艺改进和试验示范以适当资金补助。"2007年国家发展改革委联合了科学技术部、商务部、国家知识产权局等共同发布了《当前优先发展的高技术产业化重点领域指南（2007年度）》，在第70条中把风力发电列入重点领域，支持研究开发兆瓦及数兆瓦级风电机组及关键零、部件。2008年8月中旬，财政部印发了《风力发电设备产业化专项资金管理暂行办法》，决定采取"以奖代补"方式支持风电设备产业化。

（4）投资补贴政策。1999年1月，国家计划委员会和科学技术部联合发布了《关于进一步支持可再生能源发展有关问题的通知》，通知规定："可再生能源发电项目可由银行优先安排基本建设贷款。""对于银行安排基本建设贷款的可再生能源发电项目给予2%财政贴息，中央项目由财政部贴息。"2006年1月1日起施行的《中华人民共和国可再生能源法》第二十五条规定:"对列入国家可再生能源产业发展指导目录、符合信贷条件的可再生能源开发利用项目,金融机构可以提供有财政贴息的优惠贷款。"从项目申请投资贴息的实际看,获得财政贴息的企业主要为中央投资的国有风力发电项目公司,贴息资金相当于项目建设期内贷款的2%到3%。

3)税收政策总结

(1)所得税。2006年开始施行的《中华人民共和国可再生能源法》第二十六条规定:"国家对列入可再生能源产业发展指导目录的项目给予税收优惠。"2008年1月1日起施行的《中华人民共和国企业所得税法》及《中华人民共和国企业所得税法实施条例》,结束了我国之前的内外资企业所得税税率不统一的局面,将我国企业所得税税率统一为25%,并在2017年和2018年的两次修正中均保持该所得税税率标准。为鼓励企业开发利用包括风电在内的可再生能源,其公共基础设施项目执行"三免三减半"[①]政策、所购置的专用设备投资额实行税额抵免。

(2)增值税。《财政部 国家税务总局关于部分资源综合利用及其他产品增值税政策问题的通知》自2001年1月1日,对利用煤矸石、煤泥、油母页岩和风力生产的电力,实行按增值税应纳税额减半征收的政策。2008年11月国务院颁布《中华人民共和国增值税暂行条例》,决定自2009年1月1日起在全国实施增值税转型改革,使风力发电等可再生能源进项税抵扣少、增值税税负偏高的问题得到进一步解决

(3)关税。2005年7月,国家发展改革委发布的《关于风电建设管理有关要求的通知》规定:"风电设备国产化率要达到70%以上,不满足设备国产化率要求的风电场不允许建设,进口设备海关要照章纳税。"

2. 风电投资

1)基本特征

风电投资除具有传统投资的一些特点外,由于受到自然条件、技术水平、投资规模和国家政策的影响,具有以下特征:施工建设周期较短、投资回收期和运营期较长、前期投资成本较高、投资方式灵活。

2)风险

风电投资的风险主要分经济、政策、技术三类,经济风险主要来源于上网电价、上网电量和财务风险,政策风险主要来自电价、财政和税收,技术风险主要指设备水平和预测技术方面的风险。

[①]"三免三减半"是指符合条件的企业从取得经营收入的第一年至第三年可免交企业所得税,第四年至第六年减半征收企业所得税。

3）决策内容

在风力发电的项目投资中，投资时机至关重要，决定着项目的最终效益实现和发电企业能否可持续发展。而投资时机取决于风力发电项目投资所面临的市场特征和不确定性。具体来说，也就是在不同国家激励政策环境下，将形成不同的市场特征和不确定性，发电企业必须选择是继续等待不确定性消除后再投资还是立即投资获得占先优势。另一个风电投资决策内容是投资规模的确定，风电投资的规模会对单位电价的成本产生较大的影响。

4）影响因素

风电投资过程中，影响企业投资的因素主要包括风电激励政策、投资成本、投资面临的不确定性和发电市场的竞争程度等。

可再生能源激励政策如财税政策是决定风电需求量的根本因素。风力发电由于其开发技术要求高，投资成本高，在完全依赖市场竞争的条件下，其与化石能源电力相比仍然不具有价格竞争力，因此风力发电的需求是依靠政府激励政策人为创造的。可见激励政策的发展目标、扶持力度、持续时间的变化对发电企业的投资产生根本性影响。同时，激励政策的差异也会影响到风力发电市场竞争程度和发电企业所面临的不确定性，从而间接地影响发电企业对风力发电的投资。

风力发电投资成本较大，风电机组价格的大幅下降会显著影响单位度电的成本，使得电价更合理，风电企业能更好地参与市场竞争，而随着成本的降低，投资风险也会较低。

风电投资的不确定性在于发电企业对于未来的利润水平无法明确掌握，来自投资的未来回报是不确定的，发电企业决策者只能估计投资收益或损失的不同结果的概率，自然影响风电的投资决策。

6.5.4 影响风电投资的敏感性分析

由于资本收益率对于公司的战略计划者和其他投资者而言非常重要，它能评判风力发电项目是否有继续投资的价值，是进行风电投资决策的基本依据，因此，我们选取它作为敏感性分析指标，采用国内某典型风电场的数据进行敏感性分析。

1. 定性因素的选择

影响风电投资资本收益率的不确定性因素较多，下面主要从成本和收入两方面的主要因素加以考虑。

1）风电机组价格

制约风电发展的瓶颈是电网配套建设和风电投资成本，其中，风电机组的价格居高不下是风电投资大的主要原因。受风电技术国产化和规模效益的影响,以及市场竞争的加剧,风电机组价格将不断下降。

2) 维护费用

维护费用包括维修费、工资及福利等,随着风电技术的进步,维护费用也呈下降趋势。

3) 贷款补贴

目前国内风电场建设大部分依靠商业贷款,由于人们对风电项目认识尚存偏见,因此长期贷款很难获得,而且风电项目投资回收期长,风险较大,导致利率较高,需要政府的贷款补贴加以扶持。

4) 上网电量

上网电量直接影响到风电场的收入,主要包括两个因素:一是取决于当地风能资源禀赋和所投入的仪器设备所产生的发电量;二是存在因弃风率导致的上网率的波动。由于风电场的发电量本来存在着一定的系统风险,人为控制的难度较大,所以这里就不选上网电量做敏感性分析了。

5) 上网电价与电价补贴

2009年以后,国家按照四类资源区制定了每个地区的标杆电价,并规定电网公司应对风力发电电量全额保障性收购。电价补贴来源于国家对每度电增收的可再生能源附加。

6) 税收减免

税收减免主要包括进口国外先进机器设备的关税优惠,增值税和所得税的减免等。

综上,我们选取上网电价、贷款补贴(利率)、风电机组价格和税收减免(税率)为不确定因素。

2. 参数计算与敏感性分析

国内典型风电场投资成本、收入、净利润与风险等的测算方式与过程已较为常见,在此不必赘述,我们引用周莹等(2012)中某风电场的基础数据。我们选定资本收益率作为敏感性分析指标即分析对象,由于资本收益率=(净利润+电价补贴)/实收资本×100%,实收资本可用初始投资 I 表示,而净利润 R 则由式(6-1)给出:

$$R = [P \times N \times (1-\mu) - C \times N] \times (1-\beta) \qquad (6\text{-}1)$$

式中,P 为上网电价;N 为该风电场年均上网电量;μ 为增值税税率;C 为风力发电动态单位(度电)成本;β 为所得税税率。C 由式(6-2)给出:

$$C = \frac{I \times \text{IRR} + O + M}{N} \qquad (6\text{-}2)$$

式中,O 为年经营成本;M 为年维修费;IRR 为内涵报酬率即项目寿命期内年金流入量现值等于初始投资的折现率,由风电场寿命期、年净现金流入量和初始投资额决定。

根据周莹等(2012)中某风电场的基础数据,初始投资 $I=93\,528$ 万元,寿命期 20 年,增值税税率 $\mu=8.5\%$,所得税税率 $\beta=6.219\%$,运营期年均上网电量 $N=21850$ 亿 $kW\cdot h$,年贷款利率为 6.12%,偿还期为 12 年,风电机组造价为 62 000 万元,年运行成本为其初始投资的 5%,年维修费为 967.725 万元。根据我国 2011 年风力发电的实际情况,国家实际风电上网电价和补贴分别为 0.54 元/$kW\cdot h$(取 II 类资源区)、0.21 元/$kW\cdot h$。根据以上参数,测算得到该风电场的资本收益率为 6.219%(郑秀军,2009)。

以此为基础,选取风电机组造价、上网电价、贷款利率、增值税税率和所得税税率为不确定性因素,对资本收益率进行敏感性分析,分别将各不确定性因素在当前基础上上下浮动 20%,得到如表 6-6 所示的敏感性分析表。

表 6-6 敏感性分析表

项目名称	基本参数	参数变化	资本收益率	资本收益率变化率
资本收益率	6.219%	/	/	/
风电机组造价	62 000 万元	20%	5.49%	−11.706%
		−20%	7.17%	15.292%
上网电价	0.54 元/$kW\cdot h$	20%	14.94%	140.23%
		−20%	−3.33%	−153.545%
贷款利率	6.12%	20%	4.56%	−26.676%
		−20%	7.89%	26.869%
增值税税率	8.5%	20%	5.55%	−10.757%
		−20%	6.91%	11.111%
所得税税率	6.219%	20%	5.80%	−6.737%
		−20%	6.63%	6.608%

从以上敏感性分析结果可以看出,上网电价对风电场资本收益率的影响最大,其次是贷款利率、风电机组造价和增值税税率,所得税税率的影响最小。

3. 政策启示

正如上文敏感性分析结果所示,上调风电的上网电价可以大幅提高风电场的投资收益率,从而促进风电投资的加快发展。但是,事实上像敏感性分析那样提高电价几乎是不可能的,政府经常要为提高或者降低几分钱的电价而进行激烈的讨论。较高的电价当然可以保证风电场的收入,却不利于风电参与市场竞争。另外，国家目前对风电电价超出火电的部分进行补贴，资金来源于国家征收的可再生能源附加。这几年一提再提可再生能源附加，已引起其他的社会压力。而努力让风电度电成本降下来从而使风电价格不断下降才是对风电长远发展最为有利的。为此，总结出以下政策建议。

1）加快风电技术研发创新体系建设和资金投入

针对我国风电产业技术落后于国际领先水平的现状，财政投入应着力于我国风电产业技术研发和创新体系的建设，尤其要大力支持国家可再生能源技术研发机构对风电技术的研发，加大对科技攻关和研发费用的投入。

2）降低风电投资成本，改善融资环境

风电产业属于风险较大的新兴产业，投资所需资金大多依靠商业贷款。从敏感性分析结果可以看到，贷款利率的降低对资本收益率有较大影响，对于风电产业的金融投入，应该在利率优惠和专项贷款方面给予政策支持，特别是对于一些在短期内不具备高盈利能力的风电企业。积极推动和支持符合条件的风电企业采取发行股票和中长期债券等资本化方式融通资金，不断拓宽风能产业的直接融资渠道。同时，也要重视民间融资机制，引导民间资本合理、有序进入风电产业。

3）完善支持我国风电产业的税收政策体系

增值税改革之后，从上述敏感性分析可看出增值税对资本收益率影响较大，但实际上增值税的税额允许抵扣风电设备增值税的金额，但抵扣时间较长。所以，事实上增值税对风电产业影响并不是太大。

所得税是风电产业中优惠力度最大的税种，但由于风电场投产前几年基本都亏损，并不能享受到所得税的优惠，唯有随着风电场的总投资逐步下降，单位度电的成本进一步降低，"三免三减半"的所得税优惠才会逐渐凸显。

关税的调整应根据中国风电市场的情况，结合机组设备制造业的现状，定期对风电关键零部件和整机的关税与增值税进行调整。

6.6 本章小结

对可再生能源电力外部性进行充分分析和科学评估，解决指标计量与价值等敏感性问题，是制定出科学、有效、实时的可再生能源电力发展激励政策以推动其发展的客观要求。本章在对可再生能源电力外部性及其评价方法、解决方案全面概述的基础上，对基于外部性的可再生能源发电并网补贴政策进行归纳和总结，梳理我国可再生能源电力发展现状及现行激励政策并做出评价。最后，从中国风电行业发展现状和中国风电的财税政策入手，分析了中国风电投资的特点，以及财税政策对投资的影响。并以资本收益率为敏感性分析指标，对影响投资的若干因素进行敏感性分析，依据结果提出相关政策建议。

第 7 章 基于社会福利的可再生能源 R&D 激励政策评价

可再生能源发电新技术的 R&D 投资策略通常对企业价值和消费者剩余起到作用相反的不同影响,从而对基于社会福利的可再生能源电力 R&D 激励政策的科学制定带来挑战。针对旨在通过研发可再生能源发电新技术从而垄断清洁能源新兴市场的两非对称企业,结合投资时机选择期权博弈和社会福利模型,通过数值模拟以分析社会福利与影响其变化的补贴政策及其他诸多因素间的动态变化特征并提出相应的可再生能源电力 R&D 激励政策建议。结果表明:若以社会福利最大化为目标,在发电新技术 R&D 补贴和上网电价补贴政策的各组合应用中,企业间的 R&D 能力差距越大、可再生能源发电新技术的初始价值越大以及 R&D 成本越高,政府越应该鼓励可再生能源企业进行合作研发,反之则应鼓励竞争;随着电价补贴的提高,企业间的 R&D 竞争应受到鼓励;一定范围内,R&D 补贴和电价补贴均能提高社会福利。本书创新性地揭示出可再生能源电力 R&D 投资的最优投资时机选择、电价补贴政策组合与社会福利三者间应有的内在联动关系,为政府对可再生能源电力的有效激励和管理提供富有价值的决策参考。

7.1 引　　言

随着人类社会对生态环境的高度关注,推动能源绿色发展已成为世界各国能源战略调整的共同取向,并成为国际社会、政治、经济博弈的重要内容。在这样的背景下,大力发展可再生能源不仅被列为各国各级政府的能源发展战略之一,而且由它带给诸多领域的挑战也成为能源、管理、经济、生态、环境、金融等学界日益前沿的研究方向。

发电技术仍是现有技术条件下可再生能源商业化开发利用的重点,得益于各种发展扶持政策的陆续出台,中国的可再生能源出现产业规模不断扩大、产业链不断完善的可喜局面,但也逐渐暴露出核心技术掌握不足、上游产业产能过剩及补贴政策带来日益突出的财政负担等问题。可再生能源电力的技术特点决定了它的成本形成特点,掌握更多的核心技术,意味着拥有更低的发电成本,更高的发电可靠性、稳定性以及更大的新能源市场份额等。为此,与发电相关的新技术 R&D 得到可再生能源企业的日益重视,R&D 动机在补贴政策驱动和竞争的压力下不断被强化。另外，不同可再生能源电力技术发展和成本下降所具有的不确定预期，致使可再生能源电力投资商产生延迟投资的动机，而可再生能源电力产品所具有的间歇性和不稳定性特点、可再生能源资源局部集中且与用电负荷逆向分布、可再生能源电力投资项目比电网工程建设速度快以及电力市场和相关政策的不确定性等均会加重这种观望、延迟动机。这就使得可再生能源电力的 R&D 决策处于一个复杂的期权博弈环境中，难度颇大。同时，由于可再生能源电力具有现实的和潜在的正外部效益，它会因可再生能源电力投资商理性的延迟投资行为而受到削弱，则这种由隐含在可再生能源电力投资中的实物期权所导致的延迟投资行为将对社会福利施加不确定影响，政府应该如何激励可再生能源电力的R&D 活动，如何引导企业间的竞争与合作，如何科学制定补贴政策，等等成为公共管理、创新管理及能源管理领域的重点和难点，引起学界的普遍关注。为此，我们将相关研究的梳理聚焦于可再生能源电力投资决策、补贴政策与电价机制、社会福利等三方面，而技术创新投资特别是 R&D 投资方面因自成体系，限于篇幅，在此不再赘述。

孔令丞等（2019）考虑可再生能源电力供给的间歇性特征，研究发电商对可再生能源发电容量投资的最优决策问题；李力等（2017）构建实物期权框架下的多主体完全抢滩博弈模型，针对不确定条件下可再能源电力项目的竞争性投资决策问题展开研究；何凌云等（2018）基于外部融资视角，分析环境不确定性对可再生能源投资的影响，并对可再生能源政策对投资所起到的促进作用进行评价；王晓天和薛惠锋（2012）基于行为决策理论，定性描述了可再生能源投资行为影响因素之间的因果关系；蔡强等（2016）构建投资时机选择期权博弈模型并分析可再生能源并网发电投资决策特征；Tseng 和 Barz（2002）、Deng 和 Oren（2003）、Deng 等（2001）、Hsu（1998）、Keppo（2004）、马歆等（2004b）分别对受到运营限制下的电力投资决策、电力期货等展开研究；蔡强等（2015）根据能源电力的发、输、配、售 4 个环节讨论了电力金融衍生品的几个重要应用，并对电力价格的运动模型和电力金融衍生品的定价方法做出评论。将实物期权理论用于电力投资决策方面，Min 和 Wang（2000）、Keppo 和 Lu（2003）、吉兴全和文福拴（2005a）、王勇等（2005）、Sekar（2005）、Venetsanos 等（2002）、Moreira 等（2004）、Takizawa 等（2001）、Kiriyama 和 Suzuki（2004）、Gollier 等（2005）、Rothwell（2006）等分别从不同电力项目组合及其相互关系、负荷变化不确定等视角以及结合不同可再生能源电力的各自特征开展相应研究；刘治和赵秋红（2015）对可再生能源电价补贴政策、R&D 补贴政策、不可再生能源碳排放价格政策对发电企业能源决策的影响进行研究；蔡强（2015）基于可再生能源电力投资环境特征及可再生能源电力产品固有特点，分别构建完全垄断、双寡头技术对称、双寡头技术非对称三种情形下的期权博弈模型，通过对模型的经济学解释和评价指明进一步拓展的范围和途径；Cai（2018）考虑不完全信息、技术不确定性和竞争，构建实物期权投资决策模型研究两对称企业的 R&D 决策特征。归纳起来，针对可再生能源电力投资决策问题，目前的研究主要基于可再生能源电力特征、电力负荷波动性、环境不确定性、激励政策、不完全信息、技术不确定性以及竞争等诸多视角来展开，尚缺乏以更为宏观的视角将"投资—政策—目标"作为一个整体来审视的尝试。

价格补贴是各国较为广泛运用的政策手段，现有研究主要集中在上网电价机制的价格水平设计、价格调整方法、成本分摊方法以及对补贴效果的评价等方面。随着研究如何制定激励政策使企业做出有利于社会福利的行为的激励性机制理论的诞生和发展，相关成果层出不穷。Song（2011）、赵书新（2011）、Timilsina 等（2012）、Koseoglu 等（2013）、Zhao 等（2014）、Ouyang 和 Lin（2014）从不同视角论证、检验了补贴政策对可再生能源电力发展的激励成效，并普遍认为补贴是可再生能源发电前期最直接、有效的激励手段；Cai 和 Du（2017）应用数理模型并结合风电产业的特征和发展现状分析财税政策的激励作用；Cai 和 Gao（2015）对我国现行的可再生能源电力激励政策进行梳理，从发电技术、补贴、税收等视角分析、评价现行激励政策的有效性；常凯（2015）基于成本和利益视角对可再生能源补贴政策的经济效应做出评价和建议；尹辉（2017）结合配额制与碳交易机制，分析政府最优补贴价格制定问题；Koseoglu 等（2013）对补贴的分配方式进行研究；Sun 和 Nie（2013）、Wang 等（2014a）分别论证了补贴在增强产业竞争力和企业研发能力方面的效用；Maroušek 等（2015）构建了欧盟可再生能源的有效补贴策略并展开评价；Han（2012）、Wang 等（2014b）、Zhang 等（2016）则认为补贴是导致产能过剩的重要原因。随着可再生能源"十三五"规划的出台，有关绿色证书交易和能源—经济—环境（3E）背景下的能源价格问题研究越发得到重视，李建斌等（2017）考虑由一个发电厂和两个电网企业组成的电力供应系统，研究了两个对称的电网企业的电力和可再生能源证书的联合订购策略；俞萍萍（2018）构建两阶段可再生能源投资期权博弈模型，从企业投资决策的角度分析绿色证书交易机制下的可再生能源发电定价机制；郭正权等（2018）构建可计算一般均衡模型，分析了不同情景下能源价格波动对我国能源—经济—环境系统的影响；王风云（2017）从可再生能源支持政策和价格机制、可再生能源电价补贴、可再生能源上网定价理论模型三个方面对可再生能源的定价机制进行评述。总之，现有研究所做出的种种积累为如何对稀缺的补贴资源进行更加科学、合理、有效的分配所开展的后续研究打下了良好基础，而与具有高度不确定性和复杂性的新兴技术、投融资环境相匹配的补贴政策或机制所应有的自适应特征及其实现路径将会得到越来越多的关注。

与可再生能源电力相关的社会福利问题研究包括：Fischer 和 Newell（2008）构建了含有碳排放价格、可再生能源生产补贴、碳税、可再生能源占比组合（市场份额）标准、碳排放密度、可再生能源 R&D 投资补贴等六个方面的社会福利函数模型，分析不同政策对提高减排效果、促进可再生能源发展及其产出、研发和社会福利的影响，尽管是迄今较全面、经典的一篇文献，但属静态研究；刘洽和赵秋红（2015）借鉴 Fischer 和 Newell（2008）构建以社会福利为目标函数的最优化模型，分析有利于社会福利的能源政策；李春杰和程艳从（2011）利用福利经济学理论方法，对提高终端电力能效和补贴对社会福利所产生的影响进行研究；王健和路正南（2012）通过建立社会福利最大化目标下的可再生能源消费模型，分析了可再生能源再生率及贴现率对最优价格路径的影响；Botterud 等（2005）分别以社会福利最大化和自身利润最大化为目标建立电力投资实物期权模型，分析最优投资时机和社会福利；刘层层等（2017）通过构建度电补贴和配额制政策下的电力市场寡头垄断竞争模型，辅以以色列电力市场数据进行数值实验分析，对不同政策下的电力价格、消费者剩余和社会福利的差异性开展研究。总结来看，将社会福利作为"目标函数"来评判、设计可再生能源电力各种激励政策、手段的做法已逐渐被达成共识。

通过对以上几类文献的梳理来看，可以得出以下一些结论和启示：①可再生能源电力投资决策是企业对一系列极为复杂的不确定效应的综合反映，受到分别源于不确定性（如技术、发电并网量、政策等）和竞争（多元化能源结构下可再生能源电力之间、可再生能源与传统化石能源电力之间）的实物期权价值、策略价值以及可再生能源正负外部性等的综合影响。同时，在某种程度上它又是可控的，这主要取决于价格或补贴机制的有效性和合理性。已有研究大都关注于由不确定性引起的延迟投资所带给投资者的红利而忽略带给社会福利的代价。②对可再生能源电价（补贴）机制所产生社会福利影响的定量研究还十分欠缺，目前的研究基本限于定性讨论，或者在对国外各类价格体系实施效果、经验总结的基础上对我国进行适用性分析，缺乏较有说服力的理论依据和量化分析工具。③以 Fischer 和 Newell（2008）为代表的现有模型尽管设计全面和巧妙，但大多是一种静态模型，不能刻画出可再生能源电力投资特别是 R&D 投资所面临的动态、不确定决策环境。④已有研究对于社会福利中的消费者剩余基本闭口不谈，主要因为已有研究对于电力用户对消费何种电力"无差别"的认识，忽略了不同大气环境所带给每个人的剩余和福利影响。为此，本书在对可再生能源电价机制的作用规律乃至形成机理的持续研究基础上，以研发能力非对称企业间的竞争与合作情形为背景，以间接补贴（R&D 补贴）和直接补贴（电价补贴）的多种组合为政策条件，以两企业 R&D 最优投资时机的选择决定期权博弈均衡类型并最终决定社会福利为分析思路，以社会福利和政府对可再生能源电力 R&D 激励政策导向为研究目标，经递进式研究逐步形成以下创新：①不同于以往如 Fischer 和 Newell（2008）围绕一个给定的社会福利函数来展开静态比较分析，而是还原社会福利的本来面目,即由生产者、消费者和政府剩余的动态组合所构建。由于存在技术、市场和政策等不确定性以及可再生能源电力环境正外部性,早投资会利于消费者剩余但不利于企业价值,本书充分考虑时间价值,让不同时点下投资所产生的预期社会福利得以比较,更容易发现不同情形下社会福利的真实变化特征。②已有研究基于我国消费端实行固定电价制度且用户别无选择的现实和消费者剩余概念的传统定义,而选择无视消费者剩余的做法。本书认为可再生能源电力相较于化石能源电力所避免的未来环境治理成本就是此时的消费者剩余,尽管它并不由消费可再生能源电力的用户所独享,但这不应成为无视它的理由,因为社会福利会因此而切实提高。这与以往的分析思路和处理习惯有所不同。③本书在考虑R&D竞争与合作策略的同时在模型中引入补贴政策,为进一步对可再生能源电价机制与其他激励政策的组合设计研究及实践做出新的尝试和借鉴。

7.2 模型框架

假定两个 R&D 能力非对称且风险中性的可再生能源发电企业,同时拥有研发某种可再生能源发电新技术的机会,R&D 先成功一方获得由此所开辟的可再生能源电力新市场带来的所有收益,另一方则一无所获。企业一旦开始可再生能源发电新技术 R&D 投资,政府就给予金额为常数 s_1 的研发补贴。假设 R&D 一旦成功并开始发电,政府则实施直接补贴政策,即每发一度电给予固定价格 s 的补贴额。为简化分析,假定新发电技术下的发电量为一常数 Q。在无政府补贴的情况下,新技术带给企业的现金流为 P_t,企业 R&D 成功后的总现金流为 $C_t = P_t + sQ$。同时,由于可再生能源电力产品所具有的间歇性和不稳定性特点、可再生能源资源局部集中且与用电负荷逆向分布、电力市场和相关政策的不确定性等原因,可再生能源发电所产生的收益并不稳定,假定 P_t 符合以下几何布朗运动(这种常见的带漂移的连续时间随机过程符合可再生能源电力 R&D 投资收益的基本特征):

$$dP_t = \alpha P_t dt + \sigma P_t dz \tag{7-1}$$

由于 s、Q 均为常数,则有

$$dC_t = dP_t = \alpha P_t dt + \sigma P_t dz \tag{7-2}$$

式中,α 为瞬时漂移百分比;σ 为瞬时波动百分比;设 r 为无风险利率,$0 < \alpha < r$;dt 为时间增量;dz 为一个标准维纳过程,其服从一个均值为 0,方差为 dt 的正态分布。令 $\delta = r - \alpha$,可以把 δ 看成可再生能源发电企业推迟投资的机会成本,如果 $\delta < 0$,那么可再生能源发电企业将永远不会投资,参见 Dixit 和 Pindyck(1994)。

R&D 能力较强一方称为优势方,另一方则为劣势方。一旦开始投资,则双方 R&D 成功的时间分别服从以下强度或风险率为 λ_1 和 λ_2($\lambda_1 > \lambda_2 > 0$)的齐次泊松分布（泊松过程是一类简单的时间连续但状态离散的随机过程，当强度为常数时即为齐次泊松过程，符合对此处 R&D 成功到达时刻随机特征的刻画）：

$$\mathrm{d}q_1 = \begin{cases} 0 & \text{以概率} 1-\lambda_1 \mathrm{d}t \\ 1 & \text{以概率} \lambda_1 \mathrm{d}t \end{cases} \tag{7-3}$$

$$\mathrm{d}q_2 = \begin{cases} 0 & \text{以概率} 1-\lambda_2 \mathrm{d}t \\ 1 & \text{以概率} \lambda_2 \mathrm{d}t \end{cases} \tag{7-4}$$

令

$$E_0\left[\int_0^{+\infty} \mathrm{e}^{-(r+\lambda_1)t} \lambda_1(P_t + sQ)\mathrm{d}t\right] - I + S_1 < 0 \quad E_0\left[\int_0^{+\infty} \mathrm{e}^{-(r+\lambda_2)t} \lambda_2(P_t + sQ)\mathrm{d}t\right] - I + S_1 < 0$$

这是指可再生能源发电新技术的初始价值 P_0 足够低，R&D 投资双方的投资净现值均为负，双方均不会在初始点投资。这样假设的目的是让双方的博弈得以持续且更具一般性，否则，双方都会立即投资，也就没有后面的期权博弈过程。定义先进行 R&D 投资的一方为领导者，另一方则为追随者。双方均只有一次投资机会，且一旦开始投资，则一定会持续到双方博弈结束。

7.3 企业价值

7.3.1 R&D 竞争

两非对称企业间展开"赢者通吃"般的新技术 R&D 竞争，其博弈均衡结果一定是优势方成为领导者，劣势方成为追随者。这是因为优势方具有在劣势方能承受的极限投资临界点之前抢先进入市场的资本，而该极限投资临界点即为劣势方成为领导者和追随者无差别的点，也为优势方的抢先投资点。因此，为了找到该点，我们需要得到劣势方分别作为领导者和追随者的价值函数，然后令其相等。为此，在连续区域，我们把此时的追随者即优势方的期权价值记为 $\hat{V}(C,t)$，而此时优势方所面对的是领导者即劣势方研发成功的概率 $\lambda_2 \mathrm{d}t$，则满足以下贝尔曼方程（即动态规划方程或最优化基本方程，是一种处理投资中的最优化问题的有效方法）：

$$r\hat{V}_0(C,t) = E\left[\mathrm{d}\hat{V}_0(C,t)\right] \tag{7-5}$$

由伊藤引理（随机分析中一条非常重要的性质，是求解随机过程的常用工具）并使用下标表示偏导得

$$E\left[d\hat{V}_0(C_t,t)\right] = (1-\lambda_2 dt) \times \left[\hat{V}_{\text{op}}(C_t,t)\alpha P_t dt + \frac{1}{2}\hat{V}_{\text{opp}}(C_t,t)\sigma^2 P_t^2 dt\right] \\ + \lambda_2 dt\left[M(C_t,t) - \hat{V}_0(C_t,t)\right] \tag{7-6}$$

式中，$M(C_t,t)$ 的含义是领导者（劣势方）研发成功时追随者（优势方）的期权价值，由于假设双方的新技术竞争为"赢者通吃"，因此有 $M(C_t,t)=0$，则将式（7-6）代入式（7-5）化简得

$$\frac{1}{2}\sigma^2 P_t^2 \hat{V}_{\text{opp}}(C_t,t) + \alpha P_t \hat{V}_{\text{op}}(C_t,t) - (r+\lambda_2)\hat{V}_0(C_t,t) = 0 \tag{7-7}$$

式（7-7）是以 C_t,t 为自变量，$\hat{V}_0(C_t,t)$ 为因变量的二阶偏微分方程，其通解的形式为

$$\hat{V}_0(C_t,t) = a_1 C_t^{K_2} \tag{7-8}$$

$$K_2 = \frac{1}{2} - \frac{\alpha}{\sigma^2} + \sqrt{\left(\frac{\alpha}{\sigma^2} - \frac{1}{2}\right)^2 + \frac{2(r+\lambda_2)}{\sigma^2}} \tag{7-9}$$

在停止区域，追随者即优势方的投资净现值为

$$\text{NP}\hat{V}_F(C_t) = C_t \int_0^{+\infty} e^{-(r-\alpha+\lambda_1+\lambda_2)}\lambda_1 dt - I + S_1 = \frac{C_t \lambda_1}{r+\lambda_1+\lambda_2-\alpha} - I + S_1 \tag{7-10}$$

这样，优势方作为追随者时的价值函数则为

$$\hat{V}_F(C) = \begin{cases} a_1 C_t^{K_2} & C < \hat{C}_F \\ \dfrac{C_t \lambda_1}{r-\alpha+\lambda_1+\lambda_2} - I + S_1 & C \geqslant \hat{C}_F \end{cases} \tag{7-11}$$

根据价值匹配和平滑粘贴条件可以解得优势方的价值临界点和期权项系数：

$$\hat{C}_F = (I-S_1) \cdot \frac{r-\alpha+\lambda_1+\lambda_2}{\lambda_1} \cdot \frac{K_2}{K_2-1} \qquad a_1 = \frac{\lambda_1}{(r-\alpha+\lambda_1+\lambda_2)K_2} \cdot \hat{C}_F^{1-K_2}$$

而劣势方作为领导者时的价值函数 $\hat{V}_L(C)$ 则为

$$\hat{V}_L(C) = \begin{cases} \dfrac{\lambda_2 C_t}{r-\alpha+\lambda_2} - a_2 C_t^{K_2} - I + S_1 & C < \hat{C}_F \\ \dfrac{C_t \lambda_2}{r-\alpha+\lambda_1+\lambda_2} - I + S_1 & C \geqslant \hat{C}_F \end{cases} \tag{7-12}$$

将优势方价值临界点代入式（7-12）并应用价值匹配和平滑粘贴条件得期权项系数：

$$a_2 = \frac{\lambda_1 \lambda_2}{(r-\alpha+\lambda_1+\lambda_2)(r-\alpha+\lambda_2)}\hat{C}_F^{1-K_2} \tag{7-13}$$

以上已完成对劣势方成为领导者时的价值分析，下面讨论其成为追随者时的价值 $V_F(C)$。

与前面类似，我们可以得到劣势方作为追随者的价值函数为

$$V_F(C) = \begin{cases} b_1 C_t^{K_1} & C < C_F \\ \dfrac{C_t \lambda_2}{r - \alpha + \lambda_1 + \lambda_2} - I + S_1 & C \geqslant C_F \end{cases} \quad (7\text{-}14)$$

解得 $K_1 = \dfrac{1}{2} - \dfrac{\alpha}{\sigma^2} + \sqrt{\left(\dfrac{\alpha}{\sigma^2} - \dfrac{1}{2}\right)^2 + \dfrac{2(r+\lambda_1)}{\sigma^2}}$，由价值匹配和平滑粘贴条件，求得劣势方最终作为追随者的价值临界点 $C_F = (I - S_1) \cdot \dfrac{r - \alpha + \lambda_1 + \lambda_2}{\lambda_2} \cdot \dfrac{K_1}{K_1 - 1}$，期权项系数为：$b_1 = \dfrac{\lambda_2}{(r - \alpha + \lambda_1 + \lambda_2)K_1} \cdot C_F^{1-K_1}$。因 $C_t = P_t + sQ$，则有政府 R&D 补贴时的劣势方作为追随者的投资临界点为：$P_F = (I - S_1) \cdot \dfrac{r - \alpha + \lambda_1 + \lambda_2}{\lambda_2} \cdot \dfrac{K_1}{K_1 - 1} - sQ$。显然，无论是直接补贴 sQ 还是间接补贴 s_1 均会降低投资门槛值，促进企业的 R&D 投资。

通过以上分析，我们得到劣势方分别作为领导者与追随者时的价值 $V_L(\hat{C})$、$V_F(C)$，令两者相等，得到以下隐含方程中的优势方的抢先投资临界点 P_L：

$$\dfrac{\lambda_2 (P_L + sQ)}{r + \lambda_2 - \alpha} - I + S_1 - \dfrac{\lambda_2 (P_F + sQ)}{(r + \lambda_1 + \lambda_2 - \alpha) K_1} \left(\dfrac{P_L + sQ}{P_F + sQ}\right)^{K_1}$$

$$- \dfrac{\lambda_1 \lambda_2 \left(\hat{P}_F + sQ\right)}{(r + \lambda_2 - \alpha)(r + \lambda_1 + \lambda_2 - \alpha)} \left(\dfrac{P_L + sQ}{\hat{P}_F + sQ}\right)^{K_2} = 0 \quad (7\text{-}15)$$

这样，我们得到两 R&D 能力非对称可再生能源电力企业间新技术竞争时，优势和劣势双方经期权博弈之后所选择的各自投资临界点 $P_L P_F$ 和 P_F，则双方的投资净现值之和 NPV_{L+F} 为

$$\begin{aligned}
\text{NPV}_{L+F} = & E\left[\int_{T_L}^{T_F} e^{-(r+\lambda_1)t}(P_t + sQ)\lambda_1 \mathrm{d}t\right] - E\left[e^{-rT_L}\right](I - S_1) \\
& + E\left[\int_{T_F}^{+\infty} e^{-(r+\lambda_1+\lambda_2)t}(P_t + sQ)\lambda_1 \mathrm{d}t\right] \\
& + E\left[\int_{T_F}^{+\infty} e^{-(r+\lambda_1+\lambda_2)t}(P_t + sQ)\lambda_2 \mathrm{d}t\right] \\
& - E\left[e^{-rT_L}\right] E\left[e^{-r(T_F - T_L)}\right](I - S_1)
\end{aligned}$$

$$(7\text{-}16)$$

式中，前三项表示优势方的投资净现值，后两项表示劣势方的投资净现值。T_L 和 T_F 分别表示随机过程第一次到达投资临界点 P_L 和 P_F 的时刻。计算可得

$$\mathrm{NPV}_{L+F} = \begin{cases} \left(\dfrac{P_0}{P_L}\right)^{K_0} \left\{ \dfrac{\lambda_1 P_L}{r+\lambda_1-\alpha} \cdot \left[1-\left(\dfrac{P_L}{P_F}\right)^{K_1-1}\right] - I + S_1 + \left(\dfrac{P_L}{P_F}\right)^{K_1} \left[\dfrac{(\lambda_1+\lambda_2)P_F}{r+\lambda_1+\lambda_2-\alpha} - I + S_1\right]\right\} & P_0 \leqslant P_L \\ \quad + \dfrac{sQ\lambda_1}{r+\lambda_1}\left[\left(\dfrac{P_0}{P_L}\right)^{K_1} - \left(\dfrac{P_0}{P_F}\right)^{K_1}\right] + \dfrac{sQ(\lambda_1+\lambda_2)}{r+\lambda_1+\lambda_2}\left(\dfrac{P_0}{P_F}\right)^{K_3} & \\ \dfrac{\lambda_1 P_0}{r+\lambda_1-\alpha}\left[1-\left(\dfrac{P_L}{P_F}\right)^{K_1-1}\right] - I + S_1 + \left(\dfrac{P_L}{P_F}\right)^{K_1}\left[\dfrac{(\lambda_1+\lambda_2)P_F}{r+\lambda_1+\lambda_2-\alpha} - I + S_1\right] & P_L < P_0 < P_F \\ \quad + \dfrac{sQ}{r+\lambda_1}\left[1-\left(\dfrac{P_0}{P_F}\right)^{K_1}\right] + \dfrac{sQ(\lambda_1+\lambda_2)}{r+\lambda_1+\lambda_2}\left(\dfrac{P_0}{P_F}\right)^{K_3} & \\ \dfrac{(\lambda_1+\lambda_2)P_0}{r+\lambda_1+\lambda_2-\alpha} - 2(I-S_1) + \dfrac{sQ(\lambda_1+\lambda_2)}{r+\lambda_1+\lambda_2} & P_0 \geqslant P_F \end{cases}$$

（7-17）

式中，$K_0 = \dfrac{1}{2} - \dfrac{\alpha}{\sigma^2} + \sqrt{\left(\dfrac{\alpha}{\sigma^2} - \dfrac{1}{2}\right) + \dfrac{2r}{\sigma^2}}$，$K_3 = \dfrac{1}{2} - \dfrac{\alpha}{\sigma^2} + \sqrt{\left(\dfrac{\alpha}{\sigma^2} - \dfrac{1}{2}\right)^2 + \dfrac{2(r+\lambda_1+\lambda_2)}{\sigma^2}}$

7.3.2 R&D 合作

R&D 合作一定是以合作团体的利益最大化为目标的，因此，类似 Weeds（2002）我们知道，优势方与劣势方进行合作研发时，双方的最优投资一定遵循顺序投资策略，即优势方首先在 P_1 处进行 R&D 投资，之后劣势方在 P_2 处进行 R&D 投资，且满足以下关系：

$$(K_0-1)\dfrac{\lambda_1(P_1+sQ)}{(r-\alpha+\lambda_1)} - \dfrac{K_1-K_0}{K_1-1}(I-S_1)\left(\dfrac{P_1+sQ}{P_2+sQ}\right)^{K_1} - K_0(I-S_1) = 0 \quad （7-18）$$

$$P_2 = \dfrac{K_1}{K_1-1} \cdot \dfrac{(r-\alpha+\lambda_1)(r-\alpha+\lambda_1+\lambda_2)}{\lambda_2(r-\alpha)}(I-S_1) \quad （7-19）$$

类似前面双方技术竞争时的投资净现值计算过程，可得双方合作时的投资净现值如下：

$$\overline{\mathrm{NPV}}_{L+F} = \begin{cases} \left(\dfrac{P_0}{P_1}\right)^{K_0}\left\{\dfrac{\lambda_1 P_L}{r+\lambda_1-\alpha}\cdot\left[1-\left(\dfrac{P_1}{P_2}\right)^{K_1-1}\right]-I+S_1+\left(\dfrac{P_1}{P_2}\right)^{K_1}\left[\dfrac{(\lambda_1+\lambda_2)P_2}{r+\lambda_1+\lambda_2-\alpha}-I+S_1\right]\right\} & P_0 \leqslant P_1 \\[1em] +\dfrac{sQ\lambda_1}{r+\lambda_1}\left[\left(\dfrac{P_0}{P_1}\right)^{K_1}-\left(\dfrac{P_0}{P_2}\right)^{K_1}\right]+\dfrac{sQ(\lambda_1+\lambda_2)}{r+\lambda_1+\lambda_2}\left(\dfrac{P_0}{P_2}\right)^{K_3} & \\[1em] \dfrac{\lambda_1 P_0}{r+\lambda_1-\alpha}\left[1-\left(\dfrac{P_1}{P_2}\right)^{K_1-1}\right]-I+S_1+\left(\dfrac{P_1}{P_2}\right)^{K_1}\left[\dfrac{(\lambda_1+\lambda_2)P_2}{r+\lambda_1+\lambda_2-\alpha}-I+S_1\right] & P_1 < P_0 < P_2 \\[1em] +\dfrac{sQ}{r+\lambda_1}\left[1-\left(\dfrac{P_0}{P_2}\right)^{K_1}\right]+\dfrac{sQ(\lambda_1+\lambda_2)}{r+\lambda_1+\lambda_2}\left(\dfrac{P_0}{P_2}\right)^{K_3} & \\[1em] \dfrac{(\lambda_1+\lambda_2)P_0}{r+\lambda_1+\lambda_2-\alpha}-2(I-S_1)+\dfrac{sQ(\lambda_1+\lambda_2)}{r+\lambda_1+\lambda_2} & P_0 \geqslant P_2 \end{cases}$$

(7-20)

7.4 消费者剩余

按经济学的一般解释，社会福利为生产者剩余与消费者剩余的总和。由于电力商品的特殊性，无论是电厂给电网的卖价还是居民等终端电力消费者的电力买价都是政府定价，不能"生搬硬套"地理解此时的社会福利。由于可再生能源电力企业是以付出 R&D 成本为代价的，并从未来新发电市场上得到净现金流为回报，R&D 成功的企业生产新电力的瞬时利润就是瞬时生产者剩余，而生产者剩余流的现值经扣除 R&D 成本后即为投资净现值。因此，本章将生产者剩余定义为企业的投资净现值。同理，对消费者剩余应更为宏观、全面地去看待，正如引言中提到，本书的创新之一是将可再生能源电力的正外部性与传统的消费者剩余概念相融合，发现并提出可再生能源电力带给每个电力消费者的剩余的原因和价值体现方式，即未来环境治理成本（按度电计）的现值。而不能因为生产者面对几乎垂直的电力需求曲线、消费者面对几乎水平的电力供给曲线（忽略分时计价等政策，电力需求价格弹性近似为零）就无视消费者真实得到的剩余。

我们令常数 A 表示化石能源电力每度电所需要的环境治理成本，并考虑现值效应，则可再生能源新技术发电所带来的消费者剩余 CS 表示如下：

$$\mathrm{CS} = E\left[\mathrm{e}^{-rT_L}\right]\left\{E\left[\int_{T_L}^{T_F}\mathrm{e}^{-(r+\lambda_1)t}AQ\lambda_1\mathrm{d}t\right]+E\left[\mathrm{e}^{-r(T_F+T_L)}\right]E\left[\int_{T_F}^{+\infty}\mathrm{e}^{-(r+\lambda_1+\lambda_2)t}AQ(\lambda_1+\lambda_2)\mathrm{d}t\right]\right\}$$

(7-21)

运用泰勒公式展开式以及二阶微分方程对式（7-21）进行求解，我们同样可以得到 R&D 竞争与 R&D 合作两种情况下的消费者剩余函数 CS^R、CS^C：

$$\mathrm{CS}^R = \begin{cases} \left(\dfrac{P_0}{P_L}\right)^{K_0} \left\{\dfrac{AQ\lambda_1}{r+\lambda_1}\left[\left(\dfrac{P_0}{P_L}\right)^{K_1}-\left(\dfrac{P_0}{P_F}\right)^{K_1}\right]+\left(\dfrac{P_L}{P_F}\right)^{K_0}\dfrac{AQ(\lambda_1+\lambda_2)}{r+\lambda_1+\lambda_2}\cdot\left(\dfrac{P_0}{P_F}\right)^{K_3}\right\} & P_0 \leqslant P_L \\ \left(\dfrac{P_0}{P_L}\right)^{K_0}\left\{\dfrac{AQ\lambda_1}{r+\lambda_1}\left[1-\left(\dfrac{P_0}{P_F}\right)^{K_1}\right]+\left(\dfrac{P_0}{P_F}\right)^{K_0}\dfrac{AQ(\lambda_1+\lambda_2)}{r+\lambda_1+\lambda_2}\cdot\left(\dfrac{P_0}{P_F}\right)^{K_3}\right\} & P_L < P_0 < P_F \\ \left(\dfrac{P_0}{P_F}\right)^{K_0}\dfrac{AQ(\lambda_1+\lambda_2)}{r+\lambda_1+\lambda_2} & P_0 \geqslant P_F \end{cases}$$

(7-22)

$$\mathrm{CS}^C = \begin{cases} \left(\dfrac{P_0}{P_1}\right)^{K_0}\left\{\dfrac{AQ\lambda_1}{r+\lambda_1}\left[\left(\dfrac{P_0}{P_1}\right)^{K_1}-\left(\dfrac{P_0}{P_2}\right)^{K_1}\right]+\left(\dfrac{P_1}{P_2}\right)^{K_0}\dfrac{AQ(\lambda_1+\lambda_2)}{r+\lambda_1+\lambda_2}\cdot\left(\dfrac{P_0}{P_2}\right)^{K_3}\right\} & P_0 \leqslant P_1 \\ \left(\dfrac{P_0}{P_1}\right)^{K_0}\left\{\dfrac{AQ\lambda_1}{r+\lambda_1}\left[1-\left(\dfrac{P_0}{P_2}\right)^{K_1}\right]+\left(\dfrac{P_0}{P_2}\right)^{K_0}\dfrac{AQ(\lambda_1+\lambda_2)}{r+\lambda_1+\lambda_2}\cdot\left(\dfrac{P_0}{P_2}\right)^{K_3}\right\} & P_1 < P_0 < P_2 \\ \left(\dfrac{P_0}{P_2}\right)^{K_0}\dfrac{AQ(\lambda_1+\lambda_2)}{r+\lambda_1+\lambda_2} & P_0 \geqslant P_2 \end{cases}$$

(7-23)

至此，通过以上分析，我们得到两个研发能力非对称可再生能源电力企业分别在 R&D 竞争与 R&D 合作情形下的消费者剩余函数，为接下来的社会福利分析奠定基础。

7.5 社会福利分析

前面已经完成对投资净现值和消费者剩余的分析与计算，忽略税收因素，考虑政府的间接补贴（R&D 补贴）和直接补贴（电价补贴），并用 M 表示如下：

$$\begin{aligned} M =& E\left[\int_{T_L}^{T_F} \mathrm{e}^{-(r+\lambda_1)t} sQ\lambda_1 \mathrm{d}t\right] - E\left[\mathrm{e}^{-rT_L}\right]S_1 + E\left[\int_{T_F}^{+\infty} \mathrm{e}^{-(r+\lambda_1+\lambda_2)t} sQ\lambda_1 \mathrm{d}t\right] \\ &+ E\left[\int_{T_F}^{+\infty} \mathrm{e}^{-(r+\lambda_1+\lambda_2)t} sQ\lambda_2 \mathrm{d}t\right] + E\left[\mathrm{e}^{-rT_F}\right]S_1 \end{aligned}$$

(7-24)

结合前面已有的分析结果，几种情况下的社会福利函数表示如下：

$$\mathrm{SW} = \mathrm{NPV}_{L+F} + \mathrm{CS}^R - M \tag{7-25}$$

$$\overline{\mathrm{SW}}_{L+F} = \overline{\mathrm{NPV}}_{L+F} + \mathrm{CS}^C - \overline{M} \tag{7-26}$$

$$SW' = NPV'_{L+F} + CS^{R'} - M' \qquad (7\text{-}27)$$

$$\overline{SW'} = \overline{NPV'_{L+F}} + CS^{C'} - \overline{M'} \qquad (7\text{-}28)$$

式中，SW、M 分别表示 R&D 竞争时，同时存在 R&D 补贴和电价补贴时的社会福利与补贴现值；$\overline{SW}_{L+F}$、$\overline{M}$ 分别表示 R&D 合作时，同时存在 R&D 补贴和电价补贴时的社会福利与补贴现值；SW'、NPV'_{L+F}、$CS^{R'}$、M' 分别表示 R&D 竞争时，只有电价补贴而无 R&D 补贴时的社会福利、投资净现值、消费者剩余和补贴现值；$\overline{SW'}$、$\overline{NPV'_{L+F}}$、$\overline{CS^{C'}}$、$\overline{M'}$ 分别表示 R&D 合作时，只有电价补贴时的社会福利、投资净现值、消费者剩余和补贴现值。限于篇幅，$\overline{M}$、NPV'_{L+F}、$CS^{R'}$、M'、$\overline{NPV'_{L+F}}$、$CS^{C'}$ 和 $\overline{M'}$ 的表达式可以类似得到，不再赘述。

这样，我们已完成投资时机选择期权博弈和社会福利模型的构建与分析，下面将分三种情形通过数值模拟方法以分析社会福利与影响其变化的补贴政策及其他因素间的动态变化特征并提出相应的可再生能源电力 R&D 激励政策建议。

7.5.1 既有电价补贴又有 R&D 补贴时

1. 技术不确定性

不失一般性，让劣势方的风险率保持不变即恒为 0.05，而让优势方的风险率逐渐增大，得到总投资净现值、消费者剩余及社会福利三者随 λ_1 动态变化的曲线，如图 7-1 所示。R&D 合作时，任何一方的风险率增加都会使双方整体利益增大，此时，随着 λ_1 的增加，投资净现值与社会福利是显著增加的。R&D 竞争时，λ_1

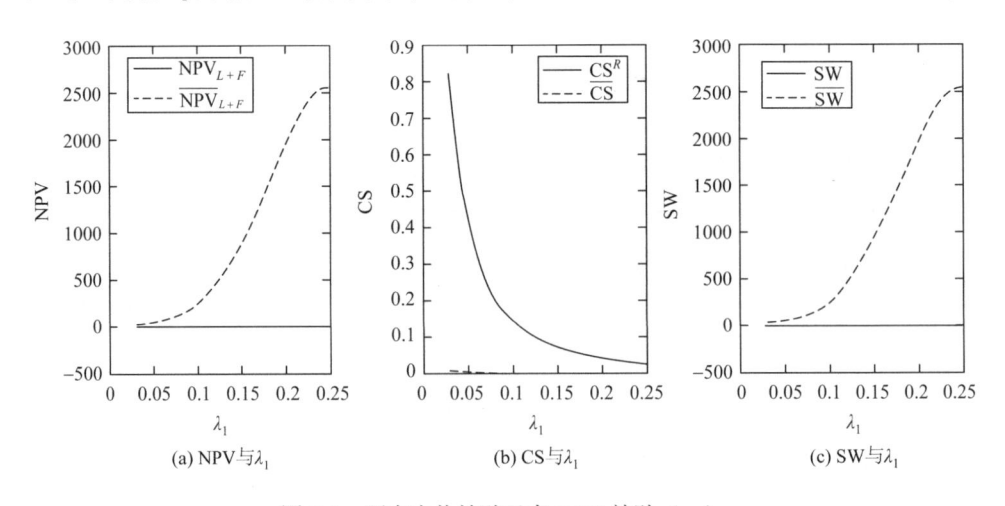

(a) NPV 与 λ_1 (b) CS 与 λ_1 (c) SW 与 λ_1

图 7-1　既有电价补贴又有 R&D 补贴（一）

参数 $\lambda_2 = 0.05$, $\alpha = 0.02$, $\sigma = 0.1$, $r = 0.05$, $I = 5$, $P_0 = 5$, $Q = 2$, $A = 0.5$, $S_1 = 1$, $s = 0.2$

的逐渐增大意味着优势方与劣势方之间的研发能力不对称性增大，则劣势方对于优势方的威胁就越来越小，优势方的抢先投资临界点则会不断延迟，致使图 7-1 (b) 中 R&D 竞争时的消费者剩余不断减少。

综合来看，随着优势方风险率的不断增加，R&D 合作时的社会福利大于 R&D 竞争时，且差距不断增加。因此，当双方之间的研发能力差距越大时，R&D 合作应得到政府的激励，而可再生能源电力的 R&D 环境、人才服务等的有效改善则有利于提高企业的 R&D 风险率。

2. 新技术初始价值

图 7-2 为投资净现值、消费者剩余、社会福利与发电新技术初始价值 P_0 的动态变化关系图。

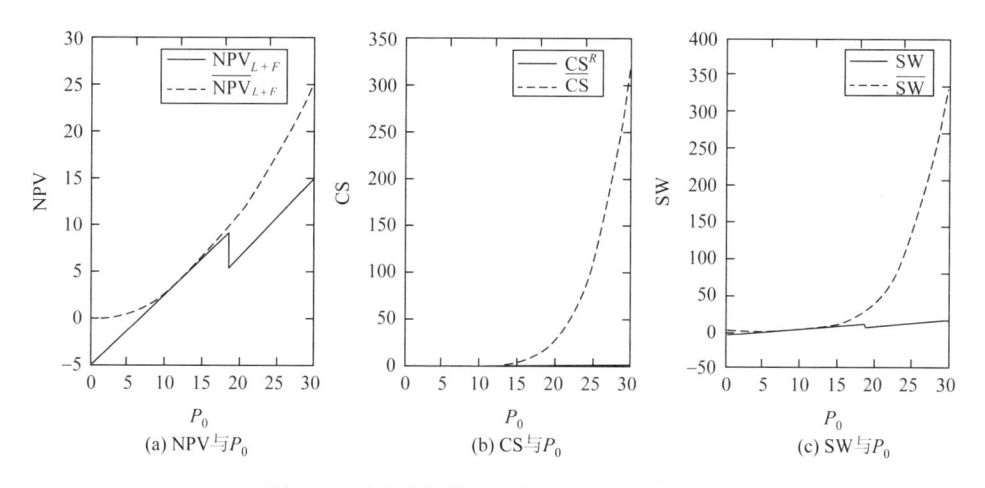

图 7-2 既有电价补贴又有 R&D 补贴（二）

参数 $\lambda_1 = 0.1, \lambda_2 = 0.05, \alpha = 0.02, \sigma = 0.1, r = 0.05, I = 5, Q = 2, A = 0.5, S_1 = 1, s = 0.2$

从图 7-2 中可以看到：当新技术初始价值较低时，双方在合作与竞争状态下的投资净现值、消费者剩余及社会福利都相差不大，而当初始价值达到一定值之后，两个可再生能源企业在竞争的状态下的 NPV、CS、SW 均进入分段函数的下一个阶段，即领导者和追随者都进行投资的状态，而由于"赢者通吃"规则，只有一个可以成功发电，却有两个研发成本，因此总的投资净现值会在临界点处有所下降。图 7-2（b）中的竞争与合作状态下的消费者剩余随着新技术初始价值的增大而增大，因为初始价值变大会激励企业早投资。图 7-2（c）中竞争与合作时的社会福利曲线有一个交点。得到的启发是，在新技术初始价值较大时，即比较成熟的前途光明的新技术，政府应该鼓励 R&D 合作；而对于中庸型的新技术，政府则可以静观其变。

3. R&D 成本

图 7-3 为 R&D 成本与投资净现值、消费者剩余、社会福利的动态变化关系图。可以看到，不论 R&D 竞争还是 R&D 合作，R&D 成本越大，则三者的值越小。这是因为随着成本的增加，投资临界点不断推迟，最后导致社会福利逐渐减少。因此，政府可以通过进行适当的减免税收等政策，在整体上尽量减轻企业 R&D 负担。当 R&D 成本较低时，政府可引导企业之间进行 R&D 竞争，当研发成本较高时，则引导企业之间进行 R&D 合作。

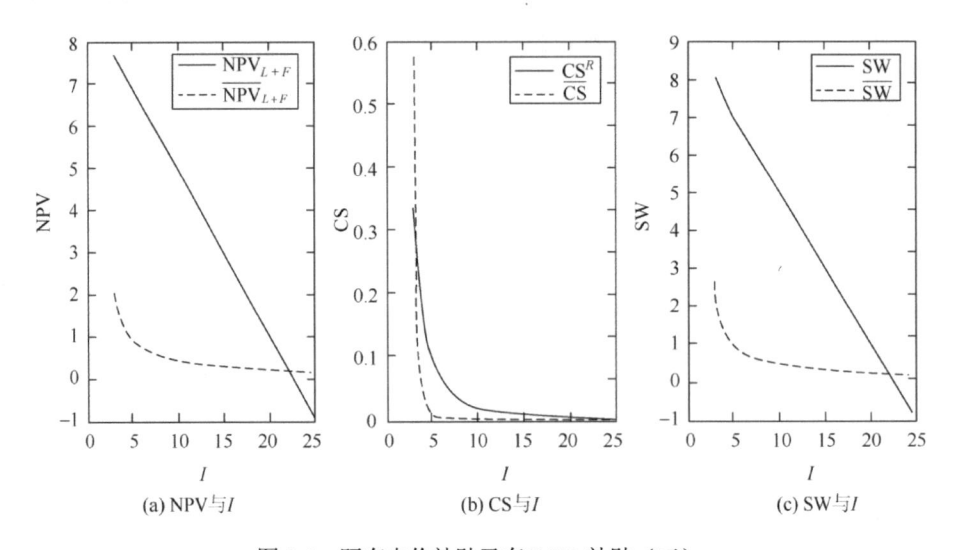

图 7-3 既有电价补贴又有 R&D 补贴（三）

参数 $\lambda_1 = 0.1, \lambda_2 = 0.05, \alpha = 0.02, \sigma = 0.1, r = 0.05, P_0 = 5, Q = 2, A = 0.5, S_1 = 1, s = 0.2$

4. 电价补贴值

由图 7-4 可以看出，无论 R&D 竞争还是 R&D 合作，净现值均与电价补贴值正相关，但 R&D 竞争时的净现值始终高于 R&D 合作时；而消费者剩余在 R&D 竞争时与电价补贴正相关，却在 R&D 合作时与电价补贴负相关。其主要原因是投资临界点的改变所带来的现值效应在不同情形不同对象上具有不同反应：R&D 竞争时，由于电价补贴对企业的激励作用，优势方会面临比无补贴时的劣势方更大的抢先威胁，投资临界点会随着度电补贴值的提高不断提前，净现值和消费者剩余都不断增大；而 R&D 合作时，单位在充分享受期权的同时却牺牲了现值，致使净现值增长缓慢而消费者剩余更是负增长（因为前者取决于投资临界点和补贴值，而后者仅与临界点有关）。因此，电价补贴值越大，政府越应鼓励 R&D 竞争。

(a) NPV与s　　(b) CS与s　　(c) SW与s

图 7-4　既有电价补贴又有 R&D 补贴（四）

参数 $\lambda_1 = 0.1, \lambda_2 = 0.05, \alpha = 0.02, \sigma = 0.1, r = 0.05, P_0 = 5, I = 5, Q = 2, A = 0.5, S_1 = 1$

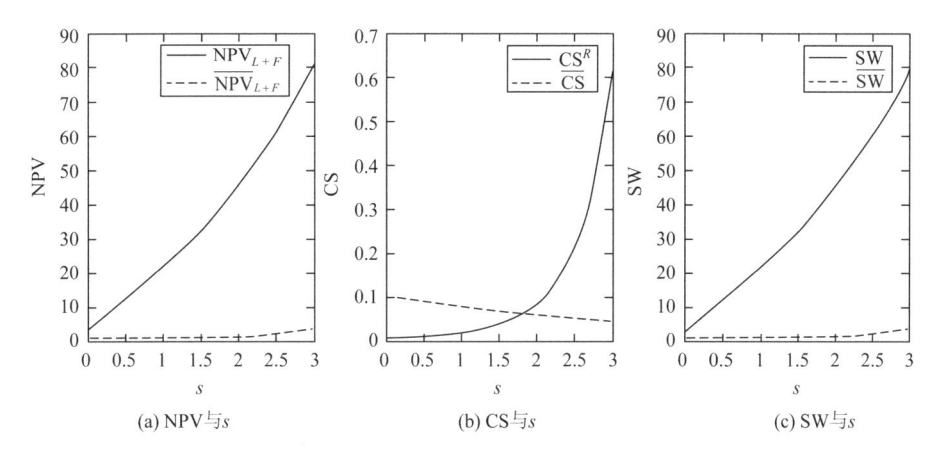

7.5.2　只有电价补贴没有 R&D 补贴时

1. 技术不确定性

图 7-5 与图 7-1 类似，R&D 合作时，双方是以整体利益最大化为目标，随着 λ_1 的增加，投资净现值与社会福利均显著增加。R&D 竞争时，λ_1 的不断增大致使双方研发能力不对称性不断增加，优势方的抢先投资临界点会不断延后，致使图 7-5（b）中的消费者剩余不断减少。从社会福利来看，随着优势方的风险率不断增加，R&D 合作优于 R&D 竞争，且优势越来越显著。对比图 7-1，当 λ_1 都

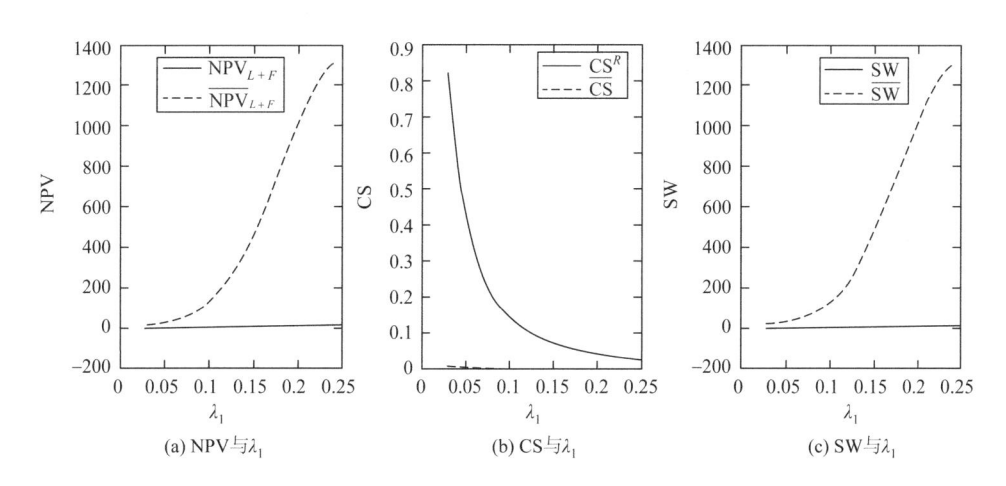

(a) NPV与λ_1　　(b) CS与λ_1　　(c) SW与λ_1

图 7-5　只有电价补贴没有 R&D 补贴（一）

参数 $\lambda_2 = 0.03, \alpha = 0.02, \sigma = 0.1, r = 0.05, I = 5, P_0 = 5, Q = 2, A = 0.5, s = 0.2$

为 0.25 时，其社会福利明显小于有 R&D 补贴时，说明 R&D 补贴对社会福利的积极作用。而企业间的研发能力差距越大，越应鼓励 R&D 合作。

2. 新技术初始价值

如图 7-6 所示，实验结果与图 7-2 类似，在 R&D 合作与 R&D 竞争时的净现值和社会福利均有一个交点，但合作始终优于竞争。当初始价值达到一定值之后，双方在 R&D 竞争时的 NPV、CS、SW 均进入分段函数的下一个阶段，即领导者和追随者都进行投资的状态，而合作状态下三者的值都随初始价值的增大而增大；图 7-6（b）中消费者剩余仍与初始价值正相关，因为较大的初始价值会激励企业早投资；图 7-6（c）中同样可以看到竞争与合作时的社会福利曲线有一交点，但合作始终优于竞争，说明在新技术初始价值较大或较小时，即对于新兴的"前途未卜"的和比较成熟的"前途光明"的两类新技术，企业间的 R&D 合作更应得到鼓励。

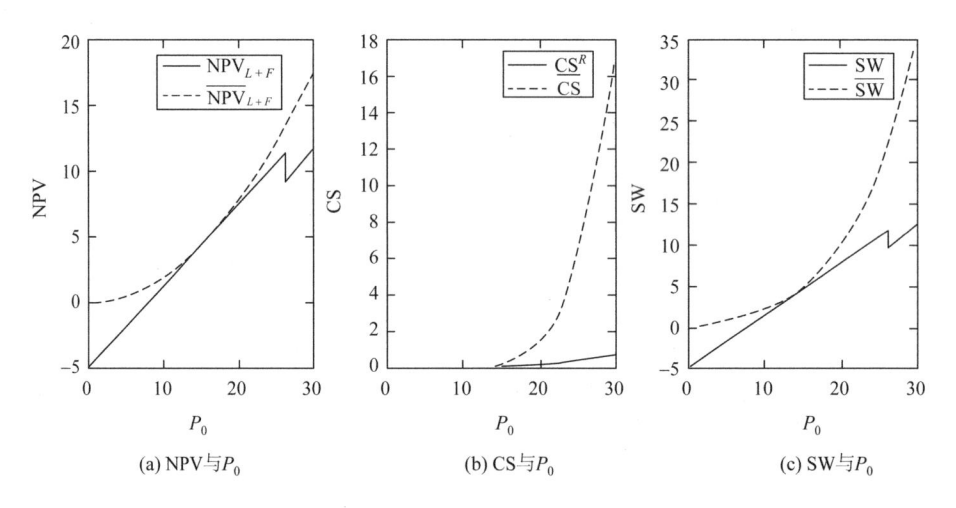

图 7-6　只有电价补贴没有 R&D 补贴（二）

参数 $\lambda_1 = 0.05, \lambda_2 = 0.03, \alpha = 0.02, \sigma = 0.1, r = 0.05, I = 5, Q = 2, A = 0.5, s = 0.2$

3. R&D 成本

如图 7-7 所示，与有 R&D 补贴时的图 7-3 明显不同。尽管 R&D 成本仍与投资净现值、消费者剩余以及社会福利显著负相关，但 R&D 合作时的净现值和社会福利均大于 R&D 竞争时，说明在 R&D 难度越大、成本越高的困难条件下，以整体利益最大化为目标的 R&D 合作的优势越发明显，政府除了尽量减轻企业的 R&D 成本外，应对 R&D 合作给予更多的激励。

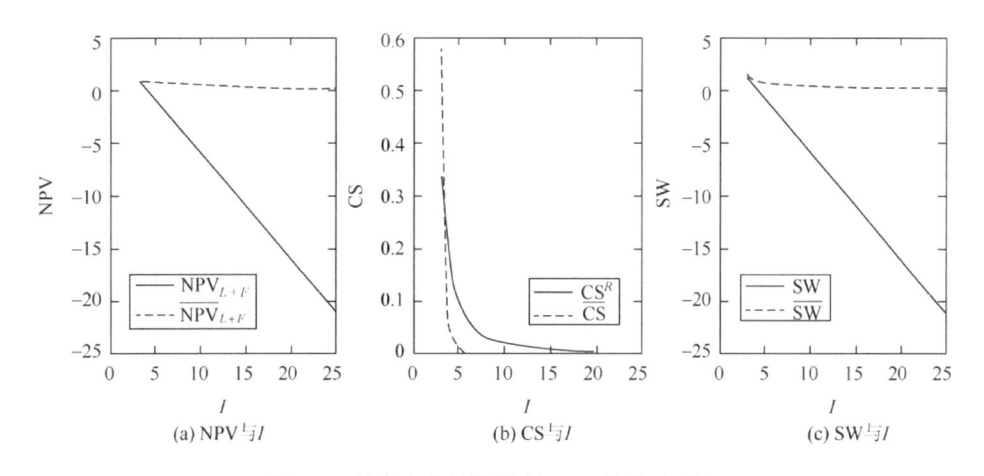

图 7-7　只有电价补贴没有 R&D 补贴（三）

参数 $\lambda_1 = 0.05, \lambda_2 = 0.03, \alpha = 0.02, \sigma = 0.1, P_0 = 5, r = 0.05, Q = 2, A = 0.5, s = 0.2$

4. 电价补贴值

从图 7-8 中可以看出，R&D 竞争时，NPV，CS，SW 随着电价补贴值的增大而增大。因电价补贴不仅增加投资净现值，还促使竞争时的投资临界点提前。而 R&D 合作时，随着电价补贴值的增大，基于整体利益最大化的思想致使 P_1 不断增大。R&D 竞争时的社会福利向上的趋势明显高于 R&D 合作时，因此，当电价补贴值居高不下时，政府应当鼓励企业之间的 R&D 竞争。另外，电价补贴值的提高也有利于社会福利的提升。

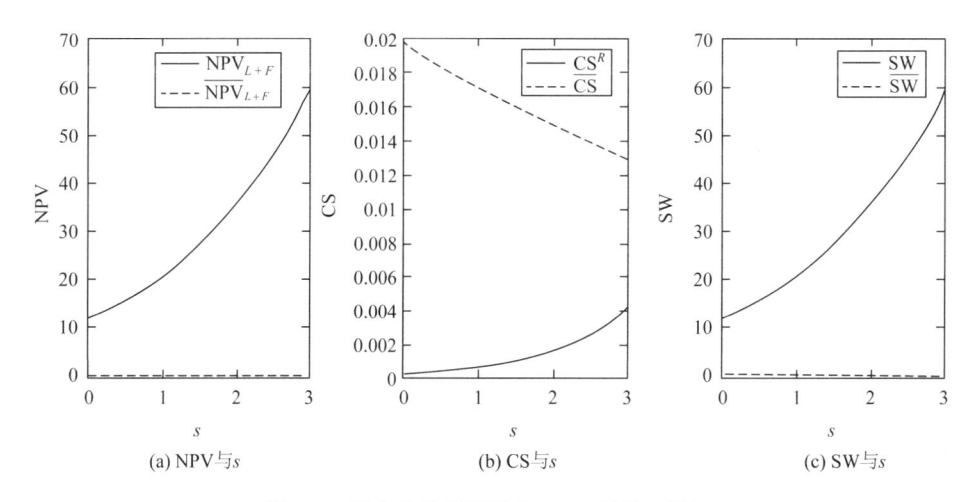

图 7-8　只有电价补贴没有 R&D 补贴（四）

参数 $\lambda_1 = 0.05, \lambda_2 = 0.03, \alpha = 0.02, \sigma = 0.1, r = 0.05, P_0 = 5, I = 5, Q = 2, A = 0.5$

7.5.3 没有补贴时

1. 技术不确定性

由图 7-9 知，R&D 合作时，随着 λ_1 的增加，投资净现值与社会福利均显著增加，而消费者剩余呈减少趋势，这是因为随着优势方风险率的增大，双方投资临界点均延后，而消费者剩余则主要取决于投资临界点；R&D 竞争时，λ_1 的增大使得优势方的抢先投资临界点会相应延后，这从图 7-9（b）竞争时的消费者剩余不断减少得到证实。综合来看，随着优势方风险率的不断增加，R&D 合作时的社会福利优于 R&D 竞争时且优势越来越明显。因此，无论有无补贴，企业间的研发能力差距越大，企业间的 R&D 合作越值得提倡。

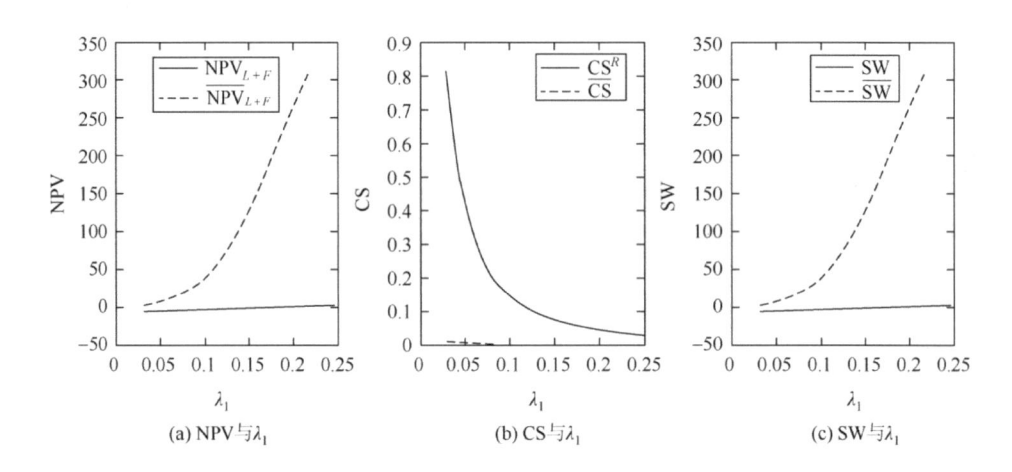

(a) NPV 与 λ_1

(b) CS 与 λ_1

(c) SW 与 λ_1

图 7-9 既没有电价补贴也没有 R&D 补贴（一）

参数 $\lambda_2 = 0.03$, $\sigma = 0.1$, $r = 0.05$, $I = 5$, $\alpha = 0.02$, $P_0 = 5$, $Q = 2$, $A = 0.5$

2. 新技术初始价值

图 7-10 与图 7-6 类似，R&D 合作与 R&D 竞争时的净现值和社会福利均交于一点，但合作时的净现值和社会福利始终大于竞争时。此时的临界点 P_0 要比图 7-6 的初始价值临界点更大，原因是没有补贴时，需要更高的初始价值才会促使领导者投资；而合作时三者都随 P_0 的增大而增大，缘于初始价值增大会激励企业更早投资；图 7-10（c）中 R&D 竞争与合作时的社会福利曲线有一交点，但合作始终优于竞争。可见，新技术初始价值较大或较小时，即对于新兴的"前途未卜"的和比较成熟的"前途光明"的新技术，政府均应鼓励 R&D 合作。

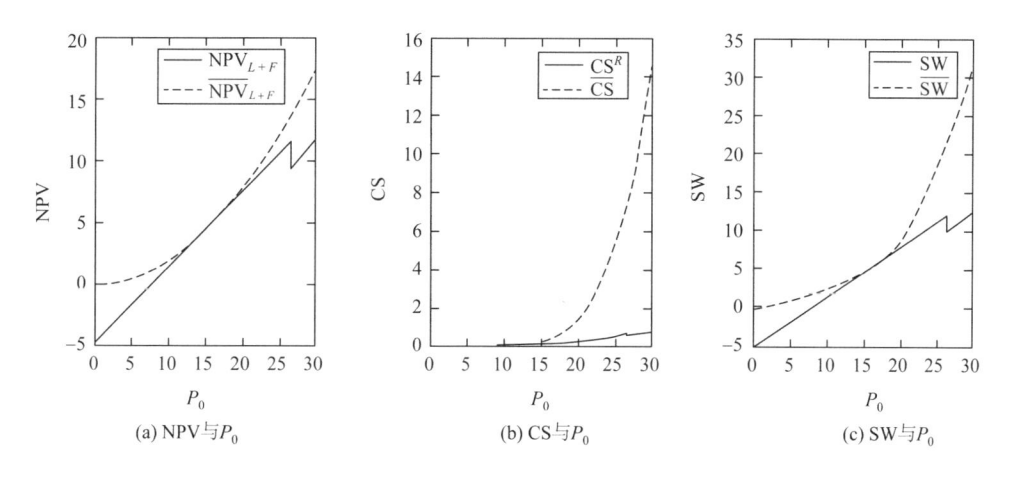

第7章 基于社会福利的可再生能源 R&D 激励政策评价

图 7-10 既没有电价补贴也没有 R&D 补贴（二）

参数 $\lambda_1 = 0.05$, $\lambda_2 = 0.03$, $\alpha = 0.02$, $\sigma = 0.1$, $r = 0.05$, $I = 5$, $Q = 2$, $A = 0.5$

3. R&D 成本

图 7-11 与图 7-7 类似，不论 R&D 竞争还是 R&D 合作，随着 R&D 成本的增加，企业的投资均会延迟，净现值、消费者剩余和社会福利均随之减少，但 R&D 合作因基于整体利益最大化从而弥补较大部分损失，使得其社会福利下降平缓。此时，政府除了要尽量帮助企业减负外，还应鼓励可再生能源企业之间的 R&D 合作。

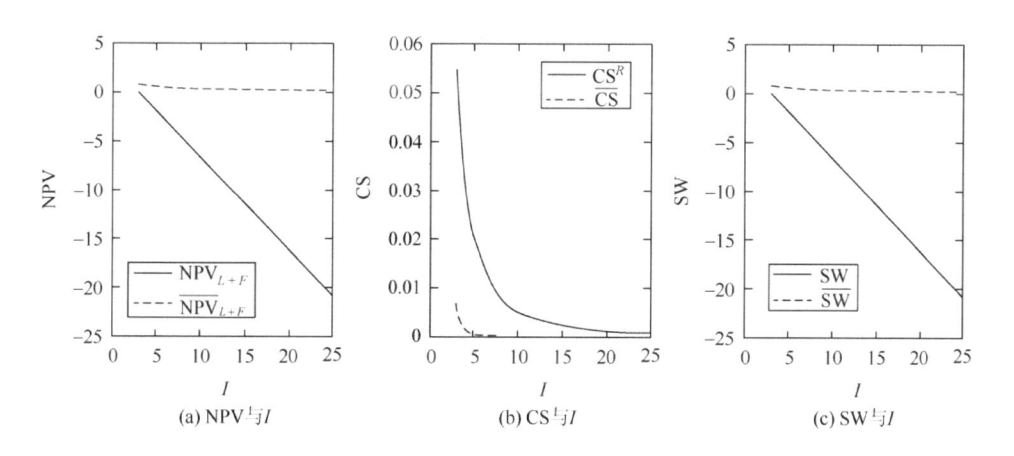

图 7-11 既没有电价补贴也没有 R&D 补贴（三）

参数 $\lambda_1 = 0.05$, $\lambda_2 = 0.03$, $\alpha = 0.02$, $\sigma = 0.1$, $P_0 = 5$, $r = 0.05$, $Q = 2$, $A = 0.5$

7.5.4 三种不同补贴政策下的社会福利对比分析

图 7-12 表示研发能力非对称双方进行 R&D 竞争或合作时，三种不同补贴政策下的社会福利对比，图中从上至下的曲线依次为：既有电价补贴又有 R&D 补贴且 R&D 合作时的社会福利、只有电价补贴没有 R&D 补贴且 R&D 合作时的社会福利和没有补贴且 R&D 竞争时的社会福利与 R&D 成本的动态关系。图 7-12 中，给定任意的 R&D 成本 I，得到其与三个曲线的交点从上向下依次为 SW1，SW2，SW3，三者始终保持 SW1＞SW2＞SW3。由图可见，电价补贴和 R&D 补贴均可有效提高社会福利，R&D 合作的成效随着 R&D 成本的增加而越发显著。

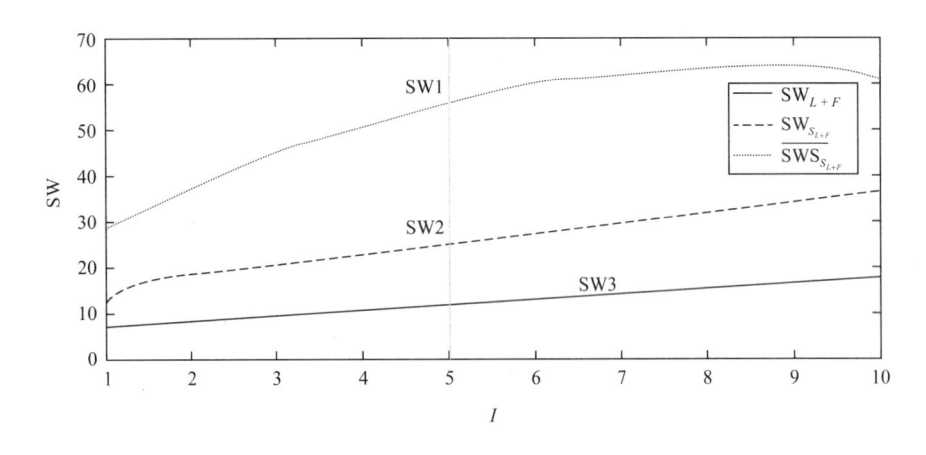

图 7-12　三种不同补贴政策下的社会福利对比

7.6　本章小结

通过最优投资时机选择期权博弈和社会福利模型的构建与分析，借助数值模拟方法，本书对旨在通过可再生能源发电新技术的 R&D 活动以垄断清洁能源新兴市场的两研发能力非对称企业间的 R&D 竞争与合作行为展开研究，揭示了双方在两种模式下的最优投资时机选择规律与特征，并结合政府对可再生能源电力的三种补贴政策，较全面地讨论了 R&D 竞争与 R&D 合作时不同补贴政策下，技术不确定性、新技术初始价值、R&D 成本和电价补贴值等主要因素对社会福利的动态影响，并给出相应的 R&D 激励政策建议，主要结论如下：

（1）既有 R&D 补贴又有电价补贴时，如果企业间的研发能力差距较大，政府应当鼓励 R&D 合作；新技术初始价值较低时，企业间的 R&D 竞争值得提倡，反之则应鼓励 R&D 合作；当 R&D 成本较高时，应鼓励 R&D 合作，反之应鼓励 R&D 竞争；若电价补贴值居高不下，则鼓励 R&D 竞争。

（2）没有 R&D 补贴但有电价补贴时，企业间的研发能力差距越大，政府越应鼓励 R&D 合作；在初始价值较低时，R&D 竞争同样值得鼓励，反之则提倡 R&D 合作；随着 R&D 成本的增加，R&D 合作更利于社会福利的增加；随着电价补贴的增大，则 R&D 竞争是更好的选择。

（3）没有任何补贴时，企业间的研发能力差异越明显，同样越应该提倡 R&D 合作；若初始价值较低，则应鼓励 R&D 竞争，反之则应鼓励 R&D 合作；R&D 成本越高，越应该鼓励 R&D 合作，一定范围内，电价补贴和 R&D 补贴均可以提高整体的社会福利。

综合来看，补贴政策的变化只会影响社会福利的绝对值，不变的是 R&D 竞争与合作两种模式间的社会福利相对值或变动趋势，使得政府对可再生能源电力 R&D 的激励政策可以相对稳定。后续研究将主要关注两点：一是补贴总额约束下的最优补贴分配问题；二是考虑可再生能源与化石能源间的博弈所带来的系列问题。

第二篇　企业并购篇

　　自 21 世纪初以来，中国可再生能源产业迄今已获得了前所未有的发展，而并购作为一种促使企业快速成长的途径，可以有效利用目标企业的各种现有资源为继续扩大自身业务服务，帮助企业快速融入目标市场，并购无疑在这个过程中发挥了重要的作用。在 2004 年到 2018 年，行业的并购行为逐步活跃，规模和频率都前所未有。尽管这样，可再生能源产业目前还是存在着一些困境和矛盾，而最突出的问题之一就是产业链上的整合，即国有企业与民营企业的市场竞争与协同发展问题。

　　中国混合所有制企业的产生和发展有其历史渐进性，从改革开放前我国计划经济指令下单一的公有制结构，逐渐过渡到了多种所有制经济成分共同发展。《中共中央关于全面深化改革若干重大问题的决定》中明确提出"积极发展混合所有制经济"。2014 年李克强总理在《政府工作报告》中提出："加快发展混合所有制经济。"所有这些都预示着混合所有制经济的发展已没有政策障碍。

　　就中国国企、民企"混改"的趋势而言，企业经营面临的市场压力来自方方面面，把它简单归结为国有与民营之间的零和博弈，是一种直线式思维，根本无法解释当今公有制为主体、多种所有制经济共同发展的丰富实践。传统经济学所给出的不同产权形态的产业分布规律得到了经济学界的普遍认同，但是，这一认识并不排除在竞争领域里的某些特殊时点上出现"国进民退"的产权安排，但是产权变革已势在必行，并给公司治理、企业绩效带来不确定影响。

　　观察中国可再生能源上市公司并购现象，民营企业通过并购获得了相应的市场和技术资源，国企通过并购获得了规模增长，政府的政策和行政行为不可避免地起到了重要的促进作用。但是，随着市场、技术的成熟，行业的竞争日益激烈，并购的经营协同要求越来越突出，并购行为也越来越理性。历史经验已经证明，实施投资主体多元化经营战略和并购战略，对可再生能源的健康、可持续发展至关重要。

直到目前，对于中国可再生能源上市公司的并购行为以及不同并购动因所带来的不同绩效，业界还鲜有研究，对国企、民企在这个领域的比较研究，更是一个空白。究其原因，主要可能是：一是中国可再生能源发展比较晚、比较快速，也就十五年左右的时间。二是国企、民企的内容涉及所有制的问题，在中国比较敏感，业界研究比较谨慎。三是行业分类问题。主管上市监管发行的中国政府机构——中国证券监督管理委员会，在分类上没有单独设立新能源、可再生能源板块。比如2017年，801家沪市上市公司，就分为能源、原材料、工业、可选消费、主要消费、健康护理、金融、信息技术、电信和公用事业10个大的行业。只有资本市场上大多采用传统的能源行业、新能源行业、可再生能源行业的分类分析，但这种分析往往基于局部的或个体企业的信息层面的分析。四是资本层面与产业层面在一定程度上的割裂状态，这可能归于传统电力能源垄断的历史性原因。大型国企中的五大发电集团和两大电网集团，在境内实施的并购对象往往是集团内部的项目，属于关联交易性质，即投资、建设、运营一体化的运营模式；而对于集团外部的并购，以及相关的资本运营并不常见。五是尤其是在中国快速发展的时期，在市场化的进程中，中国上市公司并购动因比较复杂，法律不完善、政府干预和各种不规范在一定程度上是存在的。

为此，本篇通过这一研究揭示出国企、民企并购动因与绩效方面的异同点，以及并购模式等方面呈现的特点，希望对中国可再生能源领域的并购参与者、政策法律的制定者能有所启示。

综上，本书接下来探索性地分析了在中国改革开放和经济快速发展，中国可再生能源产业迅猛发展的大背景下，对产业内上市公司并购的主要动因与并购绩效，特别是从国企、民企比较研究的视角，对并购主要动因、绩效的关联关系、绩效优劣、并购模式等进行了一系列的分析研究，具有独特的创新性和开创性。无论基于现实需要还是理论探索，探讨国企、民企两种所有制主导下并购绩效的优劣及其产生原因，以及并购模式对并购绩效影响背后的逻辑，对中国政府可再生能源行业主管部门，以及资本市场主管部门和可再生能源业界均会有一定的启示与参考价值。

本篇分为三章（第8章、9章、10章），以国内可再生能源企业的并购及并购方企业为研究对象，选取2005~2017年沪深交易所上市的82家并购方上市公司、100个并购事件为样本，用会计分析法、管理层问卷调查法等方法，从国有、民营两种类型企业的并购绩效比较的视角，创新性地探讨中国可再生能源上市公司并购动因、并购绩效、并购模式问题。基本结论是：总体上并购绩效并无明显提高；国有、民营企业这两类所有制控股的上市公司，并购绩效无明显差异；并购动因与并购绩效并无显著关联；而中国可再生能源产业链上的横向并购、纵向并购模式与并购绩效则有着较为显著的关联，而且纵向并购绩效优于横向并购绩效。

第 8 章　并购理论与实践相关研究综述

为了较清晰地梳理并购这一典型市场行为产生背后的理论背景与逻辑以及并购在中国的实践，进而具体到与可再生能源相关并购实践的已有分析和思考，本章分别对并购相关理论、并购绩效、中国企业并购动因与绩效、中国可再生能源相关并购绩效等四个方面的已有研究展开评述，最后给出总体评价。

8.1　并购相关理论研究

8.1.1　并购动机理论

并购动机主要的理论基础来源于传统的交易成本、企业发展、规模经济、市场力假设、效率理论、代理人理论、股票投机理论等。并购相关的理论可用于解释企业并购行为的动机，依据 Berkovitch 和 Narayanan（1993）的观点，并购的动机有综效动机、代理问题动机、傲慢假说。Roll（1986）关于并购动机的常见假设包括协同作用、机构动机和傲慢。Gleason 等（2000）认为这些收购都是创造价值的交易。支持这一假设的还有马基埃拉和安德拉德，认为并购的发生是增加价值的。Kam 等（2008）研究了中国 303 家并购事件，得出一个结论：并购只能为私有化的上市公司增值。Tuch 和 O'Sullivan（2007）认为，并购的常见动机是实现协同效应和效率效应。

美国著名并购学者 Agrawal 等（1992）的观点是：企业出于多种原因进行并购，但扩大规模是最常见的原因之一。另一个常见原因是追求协同效应。中国并购学者董继扬等（2012）在比较研究中西方并购动机理论后，认为西方国家的并购动机主要在于获取市场份额和利润空间，其次是获取协同效应；而中国的早期并购在于政府外部驱动，以及企业获取资源、规模扩张等。国内并购专家李善民等（2003）赞同 Brouther 的理论，即并购动机可以分为经济动机、个人动机和战略动机三类。并由此开展拓展性研究，经济动机方面首先在于协同效应；个人动机方面首先在于做大规模；战略动机方面首先在于追求市场势力。同时，他们还提出了中国并购的特殊动机，主要在于经济布局、产业结构调整、获取商誉和融资平台等。奚洪梅（2016）针对中国并购事件进行研究后认为，国有企业并购的主要动机包括多元化经营、规模经济、获得优质资产、顺应经济政策调整四方面。

汪腾（2011）对民企并购研究后也得出了类似的结论，只是强调了协同效应，而不是多元化经营。

典型的协同效应相关研究几乎是所有研究者的共识。Angwin（2007）最早提出协同效应理论。"协同"指收购方和目标方之间的匹配关系，按 Agrawal 等（1992）的说法，主要是指两种因素结合在一起产生比两者独立运作的效果之和，更为显著的综合效果。协同效应主要包括经营协同效应和财务协同效应，也有把管理协同、技术协同、信息协同等包含在内的。

追求规模动因相关研究是规模经济理论在并购中的应用。Chemmanur 和 Loutskina（2016）所提出的市场势力假说，其核心观点在于，企业规模的扩大在一定程度上能增强企业的综合实力。Alexandridis 等（2010）强调以增长为导向的协同效应，通过并购追求战略优势，通过协同实现增长。宋建波和沈皓（2007）对并购动因进行研究，选择了 138 家 2002 年中国沪深上市公司，发现这些样本公司的并购大部分是扩张性行为，目的是壮大企业规模，提高单位投资收益，获得规模经济优势。沈曦（2018）对 2010~2013 年全球光伏产业并购研究后认为，中国市场结构重组不仅是寡头企业谋求更大市场力量的手段，更是产业通过市场实现更新换代的过程。相当长时期，先做大再做强是中国企业的目标，而国企、央企由于代理人问题，则更是注重规模，力图获得一定的垄断性地位。

基于资源基础理论的资源获得动因相关研究方面，1984 年沃纳菲尔特（Wernerfelt）的"企业的资源基础论"的发表意味着资源基础论的诞生。资源被宽泛地界定为"任何可以被认为是特定企业优势和劣势的东西"。资源是指企业所拥有的多种要素，包括设备、厂房、人员、土地和资金等有形资源，以及商标等无形资源。尤其是稀缺性、不可被模仿和不可被替代的资源，在一定程度上，企业竞争力就是来源于这些特殊的资源。中国可再生能源企业，资源的关键性和稀缺性尤其突出，表现在土地、水、风、光等优质的自然资源上。

基于政府干预理论的政策响应动因相关研究。刘东等（2011）做了并购动机的国际比较，认为企业并购史，就是一部政府干预经济的演变史，只不过西方往往以法律间接干预并购，而中国往往以国有资产代理人身份直接干预。在中国由计划经济转向市场经济的转型时期尤其如此。许锋（2011）对中国上市公司并购研究后认为，并购中一个严重的问题是，许多地方政府把并购作为盘活国有资产、优化经济结构的主要方法。一些企业并购的原始动机，就是为了迎合政府主管部门解决长期存在的企业亏损问题、减轻财政的沉重负担和支持优势企业发展等要求。并购中的政府主导、政府干预在一定程度上是存在的。同时，响应政府政策要求的企业，能够获得很多土地、财税、资金等多方面的支持，往往能够避免市场中的不确定因素，有利于实现经营目标。

8.1.2 并购效率理论

并购能否达到绩效目标是企业在并购前需考虑的最重要因素之一。Singh 和 Montgomery（1987）指出，绩效理论可细分为营运综效、市场综效与财务综效。也有人认为应从并购双方利益不同的角度分析，而这方面的结论则众说纷纭。Franks 等（1991）认为"有证据表明，无论并购的动机和类型如何，目标公司的股东获得异常回报，而收购公司的结果则更加模糊"；Servaes（1991）的报告则对并购者的回报显示为负；Lang 等（1989）发现并购者的回报为零或正回报；Halpern（1983）利用 39 个国家的数据，分析认为，收购方和目标公司之间的收益分配，取决于企业控制市场竞争的程度。

8.1.3 并购模式理论

并购分成横向、纵向与混合三类：横向并购是对同行业企业的并购，主要目的在于增加产品的市场占有率；纵向并购是对与其生产过程或经营环节相互衔接的企业的并购，即通常所说的一体化；朱朝华（2002）认为混合并购是指既不是同行业又不是生产过程或经营环节相互衔接的企业的并购，具有多元化经营的特点；Salter 和 Weinhold（1979）把并购根据双方的战略匹配性分为增强相关并购、互补相关并购；在此基础上，Singh 和 Montgomery（1987）采用事件研究法比较两者优劣，认为相关并购创造的价值高于不相关并购；但是，Agrawal 等（1992）的研究发现恰恰相反；而 Ghosh（2001）、Linn 和 Switzer（2001）等研究发现，两者在为股东创造价值和实现协同效应上差别不大。

8.1.4 并购价值理论

与并购有关的两个基本理论是非价值最大化行为和价值最大化行为。非价值最大化行为下，收购旨在最大化销售或资产的增长或控制公司。价值最大化行为下，应该从收购中获得积极的预期经济收益。关于并购的价值创造问题，理论研究主要围绕着是否创造价值、为谁创造价值、如何创造价值这三个问题进行，但不同时期的研究重点不尽相同。国际学术界经常引用的并购绩效的文献出自 Meeks（1977）、Ravenscraft 和 Scherer（1987）、Healy 等（1992），他们对并购给目标企业和并购方带来的影响进行探讨，其研究结果并不完全一致。

关于评价的主要依据。有的学者认为，并购为股东创造的价值可从股价的变化来说明。Porter（1987）怀疑资本市场反映的有效性，针对股价变动来分析并购绩效的普遍情况，他认为投资者无法准确预测未来三五年的并购效果。Mckinsey 公司在对 1990~1995 年发生的金额在 5 亿元的 150 起并购事件的研究，以及对 1998 年前《财富》500 强和《金融时报》250 强 116 起并购事件的研究时，则以资本成本是否收回来分析并购绩效。Kearney 公司则对 1998~1999 年发生的 115 起并购事件研究时，以是否达到预期目标作为并购效果度量标准。

针对各种不同观点，中国学者文海涛（2008）研究认为，国际上的研究主要围绕着并购动因和并购绩效来展开，并购动因研究相对成熟，基本形成了比较一致的理论和现实动因体系。而并购绩效的研究，无论是绩效衡量的方法还是研究结果均存在很大的差异。中国较多的研究是运用国外并购绩效评价方法对中国企业并购绩效进行实证分析。只有结合国情和实践，进一步研究并购的价值和并购行业的相关程度与并购绩效的关系、并购企业的价值特征与并购绩效的关系等问题，才能更好地指导中国企业并购实践。

8.2 并购绩效研究

8.2.1 并购绩效内涵

并购绩效是衡量并购所形成实际经济效果的综合性指标，主要体现在企业资源配置效率、盈利能力、降低成本和经营风险等方面。Zollo 和 Meier（2008）认为，并购绩效一直是战略管理、企业财务、组织行为的一部分。尽管学者完成了大量的研究评估，但对如何衡量收购绩效根本没有达成一致，进而研究 97 篇发表在顶级管理和金融期刊上的论文后，他们认为已有的研究，可分为三个方面。一是基于会计的方法评估并购的业绩，如 Kusewitt（1985）；二是采用基于股票市场的方法，如 Agrawal 等（1992）；三是依赖于管理者的个人评估，即原始目标的有效实现，如 Angwin（2004）。后来 Papadakis 和 Thanos（2010）继续这一研究认为，并购绩效标准之间缺乏具有统计意义的关系，可能为解释并购文献中一些相互矛盾的结果提供了一个合理的依据。Wier 等（2007）分析了企业资源规划系统和非财务绩效指标的结合对公司绩效的影响。Kallunki 等（2011）提出将企业资源规划系统纳入绩效评价中。

8.2.2 并购绩效评价方法

并购绩效评价方法常见的有事件研究法、会计研究法、案例研究法、管理层调查法，以及数据包络分析法、平衡计分卡法等。

（1）事件研究法。由法马、费舍尔、杰恩森和罗欧于 1969 年率先提出，该方法实质是把企业并购看成单个事件，确定一个以并购事件宣告日为中心的"窗口期"，然后采用累计超常收益率方法检验该并购事件公告对股票市场的价格波动影响。Agrawal 等（1992）对事件研究法进行了不同程度的修正，极大地提高了这种方法的可靠性。事件研究法的优点主要是，可以直接衡量并购给投资者带来的财富损益，便于计量和计算。

（2）会计研究法。也称财务指标法，通过对并购前后财务指标变化研究判断并购绩效。主要利用财务报表和会计数据，以盈利能力、偿债能力、运营能力等财务指标作为评价标准，对比考察并购前后或者与同行业相比经营业绩的变化，是一种长期研究并购绩效的方法。优点在于客观、连续地反映并购前后公司业绩的变动情况，而不受资本市场有效性的影响。Swaminathan 等（2014）采用单一的综合性指标即托宾 Q 值来对并购绩效进行评价；Devos 和 Banaji（2003）、Leepsa 和 Mishra（2013）认为经济增加值明显强于传统的评价指标；Ramakrishnan（2008）、Dollery 和 Ting（2017）选用资产收益率、净资产收益率、销售回报率、每股收益等指标进行研究。中国学者大量地运用了会计研究法，檀向球（1998）、潘瑾和陈宏民（2005）等以中国沪深股市并购事件为样本，对并购绩效进行研究，但是各研究者的研究结论却不一致，这往往与选取的样本、行业、时期等有直接的关系。皇霖芬和余怒涛（2012）的研究也证明了这一点。

（3）案例研究法。为了便于对并购绩效进行短、中、长期的跟踪研究，往往综合运用会计研究法、事件研究法，结合个案企业所属的行业特征，进行定量与定性分析。如 Lys 和 Vincent（1995）通过对 AT&T 收购 NCR 公司的深度案例研究，发现了许多事件研究法和会计研究法没有发现的并购现实动因。

（4）管理层调查法。主要是通过问卷调查方式，然后进行统计分析，得到一些一般性的结论。优点主要是可以有效地获取在证券市场上无法获取的私人信息，更深入地挖掘并购价值来源。但因其调查对象回答时的偶然性，限制了该方法在并购实证中的使用，往往是在调查对象可靠的条件下，结合前述方法应用。

（5）数据包络分析法。数据包络分析法是著名运筹学家查恩斯和库伯等学者在"相对效率评价"概念基础上发展起来的。还有平衡计分卡法，这是 20 世纪 90 年代初由罗伯特·卡普兰和诺兰诺顿研究院执行长大卫·诺顿提出，试图找出超越传统以财务量度为主的绩效评价模式，是一种组织绩效管理方法。因此，在并购绩效的分析中有一定的局限性。

8.2.3 并购绩效实证研究

并购绩效实证研究基本可分为有效、无效、并购双方效益不一致三种观点。Jensen 和 Ruback（1983）利用事件研究法对并购前后公司股票的超常收益进行实证研究，发现目标公司股东在事件窗口期内能获得 20%以上的超常收益；Netter 等（2011）的研究也得出相似的结论，即并购可以提高企业短期内的绩效；Jain 和 Sunderman（2014）对印度新兴市场 1996～2010 年的并购案例进行分析，均发现企业发布并购消息至并购时，股东可以获得显著的正向累积超额收益率。然而，Ferrara 和 Bacon（2014）却通过研究发现，股票价格会有一个先涨后跌的下降趋势。然而，就收购公司的市场反应来看，研究结论往往并不一致。Bruner（1999）在文献综述的基础上发现，约有 1/3 的结论是并购毁损了收购公司股东价值，1/3 的文章认为并购给股东创造了价值。

8.2.4 并购类型对并购绩效的影响研究

Rhéaume 和 Bhabra（2008）认为同行业并购可以使企业发挥协同效应，增加股东财富，而多元化的混合并购对股东财富未有显著影响。Erdorf 等（2013）、Picone 和 Dagnino（2016）等均认为混合并购不能使企业显著提高绩效，但是，Bradley 等（1988）的结论恰恰相反。Federico 等（2017）认为，从长期来看，横向并购可以提升公司价值；但 Kamerbeek（2010）通过对欧盟和美国的并购事件进行分析认为，虽然横向并购是有效率的，但是这种效率是不能持续的。Ramakrishnan（2010）把横向并购和纵向并购划分为相关并购，混合并购划分为非相关并购，发现两种类型的并购对企业的长期绩效都存在积极的影响，非相关并购的影响更积极。王志洁和赵霞（2016）发现关联并购的绩效要好于非关联并购，关联性和股权集中度对总体并购绩效有显著的影响。

另外，Owen 和 Yawson（2010）认为企业生命周期会影响企业并购绩效，成熟期的企业对并购后的绩效会有积极的影响，并且生命周期越长的企业实施混合并购的绩效表现越好。Chuang（2017）认为，企业处于不同的生命周期采取不同的并购策略，对股东财富最大化有重要的影响。

8.3　中国企业并购动因与绩效研究

8.3.1　实证研究

陈静（2008）利用事件研究法，对中国上市公司的并购动因及长期绩效进行实证研究，认为中国企业区别于国际企业并购的一些特点，包括应对外部环境变化、内部人控制、政府干预等，并得出大部分并购绩效并不理想及绩效与动因并无关联的结论。梁红玉（2009）选取了 2003～2007 年中国上市公司数据进行实证分析，从政府和企业两个层面的动因分类，得出了类似的结论。韩冰和解国骏

(2009) 把并购动因划分为大股东自利、外部变化、内部人控制、借壳上市、政府干预等。

刘万里（2002）对并购双方进行动因分析，将动因划分为管理者心理动机、经济动机。杨志刚（2004）总结了中国企业并购的若干特点，提出了中国企业并购的主流动因：获取稀缺资源、追求规模经济。其中获得稀缺资源动因可进一步细分为拓宽融资渠道、取得核心技术和进入垄断资源行业三种类型。从中国资本市场并购动机的研究现状看，实证方面大部分都是从某一个特定的角度去挖掘并购的动机，如某一些经营指标方面，相关的研究主要是对主要动机的理论方面，而缺乏对主要动机和并购绩效之间的关联度实证检验，这应该是一个值得探讨研究的方向。

关于并购绩效，杨晓嘉（2007）认为企业并购绩效是指并购行为完成后，目标企业被纳入并购企业中经过整合后，实现并购初衷、产生效率的情况。从研究方法上看，主要是基于股票市场的事件研究法和基于财务经营业绩的会计研究法。

王立立（2016）认为中国企业并购的数量与规模发展迅速，但并购绩效并不显著。主要由于企业并购动机不明确，大多偏向于财务性并购，且盲目追求多样化的经营模式、忽略整合等。周士元（2012）分析了中国上市公司并购动因，并利用因子分析法和数据包络分析法，认为中国上市公司经过并购，总体绩效没有得到提高。但是，李善民和陈玉罡（2002）、张新（2003）等却发现，并购交易双方都获得了显著为正的收益。李增泉等（2005）对上市公司的长期市场研究发现，其绩效的表现与并购的动机密切相关。

虽然朱毅捷（2013）研究认为，上市公司的业绩增长受到并购事件的一定影响，但左晓慧和吕洁瑶（2014）认为并购质量具有差异性。金永红和周小梁（2014）通过对 2002 年沪市 A 股并购事件的实证分析，得出的结论是上市公司的业绩 4 年中几乎没有得到提升，认为并购并不一定能为中国上市收购者带来附加值。刘莹等（2017）则持更为中性的观点，即并购并不能使公司发展加快，而是渐渐成长。

值得注意的是，Boateng 等（2017）分析了中国 340 家并购事件，发现所有权集中对并购公司的经营业绩有积极和显著的影响。较高的所有权集中度，为提高并购绩效提供了更大的激励。

董一吟（2017）认为上市公司的现金流与并购绩效呈负相关关系。黄兴孛（2009）对 1999~2004 年并购事件分析后，也得出类似的结论，即上市公司并购之前年度的财务业绩与并购绩效显著负相关。

在中国特殊的制度环境下，企业并购和重组有其特有动机，应提出适合中国的企业并购理论和假说，且需要进一步研究。由于企业并购行为是一项长期、艰巨和复杂的经济活动，注重企业并购中的整合是企业并购绩效得以体现的保证。

就并购能否促进企业以及股东财富提升的研究结果而言，受国情的影响，加之在行业、样本数量及时间等方面的不同，一些研究并未取得定论。在研究不同类型并购绩效时，如果能够结合并购公司所处行业进行分析可能更有意义。

8.3.2 国企和民企并购动因及并购绩效比较研究

从国企的视角，纵观上市公司的并购，体现出发展阶段鲜明的中国特色。王君旸（2019）通过对钢铁行业宝山钢铁股份有限公司（简称宝钢）、武钢集团有限公司（简称武钢）并购案例的分析，把央企的并购动因归结为三类：政策的推动、股份制改革、行业的激烈竞争。实证分析得出结论，交易前后上市公司降杠杆效果显著，资产变现能力提升，偿债能力得到改善，但资产运营效率并未改善。孙丹（2014）在分析了央企对地方国企的并购之后，认为顺应政府国企改革政策、低成本规模扩张、完善产业链，是三大主要动因。封文丽和郭延辉（2019）对中国南车、北车两大集团的并购重组案例进行分析，形象地说明了四大并购动因：提升市场势力、实现协同效应、提升品牌竞争力、顺应国家战略。

关于国企上市公司并购动因与绩效的关系，奚洪梅（2016）把动因划分为政策导向、多元化经营、规模效应、协同效应四种，并在每一种动因下进行绩效的实证研究，分别得出结论：只有在政策导向成为并购动因的情况下，并购绩效才正相关。其他三种情况均为负相关。

相对于国企，中国民营上市公司在动因上有一些差别。基于风险防范的产业链并购、多元化、追求协同效应，比较常见。王雅楠（2013）以53家中国民营上市公司为对象，通过会计研究法实证研究，得出了总体短期绩效较好、长期绩效较差的结论，说明民营上市公司对多元化、协同效应的偏好。宋莹莹等（2010）基于制度基础观点，对中国民营上市公司并购动因研究，发现多元化并购动机的背后，是企业家一方面善于抓住政府制度、政策开放、放松管制带来的市场机会；另一方面，反映出中国民营企业的风险意识问题，是中国民营企业基于制度变化的担忧，从而寻求产业链上的并购，以降低经营风险。

同生辉和王骏（2015）对国企中的典型代表央企，与民企的并购绩效进行了比较研究，认为央企上市公司的并购并没有达到提升企业综合绩效的目的，同期民营企业的绩效影响则有所不同，并认为央企和民企在公司治理和代理成本上的差异，可能是差异产生的主要原因。翟恒曜（2009）展开对中国沪深两市2005年并购事件的研究，结论表明国企与民企的并购绩效基本一致，至少国企并购并不优于民企。舒博（2008）对2007年沪深两市的194起并购事件研究表明，国有上市公司并购的绩效显著高于非国有上市公司并购绩效，且上市公司并购获得的正的并购绩效，绝大多数来自非竞争性行业发生的并购事件。曹原（2014）采用会计分析法和因子分析法，对2009年并购交易的116家上市公司实证研究，得出结论：国企并购的绩效因并购类型而异，行政主导型并购绩效表现为下降，但投资型和改制型的影响表现为上升。陈岑（2014）研究认为，从收购方角度看，国有企业在短期有较好的表现，但从长期看并不理想。李哲和何佳（2007）认为改制型并购对于提高上市公司的经营绩效发挥了重要作用，并主张针对国有控股企业的并购重组，应充分发挥市场机制的有效性，刘宇华（2017）也持同样观点。马紫君等（2015）研究认为，要素市场的控制、区域与并购绩效密切相关。

何来维（2002）认为，政府从自身目标的角度出发，经营者从自身利益角度出发，在推动国有企业并购时往往起主导作用。张雯等（2013）认为，政治关联这一非市场机制造成了资源的错误配置，使得有限的资源浪费在无效的并购行为上，也从新的视角诠释了中国企业并购低效性的原因，为监管部门提供了决策依据。张晓波和陈海声（2013）认为政府干预对企业并购绩效有影响，干预程度的强弱对国企影响不同，但对非国有企业并购绩效均能产生长期的积极影响。邱金辉和王红昕（2006）分析了上市公司并购绩效实证研究的众多结果，认为虽然有部分的一致性，但更多的是众说纷纭，甚至是相互矛盾，认为主要是因为忽视了中国上市公司的制度环境，在研究中将不同属性的并购行为纳入同一指标体系，致使一些实证研究结果出现损耗或偏差。

8.4 中国可再生能源相关并购绩效研究

8.4.1 中国可再生能源上市公司并购的产业背景

根据国际能源署可再生能源工作小组的定义，可再生能源的经济特征是指"从持续不断地补充的自然过程中得到的能源来源"。《中华人民共和国可再生能源法》中所称可再生能源，是指风能、太阳能、水能、生物质能、地热能、海洋能等非化石能源。正如国际可再生能源署总干事阿南德·阿明所说，可再生能源是最经济的能源。其特点除了资源丰富、可以再生、清洁干净等之外，经济性十分明显。其核心优势在于投产之时几乎可以锁定全生命周期成本，对应的收益也比较固定，同时建设周期短。

可再生能源从替代能源向主导能源转变。从2002年在约翰内斯堡倡导可再生能源全球化发展以来，全球的可再生能源发展从替代能源向主导能源转变，20年来差不多有了根本性变化，现在大部分的国家新增能源基本以可再生能源为主，特别是发达国家包括美国在内也出现了这种情况。

中国可再生能源产业迅猛发展（表 8-1）。中国可再生能源于 2004 年全面起步，当时中国非水电可再生能源发电几乎为零，中国政府于 2005 年开始大力推行，特别是《中华人民共和国可再生能源法》实施以来，非水电可再生能源发电发展迅猛。2005 年，中国可再生能源产业投资 60 亿美元，世界为 380 亿美元；当年，中国可再生能源上市公司仅 25 家，到 2019 年，在产业调整的情况下，中国可再生能源产业维持了较高投入，当年投入达 834 亿美元，世界为 2822 亿美元，仅中国沪深上市公司就达百家以上。截至 2019 年底，非水电可再生能源发电已经占到了 10%左右，2019 年全国总发电量 7.3 万亿 kW·h。中国累计风电装机 2.1 亿 kW，光伏发电 2 亿 kW，生物质发电 2254 万 kW。联合国再生能源咨询机构的一份报告显示，中国连续第七年成为全球可再生能源的最大投资国，2018 年中国对可再生能源的投资几乎占世界的 1/3，达 912 亿美元。美国的可再生能源投资为 485 亿美元，欧盟为 612 亿美元。当前世界范围内开始了新一轮能源转型，可再生能源的大规模开发和利用成为世界能源体系不可逆的发展趋势。预计到 2030 年中国可再生能源发电装机占比将达 52%，约为 14.9 亿 kW。风能、太阳能将是增长最快的能源品类，预计分别在 2030 年、2040 年前后超过水能，成为主要的可再生能源品种。

表 8-1　2005～2017 年中国可再生能源利用情况

年份	可再生能源利用量/亿 kW	可再生能源占一次能源消费量比例	非石化能源占一次能源装机容量
2005	1.66	6.30%	7.00%
2006	1.76	6.10%	6.70%
2007	1.97	6.30%	6.90%
2008	2.34	7.20%	7.90%
2009	2.44	7.20%	7.80%
2010	2.97	8.10%	8.80%
2011	3.04	7.80%	8.40%
2012	3.8	9.30%	10.10%
2013	4.1	9.70%	10.50%
2014	4.8	11.10%	12.00%
2015	5.25	12.00%	13.10%
2016	5.73	12.90%	14.30%
2017	6.16	13.50%	15.00%

8.4.2 中国可再生能源产业整合特征

产业链的整合已逐渐成为中国可再生能源产业的突出矛盾和趋势。纵观中国可再生能源产业，目前存在着一些困境和矛盾。最突出的问题之一，就是产业链上的整合。

可再生能源将进入高比例发展阶段，但面临诸多挑战。国家能源局和国家发展改革委提出了"十四五"时期从高速度向高比例发展。随着经济转型和产业升级，可再生能源面临着诸多新要求，重点在于以下六点：一是技术的革新与发展。如何适应能源数字化和智能化发展趋势？二是电网与电源发展不协调。三是非技术成本制约可再生能源进一步发展。四是非技术因素的限制，如光伏和风电都需要大量的土地，并对生态环境造成不利影响。五是可再生能源的不同应用形式发展不均衡，非电应用还有差距。六是地区之间、行业之间需要更有力的协调。

历史上看，中国可再生能源上市公司的并购，大致可分为三类。第一类，扩大规模，提高市场占有率，追求规模经济性。这在可再生能源发电专业领域最多，如可再生能源风电、水电、太阳能发电站的资产并购行为。第二类，为了延伸产业链，降低交易成本，实际是前后向一体化，完善价值链，增强行业内抗风险能力。这方面，多为可再生能源设备制造、建设、发电专业的并购。第三类，跨界、跨专业领域的并购，实际是追求有限的相关多元化，为了战略上分散企业风险，多发生在传统的工业领域，如航空航天、通信工程、钢铁冶金、市政工程等，以及发电、供热行业的专业性并购。

产业链上的整合，主要矛盾在于以下两方面。

一是上下游企业的纵向的资源整合，产业链的延伸；或者下游或上游企业间的资源整合，"大鱼吃小鱼"。比如，光伏就是明显的例子。2014年底，工业和信息化部发布了《关于进一步优化光伏企业兼并重组市场环境的意见》，提出"到2017年底，形成一批具有较强国际竞争力的骨干光伏企业，前5家多晶硅企业产量占全国80%以上，前10家电池组件企业产量占全国70%以上，形成多家具有全球视野和领先实力的光伏发电集成开发及应用企业"。加快淘汰落后产能，就是针对落后产能过剩、高端产能不足的问题，加快兼并重组。预计未来，在新一轮光伏企业竞争中，企业将会面临资金需求大、利润萎缩的双重压力，加速市场兼并重组。

二是国有企业与民营企业的市场竞争及协同发展。尤其是2015年以来，针对国企大举进军可再生能源领域的现状，市场上出现了会不会产生新的垄断的担忧。业界纷纷呼吁，国企与民企并重、竞争与合作并存是产业发展的长远态势，而不应形成传统能源领域寡头垄断的格局。2018~2019年，已经有67家民营、外资上市公司等变更为国企，包括通过股权转让、表决权转让和国有股权划转等方式，其中自然包括可再生能源产业。

中国可再生能源产业的发展，一方面得益于政府的激励政策和经济发展，另一方面得益于可再生能源技术的不断成熟。可再生能源企业在发展过程中，出现了规模小、核心竞争力低下、盈利能力不强等问题，政府试图通过对可再生能源行业进行政策性补贴来引导企业解决。但对于可再生能源产业的政策性补贴虽然在一定程度上保护了投资者的利益，但高补贴也给政府带来了巨大的财政压力。假设针对海上风电的补贴在此之后再延续5年，可再生能源的整体补贴需求将在2044年结束。

由于历史的原因，中国可再生能源企业，最开始以各地中小民营企业为主，随着中国政府的要求，大量国企进入，"跑马圈地"成为业界的常态。而民营企业逐步在市场中成长，其中，并购发挥了重要作用。中国民营经济具有天然的勇于创新、承担风险的特征，在没有得到政府过多的政策关爱前提下，民营企业通过并购获得了相应的市场、技术、资源，迅速成长。国企通过并购获得了规模增长。在历史进程中，政府的政策和行政行为不可避免地起到了重要的促进作用。但是随着经济增长的放缓，市场、技术的成熟，可再生能源的"蛋糕"越来越紧俏，行业的竞争日益激烈。并购的经营协同要求越来越突出，并购行为也越来越理性。

8.4.3　电力及能源行业上市公司并购绩效研究

唐漂舸（2014）选择2009～2012年在电力行业合并的15个上市公司为样本进行实证分析，结论是电力行业上市公司的并购绩效整体上是一个先升后降的趋势，并购的效果不是很显著。刘洁等（2015）对中国能源板块上市公司绩效进行研究，将沪深股市80家能源类上市公司，划分为绩效领先型、绩效发达型、绩效发展型及绩效落后型4类进行绩效评价，从盈利能力、偿债能力、经营发展能力和可持续发展能力四个方面着手，研究认为发展趋势较好，但大部分上市公司在不同层面仍需要提高和改进。袁雪（2009）利用因子分析法，综合评价山西省25家上市能源公司的绩效状况，以及廖英姿（2011）以中国能源电力类上市公司为样本，研究结果显示，第一大股东持股比例与公司绩效显著正相关，股权制衡度与公司绩效显著正相关。

8.4.4　新能源及可再生能源门类并购绩效的研究

1. 新能源上市公司并购动因及并购绩效的多角度研究

（1）高管层的行为影响。马亮（2014）以新能源界知名的央企上市公司吉电股份为案例，通过并购绩效推论并购动因的方法，采取会计研究法分析，得出了除优化资产结构、规模发展的主要动因之外，还可能存在着高管层利用并购操纵薪酬的自利动因。

（2）大股东及股权结构的影响。王兰（2012）以 44 家中国新能源上市公司 2011 年度经营绩效进行实证分析，实证了新能源行业发展较快，但盈利水平较低。许玉芬（2018）主要从股权结构、融资结构、技术创新三个方面对新能源类上市公司绩效进行分析，认为股权结构是新能源类上市公司发展的基础因素，对上市公司绩效会产生正向影响。常树春和邵丹丹（2017）以 2012~2015 年 A 股市场上市的 98 家新能源行业上市公司为研究对象，结果显示，中国新能源上市公司第一大股东持股比例与企业绩效显著正相关。

（3）并购模式的影响。何珮珺（2018）筛选出沪深 A 股新能源上市公司共 146 家，通过 2006 年至 2016 年累计发生的 70 起并购事件，发现横向并购和纵向并购可以有效提高企业绩效，而混合并购不利于提升新能源企业的绩效。

（4）资本结构的影响。杨敏（2016）对 2012~2015 年 69 家新能源上市公司实证分析，结论是股权融资率、企业规模、内源融资率与公司绩效正相关，资产负债率与公司绩效呈负相关关系。刘明和左菲（2015）以中国新能源上市公司 2005~2012 年财务数据为样本，并与代表股市整体发展情况的"沪深 300"样本进行比较，也得出类似的结论。

（5）政策及地区的差异。王艳华（2015）选取 36 家新能源上市公司分析，认为中国新能源上市公司缺乏风险管理能力，易受政策、市场等因素的影响。王健华和李儒婷（2018）对 2017 年 66 家新能源板块上市公司进行研究后，认为其总体收益质量不高，市场地位比较均衡，缺少龙头企业，区域的绩效水平差异明显。

（6）绩效评价财务指标体系构建。董筱宁（2018）对中国可再生能源上市公司财务绩效指标体系进行了研究，将财务绩效评价体系分为四大类内容，分别是企业的盈利能力、资产质量、债务风险、经营增长。对于盈利能力，焦点应在于资本和资产报酬水平指标，以及对企业的投入和产出比把握；对于资产质量，应通过分析企业的资金周转效率、资产运营，判断资源利用效率；对于债务风险，主要在于企业的债务偿还能力、资产负债结构；对于经营增长，主要通过评价企业的销售增长状况来分析。何珮珺（2018）则选取代表企业盈利能力的总资产报酬率、净资产收益率、主营业务收入增长率，代表企业偿债能力的流动比率、资产负债率，代表企业营运能力的总资产周转率和代表企业成长能力的总资产增长率等财务指标。

2. 可再生能源门类上市公司并购绩效研究

王西星（2009）等对中国水电上市公司绩效进行评价研究，提出加速整合的建议。夏晶（2013）认为中国垃圾发电行业上市公司总体绩效不稳定，原因在于城市生活垃圾处理行业起步较晚，但发展空间十分广阔。查道林和漆俊美（2016）对 50 家清洁能源上市公司进行了财务绩效的评价与排名。吴泽宇（2018）把光伏上市企业分为产业链上游、中游及下游企业，认为所处定位对经营绩效的影响因素略有不同。施卫东和金鑫（2011）认为风电企业间的规模效率的差异不小，并购潜力很大。

8.5 综　　述

第一，中国的并购与国际上研究通用的"mergers&acquisition"，在范畴上往往有一定的区别。国际上并购是一个狭义的概念，主要指上市公司控制权转移的活动。而中国的并购，包含了兼并、收购、股权转让、资产置换、债务重组、借壳等行为。中国上市公司由于历史比较短，市场化有一个逐步完善的过程，对并购而言，非市场化的因素干扰是客观存在的。另外，由于追求经营方面的规模化、多元化，并购的短期行为比较严重。

第二，关于并购的动因理论，多年来一直没有一个统一的说法，只有比较宽泛或者狭义的范畴。其根本原因，可能在于并购行为本身的复杂性，既有企业自身的内部经营压力驱动，也有经济环境的外部驱动；既有企业管理层自身利益的追求，也有企业市场化发展的战略导向。而中国上市公司的并购，由于在经济转型时期，必然体现出自身特点，表现在可再生能源产业，更是如此，不仅带有获得稀缺性资源的突出动因，也体现出规模化经营的利益考量。不仅要顺应国家政策导向，也要在上下游产业之间进行协同，以规避政策变化的风险等。但是客观上，中国学者一般沿袭西方基本的理论，对并购动因理论研究较少，尤其是可再生能源这一新兴产业并购更需要给予更多的关注。所以，可以探索以传统并购动因理论为基础，扎根中国实践，针对这一时期中国可再生能源产业发展的特点，采取一种动因为主的简便方法，抓住主要矛盾和矛盾主要方面，进行并购动因的分析。

第三，并购绩效的实证。国际上包括中国都有大量的并购价值特别是并购绩效的实证研究，但是研究结果却并不完全一致，有的甚至是互相矛盾的，然而大多数有关上市公司并购绩效的研究结果得出的结论是，并购一般都能改善目标公司的经营状况，提高目标公司的营利能力以及营运现金流量，但在改善并购方的绩效方面效果并不显著。

第四，并购绩效的会计研究法。有关并购绩效的几种实证研究方法来自西方，其实证结果没有统一的结论。中国并没有一套系统的关于并购绩效的理论，中国学者和业界，更多地着力于绩效评估与实证的研究，常用的方法主要是事件研究法、会计研究法。在中国证券市场有效性不能确定的条件下，相对于事件研究法，会计研究法更具有适用性和优势。同时，主成分分析法、因子分析法、专家评估方法等，也有一定的应用，从而极大地增强了并购绩效评估的准确性和全面性。电力能源企业并购绩效指标构建，主要是在通常的评价体系内，结合了新能源、可再生能源门类的这一时期的产业特点，对应安全性、效率、流动性，突出了盈利能力、运营能力、增长能力三大方面。

第五，就中国可再生能源上市公司行业的并购而言，人们热衷于研究新能源，以区别于传统能源（煤炭、石化能源），并特别专注于研究光伏、风能等单一门类的并购。而对于可再生能源整个行业并购行为的研究比较少见，针对性地研究绩效评估的，难得一见。但基本逻辑思路是一致的。同时，就这几年的市场与政府政策变化来看，可再生能源国企、民企的市场竞争日益激烈，这两种股权主导的上市公司，哪一种更有并购优势，哪一种更有利于行业的发展，哪一种更有效率，已经是业界的热点问题。因此，有必要从这一比较的视角出发，对中国可再生能源上市公司的并购绩效进行研究和探索。

8.6 问题的提出与研究假设

8.6.1 问题的提出

（1）并购动因。西方经历了五次并购浪潮，国际上流行的并购动因很多，主要包括协同效应、管理者自利、获取更大的市场份额、财务税收因素等。但是，就中国而言，企业并购从1984年开始，起步较晚，而且计划经济向市场化转变的过程中，这种并购是逐步规范的，呈现出多方面的中国特色，包括政府外部驱动、财政税收等政策的干预、国有企业尤其是央企的主导地位、民企的不断壮大等，特别是这些由体制性因素和所有制导致的并购动因特点，在中国可再生能源产业并购上，表现得十分明显，包括国企、民企并购的动因，尽管有一些共同点，但是哪一种动因占主导，也不尽一致。

（2）并购绩效。在中国可再生能源行业，大量的并购案例是，国企大量并购民企，以及民企之间的并购，而民企很少并购国企。传统的观点是，国企的并购绩效，相对于民企的并购绩效，在大概率上是更低的。产权所有制对并购绩效影响如何？理论上讲，公司治理结构会对并购及并购绩效有一定的影响。那么，究竟如何？也许通过可再生能源产业的并购可见一斑。应该可以基于典型的并购历史的数据，进行分析，从而得出一些结论。对国企、民企在股份制改革中有基本的评价，也可以在下一轮的"混改"中，为政府和企业提供有益的参考。

（3）并购动因与并购绩效。并购动因与并购绩效的关联问题，由于研究的角度不同，众说纷纭，历来并无定论。以下问题越来越引起关注：针对中国可再生能源产业上市公司的并购，这种并购动因与并购绩效有无关联；由于竞争加剧，以及并购的逐渐规范和市场化，国企、民企的并购动因有何不同；这两类企业的并购动因与并购绩效有无直接关系；等等。

（4）并购模式与并购绩效。在中国可再生能源产业链上，常见的并购模式是横向、纵向的并购，跨行业的并购并不多见。同时，产业链上下游的并购，下游发电端之间的并购，往往由于并购金额和知名企业，而引业界瞩目；相应地，上游设备、技术端之间，以及上下游企业的并购，则往往容易被业界轻视。事实究竟如何？

纵观可再生能源产业的发展历程，不管是基于何种并购动因，也无论是民企还是国企，并购都为它们提供了产业转型升级的机遇。其一，初期政府政策的强有力的引导支持，法律的实施，制度的落实，国企的积极响应跟进，奠定了坚实的基础；其二，政府政策法令的实施，使得民营企业获得了相比传统能源业难得的市场机会，激发了民企在资源获得、技术创新等方面的活力；其三，产业发展到一定阶段，竞争加剧，产业的结构调整升级成为必然。由此产生的并购，则更加注重上下游产业的协同效应。同时，企业的并购越来越成为规模化发展的手段。显而易见，一种并购的动因往往是多层面的，而并非单一的。但是，最初始、最直接、最根本的并购动因，往往是有排序或主次的。这种动因的排序，也可能带有明显的中国特色、可再生能源产业并购的特色。这种可再生能源领域"中国式并购"挺进，有什么特点？并购作为市场化的手段之一，并购绩效是否提高，是否能有效促进可再生能源企业的发展？总体上，不同的并购动因、并购类型，与并购绩效有无明显的关联？就单个公司而言，一定时期内的并购绩效，与并购之前最主要的并购动因间的关联度如何？

尤其是一个时期以来，政府、行业、管理学界、经济学界，有一种流行的观点，在可再生能源行业，大量的并购案例是，国企大量并购民企，民企之间进行并购，而民企很少并购国企。更常见的观点是，国企、民企的并购绩效，是有一定差异的。有的认为国企并购绩效高，有的认为民企并购绩效高。在当前一个时期，这是一个热点、焦点问题，这是涉及如何"混改"更有效率的问题。同时，对产业上下游而言，是产业内的横向并购更有效率，还是产业内上下游之间的纵向并购更有效率。这是关系到中国可再生能源产业链整合的一个效率问题，是一个涉及产业内结构优化的问题。

总之，基于以上思考，接下来将集中在中国可再生能源产业这个范畴，选择从明显起步到产业调整时期，这一快速发展的历史性阶段，从业界普遍关注的国企、民企竞争这一很具争议的热点、焦点问题出发，一是探讨总体上产业并购的绩效如何；二是总体上分析并购的主导动因、并购绩效有无直接关联；三是从国企、民企两者的比较角度，探究主导动因的差异，以及并购绩效有无优劣；四是探讨在中国可再生能源产业链上，横向并购、纵向并购的并购模式，对并购绩效有无影响，孰优孰劣。

因此，我们对 2005 年至 2017 年 13 年间，100 个中国可再生能源上市公司典型的并购事件进行研究，其中涉及 82 家上市公司（国企 35 家，民企 47 家）。采用会计研究法、管理层调查法等，从国企、民企并购绩效比较的视角，探讨中国可再生能源产业的并购动因与并购绩效，以及并购模式的影响因素。

8.6.2 实证研究假设

本书着重研究中国可再生能源上市公司的并购绩效，试图找出它们之间的关联度。同时，针对一直以来的热点问题即国有企业和民营企业的并购绩效问题，做出深层次探讨和比较性研究，为国家"双碳"目标的实现做出有益探索。为此，我们做出以下四个基本假设。

（1）中国可再生能源上市公司并购主要动因与并购绩效无明显关联。

（2）中国可再生能源上市公司并购绩效短期内改变并不明显。

（3）中国可再生能源上市公司国企、民企的并购绩效并没有明显差异。上市公司大股东所有制的因素对并购绩效无明显影响。

（4）并购模式对中国可再生能源上市公司并购绩效有明显的影响。

8.7 本章小结

本章在文献综述基础上，分别从并购动因、并购绩效、并购模式及其相互关系等层面逐步阐述提出"中国可再生能源上市公司并购动因与绩效关系"这一问题的原因和逻辑，并给出完成这一实证研究所必要的研究假设。

已有文献方面，本章首先对包含并购动机、并购效率、并购模式、并购价值等相关并购理论，以及从内涵、评价方法、结果实证到并购类型影响等并购绩效实证研究成果进行梳理和回顾；其次对中国企业并购动因与绩效研究的已有研究进行评价，包括总体实证研究、国企民企并购动因及并购绩效比较研究、中国可再生能源上市公司并购的产业背景、中国可再生能源产业整合的特征、电力及能源行业上市公司并购绩效研究、新能源及可再生能源门类并购绩效的研究等；最后给出总体评述。

第9章 研究方法与实证方案

9.1 研究方法概要

本章将主要运用会计研究法、调查问卷法。其中,也将运用到因子分析法(主成分回归分析)、比较研究法等具体方法。

9.1.1 会计研究法

本书在研究可再生能源并购绩效时将会考虑到并购作为企业的战略选择,并对企业具有中长期的影响。因此,我们选用会计研究法对并购绩效进行研究,在具体财务指标的选择时除了参考已有研究的做法,同时结合可再生能源企业的特点,构建财务指标体系。

我们是针对一个时期内中国可再生能源企业并购行为所开展的研究,即研究对象是中国可再生能源企业,并且重点在于比较国企和民企的并购绩效。力图得出国企、民企并购绩效的特点。因此,通过收集可再生能源上市公司的样本资料和并购的国企、民企性质,并通过样本分析其财务数据,再加以比较成为必要的研究手段,即定量的数据分析方法是必不可少且适用的。

另外,由于要比较国企和民企在并购绩效上的优劣,所以,通过数据分析得出的结果,必须首先进行定性的比较研究,并且这种比较研究是描述性的,即是对国企、民企两种所有制形态下,中国可再生能源企业并购绩效的对比。

9.1.2 调查问卷法

调查问卷法即直观地进行定性判断,以补充和验证定量与定性分析的方法。由于并购绩效的复杂性,并购绩效受多种因素影响,涉及企业内外的方方面面,综合考虑多种因素对于企业合并业绩的影响是非常重要的。Larsson 和 Finkelstein (1999)将并购视为一个连续、完整的过程,包括并购的支付方式以及管理者的并购经验、公司规模、并购战略类型、战略拟合程度等因素。调查问卷法就是在财务经营数据的基础上,进一步对中国可再生能源上市公司高管的调查访谈,直观地对并购绩效说明、解释,获取影响并购绩效因素的基本判断,从而对问卷访谈的结果进行统计分析，比较分析出国企、民企两类上市公司并购后的绩效特征，判断孰优孰劣。

由于针对的是中国可再生能源企业上市公司的高管人员，调查对象比较统一，调查问卷需要为开放式的，以便于受访者可以根据本人的意愿，进行自由的回答和选择性回答。因此，本书调查问卷设计成无结构型问卷。这种形式有利于收集到范围较广泛的资料，可以发现一些深度的问题和特殊的意见，由此可以获得一些补充的和验证的资料。

在具体调查方式上，主要是通过权威性较强的中国可再生能源协会、证券业协会、上市公司协会这几家行业协会，针对中国可再生能源上市公司的高管，开展批量调查。主要渠道是电子邮件群发送、微信群发送。这样的针对性，既保证了行业内的权威性，又保证了发送的准确性，同时，提高了调查效率。

9.1.3 因子分析法

统计分析是数据处理最基本也是最主要的方法。本书中，由于上市公司数据的可得性，数据基本上是可以获得的。同时，这些数据也是连续的。因此，通过经营和财务数据的统计分析，是可以得出并购前后的数据变化及其趋势的。所以，通过统计分析能够发现国企、民企两类可再生能源上市公司，在并购前后的绩效发展变化特征与规律。

本章大量采集了上市公司公开数据，首先，进行描述统计，集中在财务与经营绩效的指标上，概括出数据的共有性质；其次，通过推理性的统计分析，对数据进行判断；最后，由于财务经营数据的复杂多样，需要用几个简单的变量把多个指标的信息整合起来，为此，我们将主要采用主成分回归分析的方法。

9.1.4 比较研究法

比较研究是对两个或多个事件进行对比性研究，这种对比可以发现相同点与不同点，从而能够对有关研究对象的属性和特点有一个比较清楚的认识。由于我们研究的对象是同一个群体中，按国企、民企所有制形态分类的两种上市公司，同属于中国可再生能源行业，同属于一个时间段，绩效评价的体系主要是在中国的上市公司财务经营指标。唯一的不同是国企、民企的所有制不同。因此，具有开展比较研究的便利的基础。

比较对象是中国的可再生能源上市公司，而并购绩效的主要财务经营指标均在同一个国家、同一个绩效评价体系下。综上所述，研究要素的等值性显而易见，即指标、概念、数量具有相同的含义。纽曼列出了四种等值性问题，即语汇等值、脉络等值、概念等值、测量等值,而这四种等值在本书中是完全符合的。由此可见,可比性十分明显。

9.2 问卷调查与分析

为了探讨可再生能源企业的并购动因、并购绩效与并购方的所有制的关系,从现实的角度,直观地获得来自产业第一线的经验判断和真实看法,本章首先采用了问卷分析法。从中国可再生能源产业界、管理高层入手,进行实际的调查分析。

基于第 8 章文献综述中对中国可再生能源企业并购主要动因的分类,以及中国可再生能源产业特征的判断,我们在调查问卷设计中,引入并购动因、并购绩效、并购建议这三个主要变量。

(1) 并购动因是指并购主导动因,或者叫第一动因。从宏观上判断,是市场化主导,还是政府干预主导。从具体主导动因上,划分为四类:协同动因主导、追求规模经济主导、获得资源主导、顺应政府政策主导,即需要确定一家主并购的上市公司的主导动因属于四类主导动因中的哪一类。

(2) 并购绩效。一是针对自己所在的上市公司,作为主并购方,对并购前后的绩效,其真实的感受和判断,变化情况如何,属于什么状态,什么趋势;二是判断国企、民企并购绩效有无差异,差异程度如何;三是并购绩效与并购动因的关联性。

(3) 并购建议。政策建议涉及一件事情的两个方面,在反映出产业内一线高管的主要诉求的同时,也可以反映出他们对并购动因、并购绩效的一些真实看法。政策建议这个变量,试图反映出三个维度:外部的政府政策、市场化进程,以及并购后的企业内部管理整合。

9.2.1 问卷样本构成

本次调查选取了 60 家可再生能源行业的上市公司作为样本,其中国企 38 家,民企 22 家。上市时间超过 3 年的企业共计 54 家,仅有 6 家企业上市时间不足 3 年,每家公司发放 3 份问卷,合计 180 份。实际收到有效问卷 133 份,有效问卷回收率为 73.89%。

有效样本的构成情况是,从被调查者的职位来看,董事长(含 CEO[①])有 31 人,占样本的 23.31%,CFO[②]有 50 人,占样本的 37.59%,董事会秘书有 52 人,占样本的 39.10%。由此可见,本次调查各职位分布较为均匀(图 9-1)。

[①] CEO 全称为 chief executive officer,首席执行官。
[②] CFO 全称为 chief financial officer,首席财务官。

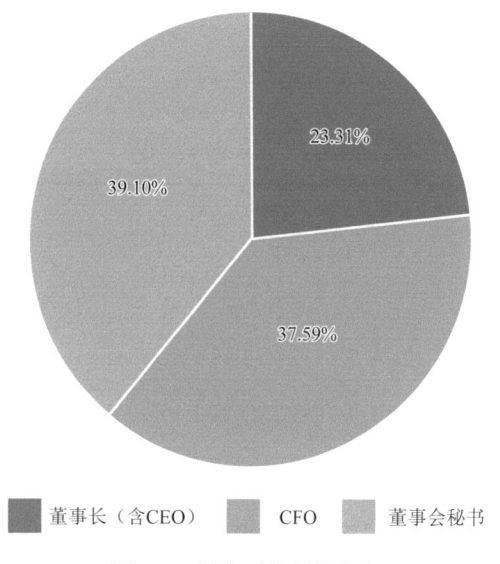

图 9-1 调查对象职位分布

从被调查者的任职年限来看,任职 1~3 年(含 3 年)的有 57 人,占样本的 43%,任职超过 3 年的有 76 人,占样本的 57%。由此可见,本次调查对象任职年限分布较均匀(图 9-2)。

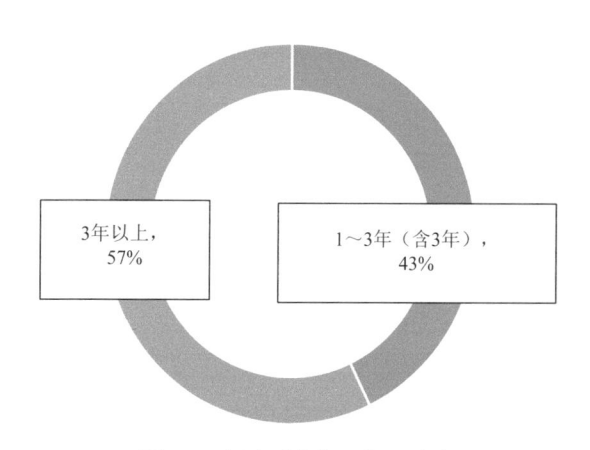

图 9-2 调查对象任职年限分布

9.2.2 问卷的信度效度分析

本节测试问卷量表的信度。克龙巴赫 α 系数是最为常见的信度测量方法。我们分别对总量表及题项超过 3 个的单维度进行信度检验。结果汇总在表 9-1 中,

总量表的克龙巴赫 α 系数为 0.896，大于等于 0.8，内在结果一致。各个维度的克龙巴赫 α 系数均大于 0.7，说明各个维度的内在一致性较高。

表 9-1　问卷信度检验

项目	克龙巴赫 α 系数	项数
总量表	0.896	9
并购动因	0.730	3
并购绩效	0.703	3
并购建议	0.781	3

我们使用 KMO（Kaiser-Meyer-Olkin）和巴特利特球形度检验问卷的结构效度（表 9-2）。总量表的 KMO 值为 0.846，大于等于 0.8，说明本问卷具有较好的结构效度。从巴特利特球形度检验结果来看，其 p 值 = 0.000，表明显著性水平值小于 0.05，因此我们可以认为相关系数矩阵不大可能是单位矩阵，适合对样本进行因子分析。

表 9-2　问卷的 KMO 和巴特利特球形度检验

变量	KMO	巴特利特球形度检验		
		近似卡方	自由度	显著性
总量表	0.846	698.094	36	0.000
并购动因	0.694	103.616	3	0.000
并购绩效	0.717	210.491	3	0.000
并购建议	0.698	114.226	3	0.000

9.2.3　描述统计

本节我们对各个维度分值的描述统计特征进行分析，主要包括最小值、最大值、均值及标准差等。首先从并购动因的维度分析，市场行为主导的均值是 6.58，说明并购动因源于市场行为的因素较强；而政府干预的均值是 3.23，可以看出来，对于可再生能源企业的并购，中国政府干预程度不高，其标准差是 2.15，说明数据分布比较广泛，也就是说不同企业存在显著差异。当问及国有企业与民营企业并购动因是否存在差异，我们可以看出来该变量的均值是 3.62，说明两种类型企业并购动因差异不大。其次，我们从并购绩效来看，并购绩效变量均值是 5.64，也就是说可再生能源企业并购绩效尚可；标准差是 2.13，说明各个企业并购绩效参差不齐；偏度为–0.35，说明数据呈现左偏倾向。并购绩效与并购动因，说明两种类型企业并购绩效差异不大。各变量的描述统计详见表 9-3。

表 9-3 各变量的描述统计

变量	个案数	最小值	最大值	均值	标准差	偏度	峰度
市场行为主导	133	1.00	9.00	6.58	1.99	–0.55	–0.23
政府干预	133	1.00	9.00	3.23	2.15	1.07	0.37
并购动因差异	133	1.00	9.00	3.62	2.42	0.68	–0.72
并购绩效	133	1.00	9.00	5.64	2.13	–0.35	–0.48
并购绩效差异	133	1.00	9.00	3.11	2.19	1.29	0.87
并购绩效与并购动因	133	1.00	9.00	4.02	2.30	0.45	–0.57
加大政策力度	133	2.00	9.00	6.47	1.79	–0.10	–1.17
注重市场发挥作用	133	1.00	9.00	5.52	2.27	–0.10	–0.80
加强企业内部管理	133	1.00	9.00	5.55	1.99	–0.01	–0.49

最后，从并购行为与绩效提高的维度分析，三个建议均值从小到大排序为：注重市场发挥作用、加强企业内部管理、加大政策力度。由此可见，可再生能源企业认为需要加大政策力度，支持其并购，从而获得更好的并购绩效。

9.2.4　国企和民企的并购分析

首先，我们分析国企和民企的并购动因来源于市场行为。从图 9-3 可以看出，高达 89.29%的民企认为其并购动因是受市场驱动，而 58.44%的国企认为市场因素为并购的主导因素。

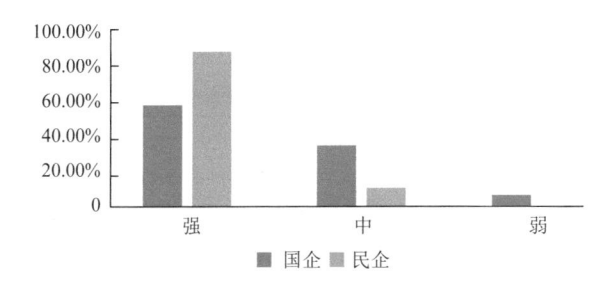

图 9-3 两种类型企业在市场行为主导并购中的对比

其次，为了进一步分析，我们使用独立 t 检验分析两种类型企业在市场行为主导并购时是否有显著差异（表 9-4）。可以看出来，无论是国企还是民企，关于市场行为主导的均值都大于 6，也就是说两种类型的企业都认为并购中的市场行为因素占主导。但是 t 检验对应的 p 值小于 0.01，也就是说在 99%的置信水平下，两种类型企业在"强"与"弱"时有显著的统计差异，具体而言，民企认为市场行为主导的强度均值高于国企。

表 9-4 两种类型企业并购主导因素的 t 检验

企业所有制	企业数量	均值±标准差	t
民企	56	7.21±1.47	3.459
国企	77	6.12±2.18	

最后，我们使用 t 检验分析国企和民企的并购绩效是否有显著差异，见表 9-5。我们可以看到独立 t 检验的统计量为 1.459，并不显著。也就是说，两种类型企业在并购绩效上并不存在显著差异。

表 9-5 两种类型企业并购绩效的 t 检验

企业所有制	企业数量	均值±标准差	t
民企	56	7.11±1.31	1.459
国企	77	6.00±1.95	

9.2.5 调查问卷分析结论

由于直接来源于现任的中国可再生能源产业上市公司高管层，经验判断比较真实可信。本问卷调查的信度效度，各个维度的内在一致性较高。可得出的基本结论如下。

（1）关于并购动因。首先，高管普遍认为，从并购动因维度分析结果看，并购的市场化行为较强，占主导地位，而政府干预的因素较弱。其次，从国企、民企比较看，民企更加认可市场化因素占主导地位。一方面，说明随着中国市场化进程加快，并购行为越来越规范；另一方面，由于中国可再生能源产业发展到了这个阶段，企业的市场竞争越来越激烈。最后，并购动因在不同企业存在一定的差异性。这是由于企业所处的发展阶段、地区、经营环境等各有不同。国企、民企的并购动因虽然不完全一致，但是差别不大。

（2）关于并购绩效。首先，高管普遍认为并购绩效在不同企业参差不齐。其次，国企、民企比较来看，并购绩效差异不大。最后，从高管的建议可以推断，支持并购，加强内部管理，并购后进行有效的整合，是可以提高并购绩效的。

问卷调查分析的这几个结论，与文献中大多数学者的观点基本一致。一方面体现了并购的中国特色，以及中国可再生能源产业并购的几个共同点。比如，动因上，既包括外部竞争压力，又包括内部扩张驱动；既包括产业链上的协同，又包括抢占优质资源。但在一定的并购时点上，总有一种动因占主导地位，如发展规模、资源获得、顺应政府政策等。另一方面，国企、民企在产业链上各有侧重，经营管理各有千秋，并购绩效谈不上孰优孰劣，明显的差距是不存在的，所以业界学者呼吁，对待国企、民企的并购，应在市场化的规则下一视同仁。

9.3 实证研究方案

9.3.1 数据选取及来源

我们以上市的中国可再生能源企业作为研究对象，分析并购企业所有制、并购企业类型对并购绩效的影响。以 2005 年开始至 2017 年这 13 年中可再生能源上市公司发生的并购事件为研究样本。在所有能源包括新能源上市公司中，剔除主营业务不属于可再生能源行业的公司，最后筛选出包括所属地热能、风能、核能、生物质能、太阳能等板块的上市公司。企业的并购事项数据主要来源于同花顺和交易所公布的上市公司年报，企业的各类财务数据主要来源于 WIND 数据库以及国泰安数据库。

实证研究中，在对并购事件进行筛选时遵循以下原则。

第一，并购事件发生的时间段为 2005 年至 2017 年；并购方为上市的中国可再生能源企业，包含在上海证券交易所、深圳证券交易所及香港交易所上市的企业；并购的交易进度为完成；以并购完成日作为并购事件的发生日。

第二，若同一家上市公司在一年内发生多起并购事件，则取规模最大的那次并购作为研究对象。

第三，央企集团内重大关联交易事项的并购，不列入。理由在于，中国的电力能源五大央企集团作为特殊的国企，在集团与集团作为大股东的上市公司之间，并购经常发生，此类属于重大的关联交易，一般而言，此类并购交易对治理结构和运营管理方式，并无实质性改变。

第四，选取的并购双方均属于中国境内企业，而不涉及境外并购。

第五，为保证样本数据的完整和真实性，剔除财务数据缺失的样本。

第六，研究假设各可再生能源企业披露的信息真实、完整，研究样本的会计政策、财务数据统计口径一致。

最终选择了 82 家可再生能源企业，其中并购方为国有企业的有 35 家，民营企业的有 47 家。在研究的时间范围内，最终筛选确定了 100 个并购交易事件，其中横向并购事件有 62 个，纵向并购事件有 38 个。

9.3.2 样本案例并购动因的定性分析

1. 归类的基本原则

首先，根据相关文献和中国可再生能源上市公司并购的实践，本书以传统并购动因理论为基础，紧密结合中国上市公司并购特点，尤其是可再生能源产业上市公司并购特征，进行探索性的分析，从国企、民企比较研究的视角，对中国可再生能源上市公司的并购动因进行定性的归类。基本分为四大类型：规模经济为第一主导型、协同效应为第一主导型、资源获得为第一主导型、政策响应为第一主导型。

之所以这样划分，一是因为动因的多元、多层次性，只有抓住最为重要的要素，合理地排序，才能明确主要动因，把极为复杂的并购动因归类，以便于进行统计分析。二是并购动因与企业所有制类型、时间、企业生命周期等均有一定的直接联系。同一个企业，在不同时期的并购，第一主导动因并不一定相同。国企、民企两类不同的并购主体，在某一并购时期，其并购第一主导动因却可能是相同的。三是国企和民企在针对产业内同类型的并购目标时，发生并购的第一主导动因大概率上是相同的。而针对不同类型的并购目标，动因则各有差异。这常常是由国企、民企自身的资源禀赋、互补性需求决定的。

2. 归类的定性分析

在归类之后，一个重要的工作就是要基于选取的样本案例，有必要对每一个案例进行分析，从而定性判断出属于哪一类并购动因。我们从国企、民企的角度，分别选取典型的并购案例进行如下简要的分析，说明定性分析的依据与过程。

1）规模经济第一主导

案例：2011 年，吉林电力股份有限公司（简称吉电股份，股票代码：000875）并购民企甘肃瓜州协合风力发电有限公司（简称瓜州风电）。吉电股份是国家电力投资集团公司（原中国电力投资集团公司）的全资子公司，位于吉林省长春市。以 4.95 亿元人民币现金的价格，并购民企协合风电投资有限公司所持的瓜州风电 51%的股权（协合风电投资有限公司是香港上市公司协合新能源集团有限公司国内主体之一)。该案例被归类为规模经济第一主导类型。吉电股份 2011 年并购前后主要会计指标如表 9-6 所示。

表 9-6 吉电股份 2011 年并购前后主要会计指标（单位：亿元）

项目	2009 年	2010 年	2011 年	2012 年
营业收入	20.85	25.52	45.57	43.84
利润总额	2.21	0.60	0.40	-4.60
归属于上市公司股东的净利润	1.66	0.13	0.14	-4.48
归属于上市公司股东的扣除非经常性损益的净利润	0.32	-1.15	-0.46	-4.72
经营活动产生的现金流量净额	11.94	-1.49	1.00	16.64
资产总额	104.26	142.25	171.08	159.71
负债总额	76.00	116.78	141.41	103.65
归属于上市公司股东的所有者权益（或股东权益）	26.44	23.83	23.97	19.53

资料来源：根据财务报告整理

主要依据之一：并购公告。

吉电股份于 2011 年 5 月 21 日，宣告拟并购协合风电投资有限公司持有的瓜州风电 51%的股权。该协议经过吉电股份 2011 年第三次临时股东大会审议批准，并经国务院国有资产监督管理委员会批准后正式生效。

主要依据之二：与并购标的关系分析。

并购标的为同处于可再生能源产业的下游发电企业。瓜州风电是一家典型的民企控股子公司，在甘肃主要从事风力发电。

当时的并购理由主要是：①有利于公司产业结构的调整；②有利于增强公司盈利能力；③有利于公司在新能源领域的持续发展。可归结为：扩大市场规模。通俗地说，就是扩大地盘，壮大规模，带有典型的大型国企、央企的特征。2011 年，吉电股份完成并购活动，并迅速扩大了公司资产规模，资产总额提高了 64.09%。但是，从 2009 年到 2012 年，吉电股份的利润总额、归属于上市公司股东的净利润、归属于上市公司股东的扣除非经常性损益的净利润、归属于上市公司股东的所有者权益（或股东权益）均呈下降趋势。2012 年，吉电股份的利润总额较 2009 年下降了；归属于上市公司股东的净利润较 2009 年下降了 369.88%；归属于上市公司股东的扣除非经常性损益的净利润较 2009 年下降了 1575.00%；归属于上市公司股东的所有者权益（或股东权益）较 2009 年下降了 26.13%。显然，虽然吉电股份通过并购活动迅速扩大了公司资产规模，但是并购后公司的经营状况却没有改善。

2）协同效应第一主导

2011年中国长江电力股份有限公司（简称长江电力）以21亿元港币并购中国电力新能源发展有限公司（简称中电新能源）26.20%的股份。公告称，公司拟以自有资金作为投资资金来源。中电新能源在风电、垃圾发电、天然气发电上均具有一定的规模，具备较好的项目、市场资源和人才储备，通过本次投资，公司全资子公司长电国际能源投资（海南）有限公司（简称长电国际）将成为中电新能源第一大股东，有利于促进公司装机规模、销售收入及利润水平的进一步提高，有利于扩大公司在清洁能源行业的影响力，有利于实现公司与中电新能源的协同发展。

长江电力隶属于央企中国长江三峡集团有限公司，以水力发电为主，并不断开发风电、太阳能风电等业务。而中电新能源隶属于中国电力投资集团公司香港子公司，为香港上市公司。

长江电力并购之后，成为中电新能源的第一大股东，一是可以利用香港的资本市场，拓宽融资渠道；二是可以在垃圾发电、生物质能发电领域有所作为，延伸产业链；三是可以利用并购，得到一定的税收优惠（财务协同效应的体现）。

从并购公告上和并购双方的优势互补上分析来看，此次并购就是典型的追求协同效应所产生的结果。并购后的2012年，与并购前的2010年相比，除了主业水电业务之外，经营协同效应和财务协同效应也是带来收入增加的另一因素。

并购前后的长江电力财务状况如表9-7所示。

表9-7 并购前后的长江电力财务状况

项目	2010年	2011年	2012年
营业收入/亿元	218.80	207	258.18
利润总额/亿元	108.86	101.04	135.65
归属于上市公司股东的净利润/亿元	82.26	77	103.69
基本每股收益/亿元	0.4985	0.4667	0.6284
加权平均资产收益率	12.79%	11.54%	14.49%
归属于上市公司股东的每股净资产/亿元	4.0097	4.1358	4.5393

资料来源：根据财务报告整理

3）资源获得第一主导

浙江盾安人工环境股份有限公司（简称盾安环境，股票代码：002011），

2013年以3252.42万元人民币并购太原炬能再生能源供热有限公司20%的股权。公告称,根据公司发展战略,可再生能源业务是公司未来发展的重点。此次股权转让为公司后续对可再生能源业务的进一步整合奠定了基础,有利于公司为可再生能源业务的发展进行资源集聚及优化配置,从而持续强化公司的市场竞争力,巩固并增强公司的市场领先地位。

从与并购标的的关系看,盾安环境是一家涉及能源环境类制造装备为主的企业,并购的标的则是从事发电、供热的技术开发利用,以及可再生能源下游企业,是典型的上游并购下游的案例。

并购标的公司既有市场资源,也有技术资源。并购标的公司致力于实现可再生能源在建筑方面的应用,解决建筑用能日益增长与传统能源逐渐匮乏之间的矛盾,拥有世界首创、国际领先的多项成套专利技术与专利装置,曾荣获中国创新成果大奖、科技成果转化大奖等诸多奖项。项目的技术与设备能有效解决利用城市原生污水及江、河、湖、海水为建筑提供冷热源的世界性重大课题,在全球性节能减排、环保、水资源利用等方面取得了开创性的成果。

同时,通过此次并购,可以获得可再生能源发电供热、建筑节能等市场机会、市场份额,这种资源对于设备制造业而言,是非常稀缺的。

相对于充分市场化竞争的制造业,可再生能源的供电,尤其是供热的地域性、公用事业性特征非常明显,具有一定的区域垄断特性,也具有可持续、稳定经营的优势。

所以,无论从技术的稀缺性还是跨地区市场的稀缺性,以及资金成本的投入来看,此次并购都是一次典型的资源获得性并购。

4) 政策响应第一主导

2009年4月,华能国际电力股份有限公司(简称华能国际,股票代码:600011)以1500万元人民币收购化德县大地泰泓风能利用有限责任公司99%股权。

华能国际是央企华能集团的子公司,运营着华能集团80%以上的火电资产。公告称,并购风电企业是响应国家加快新能源、可再生能源发展政策之举。由于中国可再生能源起步较晚,在2008年前后传统的火力发电占据绝对的主导地位,加之经济的快速发展,导致电力建设相对滞后,电力资源相对经济和社会发展非常紧张。因此,需要发展新能源、可再生能源作为补充。同时,在国务院国有资产监督管理委员会的要求下,央企华能国际作为中国五大发电集团的龙头,贯彻执行国家政策(通过并购风力发电、光伏发电企业以加快可再生能源电力发展)是应有之义,可以起到带头作用和示范效应。

表9-8列出了2009年之前出台的主要政策法规,并由此可见此次并购的政策响应导向。

表 9-8 2005～2008 年中国政府出台的可再生能源产业政策

序号	年份	政策
1	2005	《中华人民共和国可再生能源法》
2	2005	《可再生能源产业发展指导目录》
3	2005	《国家发展改革委关于风电建设管理有关要求的通知》
4	2006	《可再生能源发电价格和费用分摊管理试行办法》
5	2006	《可再生能源发展专项资金管理暂行办法》
6	2006	《促进风电产业发展实施意见》
7	2006	《可再生能源发电有关管理规定》
8	2007	《可再生能源中长期发展规划》
9	2008	《可再生能源发展"十一五"规划》
10	2008	《风力发电设备产业化专项资金管理暂行办法》

按照上述分析方法，对本次实证研究中的样本并购事件进行分类，见表 9-9。

表 9-9 并购主因定性分析表

代码	公司	年份	所有制	被并购标的所有制	并购模式	上下游并购	并购主因
600509	天富能源	2005	民企	民企	横向	下游	资源获得
600522	中天科技	2005	国企	国企	横向	上游	协同效应
600900	长江电力	2007	国企	国企	横向	下游	政策响应
600847	万里股份	2007	民企	民企	横向	上并下	协同效应
001896	豫能控股	2007	国企	国企	横向	下游	规模经济
000507	珠海港	2007	国企	国企	横向	下游	规模经济
600290	ST华仪	2007	民企	民企	横向	上游	协同效应
600021	上海电力	2007	国企	国企	横向	下游	政策响应
600509	天富能源	2008	民企	民企	横向	下游	资源获得
000826	启迪环境	2008	国企	国企	纵向	下并上	协同效应
600886	国投电力	2008	国企	国企	横向	下游	政策响应
600674	川投能源	2008	国企	民企	横向	下并上	政策响应
600642	申能股份	2008	国企	国企	横向	下游	规模经济
601991	大唐发电	2008	国企	国企	横向	下游	规模经济
600578	京能电力	2008	国企	国企	横向	下游	协同效应
600011	华能国际	2009	国企	国企	横向	下游	政策响应
000012	南玻A	2009	民企	民企	纵向	上游	协同效应

续表

代码	公司	年份	所有制	被并购标的所有制	并购模式	上下游并购	并购主因
002077	大港股份	2009	国企	民企	纵向	上游	协同效应
600744	华银电力	2009	国企	国企	横向	下游	规模经济
002066	精功科技	2009	民企	民企	横向	上游	规模经济
000826	启迪环境	2009	国企	民企	纵向	上并下	协同效应
600236	桂冠电力	2009	国企	国企	横向	下游	规模经济
03800	协鑫科技	2010	民企	民企	纵向	下游	协同效应
000993	闽东电力	2010	国企	民企	横向	下游	资源获得
600868	梅雁吉祥	2010	民企	民企	横向	下游	协同效应
600674	川投能源	2010	国企	国企	纵向	下游	规模经济
600101	明星电力	2010	国企	国企	横向	上游	规模经济
000040	东旭蓝天	2010	民企	民企	横向	上游	协同效应
600268	国电南自	2011	国企	民企	纵向	上并下	协同效应
000993	闽东电力	2011	国企	民企	横向	下游	规模经济
600900	长江电力	2011	国企	国企	横向	下游	协同效应
000875	吉电股份	2011	国企	民企	横向	下游	规模经济
600416	湘电股份	2011	国企	国企	横向	下游	规模经济
000883	湖北能源	2011	国企	国企	横向	下游	政策响应
000601	韶能股份	2012	民企	民企	横向	下游	政策响应
600795	国电电力	2012	国企	国企	横向	下游	规模经济
600396	ST金山	2012	国企	民企	横向	下游	协同效应
600487	亨通光电	2012	民企	民企	横向	上游	资源获得
300118	东方日升	2012	民企	民企	横向	下游	资源获得
002531	天顺风能	2012	民企	民企	纵向	上游	资源获得
002506	协鑫集成	2012	民企	民企	纵向	上并下	资源获得
002610	爱康科技	2012	民企	民企	纵向	上并下	协同效应
300068	南都电源	2012	民企	民企	纵向	上并下	协同效应
601218	吉鑫科技	2012	民企	民企	横向	上游	协同效应
600537	亿晶光电	2012	民企	民企	横向	上游	规模经济
000027	深圳能源	2013	国企	民企	纵向	下游	规模经济
01129	中国水业集团	2013	民企	民企	纵向	上并下	协同效应
300152	科融环境	2013	民企	民企	纵向	上并下	资源获得
603067	振华股份	2013	民企	民企	纵向	上游	协同效应

续表

代码	公司	年份	所有制	被并购标的所有制	并购模式	上下游并购	并购主因
300080	易成新能	2013	国企	民企	纵向	上并下	规模经济
002011	盾安环境	2013	民企	民企	纵向	上并下	资源获得
000862	银星能源	2013	国企	国企	纵向	下并上	规模经济
002610	爱康科技	2013	民企	民企	纵向	上并下	资源获得
002012	凯恩股份	2013	民企	民企	纵向	上并下	资源获得
601558	ST锐电	2013	民企	民企	横向	上游	协同效应
000669	ST金鸿	2013	民企	民企	横向	上游	协同效应
002686	亿利达	2013	民企	民企	横向	上游	协同效应
002309	ST中利	2013	民企	民企	横向	上游	协同效应
00451	协鑫新能源	2014	民企	民企	横向	下游	规模经济
000875	吉电股份	2014	国企	国企	横向	下游	规模经济
300014	亿纬锂能	2014	民企	民企	横向	上游	资源获得
002298	中电兴发	2014	民企	民企	横向	上游	协同效应
300001	特锐德	2014	民企	民企	横向	上游	资源获得
600290	ST华仪	2014	民企	民企	纵向	上并下	协同效应
600021	上海电力	2014	国企	民企	横向	下游	规模经济
002686	亿利达	2014	民企	民企	横向	上游	协同效应
600884	杉杉股份	2014	民企	民企	横向	下游	规模经济
002516	旷达科技	2014	民企	民企	纵向	上并下	协同效应
002121	科陆电子	2014	民企	民企	横向	上游	资源获得
601908	京运通	2014	民企	民企	纵向	上并下	资源获得
002531	天顺风能	2015	民企	民企	纵向	下并上	协同效应
600482	中国动力	2015	民企	民企	纵向	上游	资源获得
000692	ST惠天	2015	国企	国企	纵向	下并上	协同效应
002411	延安必康	2015	民企	民企	纵向	上并下	协同效应
601101	昊华能源	2015	国企	国企	纵向	下并上	协同效应
300129	泰胜风能	2015	民企	民企	纵向	下并上	规模经济
002221	东华能源	2015	民企	民企	纵向	上游	协同效应
002298	中电兴发	2015	民企	民企	横向	上游	协同效应
002516	旷达科技	2015	民企	民企	纵向	上并下	资源获得
002121	科陆电子	2015	民企	民企	纵向	上并下	协同效应
601012	隆基绿能	2015	民企	民企	横向	上游	协同效应

续表

代码	公司	年份	所有制	被并购标的所有制	并购模式	上下游并购	并购主因
300082	奥克股份	2015	民企	民企	横向	上游	资源获得
300234	开尔新材	2015	民企	民企	纵向	上并下	协同效应
002684	ST猛狮	2016	民企	民企	横向	上游	协同效应
600900	长江电力	2016	国企	国企	横向	下游	政策响应
000767	漳泽电力	2016	国企	国企	纵向	下并上	政策响应
300080	易成新能	2016	国企	民企	横向	上游	规模经济
600856	ST中天	2016	民企	民企	纵向	上并下	协同效应
000791	甘肃能源	2016	国企	国企	横向	下游	规模经济
600487	亨通光电	2016	民企	民企	横向	上游	资源获得
002686	亿利达	2016	民企	民企	横向	上游	资源获得
600642	申能股份	2016	国企	国企	横向	下游	规模经济
002531	天顺风能	2016	民企	民企	横向	上游	协同效应
300062	中能电气	2016	民企	民企	纵向	上并下	协同效应
601311	骆驼股份	2016	民企	民企	纵向	上并下	协同效应
002371	北方华创	2016	国企	国企	横向	上游	资源获得
300029	ST天龙	2016	民企	民企	横向	上游	协同效应
300217	东方电热	2016	民企	民企	纵向	下并上	协同效应
002163	中航三鑫	2017	国企	国企	横向	上并下	协同效应
603659	璞泰来	2017	民企	民企	横向	上游	资源获得

9.3.3 并购绩效评判体系构建

评判并购绩效的一种常用统计方法是事件研究法，该统计方法主要研究当市场上某一个事件发生的时候，股价的波动是否会引起异常报酬率。但事件研究法依赖 CAPM，对于多起并购事件的同时发生，CAPM 或将失效。从而事件研究法不适用于作为本书研究的中国可再生能源企业的绩效评判方法。同时，更重要的原因是，中国证券市场的不够成熟和规范，在很大程度上限制了事件研究法的适用性。因此，综合考量，我们最终采用会计研究法，对可再生能源企业的并购绩效进行实证分析。

我们借鉴前一章文献回顾中的中国学者的研究成果，采用会计研究法，并结合这一时期中国可再生能源产业的特点，确定选取并购绩效指标原则。

（1）根据第 8 章所述的会计研究法和财务指标，紧密结合中国可再生能源上市公司现实特点和常用指标，综合考量，选择恰当的财务指标。

（2）从多维度选择适合的财务指标，同时兼顾收益、风险及成长等综合能力。如果仅选取单一的财务指标对并购绩效进行评价会使评价工作带有片面性。

（3）主要财务指标的选取分析。首先，盈利能力方面：每股收益率反映的是股东持有每一份股份，所能获得的利润或承担的亏损，是衡量上市公司盈利能力最为常用的分析指标。可再生能源公司在生产中需要投入大量的生产设备和场地等，资产比重高，总资产收益率代表着企业利用资产获利的能力。因此，将总资产收益率作为衡量可再生能源企业盈利能力的指标，是非常有效的。

另外，由于中国可再生能源行业出现的低端产能过剩现象，常见的表现为存货积压或者发电供热出力不足，营业收入较低，而销售毛利率是企业主营业务赚取利润的能力，是企业核心盈利能力的体现。因此，研究选取代表可再生能源企业盈利能力的指标为：每股收益率、总资产收益率、销售毛利率。其次，偿债能力方面：中国可再生能源企业在投资和并购上，基建方面投入资金比较大，并购中涉及的资金规模也比较大，财税政策波动也比较大。投资和并购的财务风险之一，往往体现在财务结构和偿债能力上。因此，保持良好的流动性，保持适度的偿债能力，包括短期、长期的偿债能力，保持稳健的财务结构，是非常关键的。而比较重要的指标就是流动比率和资产负债率。因此，我们选取代表可再生能源企业偿债能力的指标为：流动比率、资产负债率。最后，营运能力方面：营运能力一项综合指标，考察的是可再生能源企业的管理水平、经营能力、资源配置效率。突出反映在资产利用的效率效能上。而实现资源的优化配置则是并购的目的之一，就是希望并购后资产使用效率得到相应的提高，这种效率的提高主要通过总资产周转率来体现。因此，我们选取代表可再生能源企业营运能力的综合性指标为总资产周转率。

基于以上分析，最终选择以下 6 个可再生能源企业并购绩效财务指标，如表 9-10 所示。

表 9-10 可再生能源企业并购绩效财务指标

维度	变量	定义
盈利能力	每股收益率	普通股股东的当期净利润/当期发行在外普通股的加权平均数
	总资产收益率	息税前利润/资产平均总额
	销售毛利率	(销售收入－销售成本)/销售收入
偿债能力	资产负债率	负债总额/资产总额
	流动比率	流动资产/流动负债
营运能力	总资产周转率	营业收入净额/平均资产总额

综合考虑多个财务指标面临着如何选取指标权重的问题，我们采用因子分析法赋予不同指标的权重。因子分析法采用的是降维思想，对多个原始变量之间的关系进行分析，将几个不相关的公共因子综合在一起，从而借助这些指标对企业的各个方面进行评价。艾杰等（2012）发现因子分析法能够展现出原始变量的绝大部分信息，能对指标间相关的重叠性提出相应的解决方案，使评价结果的科学性大大提高。因子分析的主要步骤如下。

（1）将原始数据标准化：进行无量纲化处理。因为不同指标的量纲不一致，数量间的差异需要进行标准化处理才能使指标之间具有可加性。标准化后变量的均值为0，方差为1，近似服从（0,1）标准正态分布。

$$标准值 = \frac{（原始值-序列均值）}{序列标准差} \tag{9-1}$$

（2）计算变量间简单相关系数矩阵 R 及公共因子的权重系数。
（3）构造因子变量。
（4）利用旋转方法使因子变量具有可解释性。
（5）计算每个样本的因子变量得分。

9.3.4 模型设计与变量选取

本节采用多元回归分析的方法对可再生能源企业并购绩效与并购动因、并购绩效与并购方所有制、并购绩效与并购类型等关系进行研究。虽然本书关注的是并购绩效与并购模式、并购方向等并购关系，但由于样本个体之间存在着很大的差异，因此模型引入了企业规模、企业上市年龄两个控制变量。另外，并购是一个长期的过程，从经营绩效的角度讲，并购作用的体现往往需要假以时日，因此本书探讨并购当年、并购后一年、并购后两年与前一年的对比。本统计分析基于 SPSS 24.0 完成。

统计分析所采用的多元回归模型基本形式如下：

$$Y_1 = \beta_0 + \beta_1 \text{state} + \beta_2 \text{motivation} + \beta_3 \text{type} + \beta_4 \text{ratio} + \beta_5 \text{assert} + \beta_6 \text{age} + \varepsilon \tag{9-2}$$

$$Y_2 = \beta_0 + \beta_1 \text{state} + \beta_2 \text{motivation} + \beta_3 \text{type} + \beta_4 \text{ratio} + \beta_5 \text{assert} + \beta_6 \text{age} + \varepsilon \tag{9-3}$$

$$Y_3 = \beta_0 + \beta_1 \text{state} + \beta_2 \text{motivation} + \beta_3 \text{type} + \beta_4 \text{ratio} + \beta_5 \text{assert} + \beta_6 \text{age} + \varepsilon \tag{9-4}$$

其中，$\beta_i (i = 0 \sim 6)$ 为回归系数；ε 为回归误差。

表 9-11 对被解释变量 Y_1、Y_2、Y_3，解释变量（并购方企业类型、并购动因、并购模式、并购规模），控制变量（企业规模、企业上市年龄）等研究变量做出说明。

表 9-11　研究变量说明

变量类型	变量名称	变量简称	变量说明
被解释变量	并购当年相对于并购前一年的绩效	Y_1	使用因子得分差额作为绩效对比
	并购后一年相对于并购前一年的绩效	Y_2	
	并购后两年相对于并购前一年的绩效	Y_3	
解释变量	并购方企业类型	state	国企赋值0，民企赋值1
	并购动因	motivation	资源获得赋值0，规模经济赋值1，政策顺应赋值2，协同效应3
	并购模式	type	横向赋值0，纵向赋值1
	并购规模	ratio	
控制变量	企业规模	assert	总资产的对数值
	企业上市年龄	age	

第 10 章　并购绩效的实证分析

10.1　并购绩效指标的构建

在进行因子分析前，首先根据式（9-1）对数据进行标准化处理，另外对数据进行 KMO 和巴特利特球形度检验，检验数据是否适合因子分析。因为模型构建要考虑并购前一年、并购当年、并购后一年、并购后两年的数据，所以本章对 82 个样本企业并购前一年、并购当年、并购后一年、并购后两年的数据进行检验。表 10-1 汇总了四组数据的结果，可以看出来，各个模型的 KMO 值均大于 0.5，且巴特利特球形度检验的 Sig.值均小于 0.01，否定了相关矩阵为单位阵的零假设，说明本书选取的数据适合采用因子分析。

表 10-1　KMO 和巴特利特球形度检验

年份		并购前一年	并购当年	并购后一年	并购后两年
KMO 度量		0.567	0.529	0.592	0.619
巴特利特球形度检验	近似卡方	155.815	192.79	147.4	127.303
	df	15	15	15	15
	Sig.	0.000	0.000	0.000	0.000

因子分析的目的是从许多变量中综合出几个代表性的因子。采用主成分分析法提取因子，并选取特征值大于 1 的因子。本章我们以并购当年数据作为展示，并购前一年、并购后一年、并购后两年的数据采取一样的方法。对所有样本数据进行因子分析、方差最大化、因子旋转，抽取大于 1 的特征根，提取 3 个主成分。从表 10-2 所示的因子提取效果来看，前 3 个成分的特征根大于 1，累计方差百分比达到 80.299%。总体上，原有变量的信息丢失较少，因子分析的效果比较理想；因子旋转后累计方差百分比没有改变，但改变了各因子的方差贡献，使得因子更易于解释。

表 10-2　总方差解释表

成分	初始特征值			提取载荷平方和			旋转载荷平方和		
	总计	方差百分比	累计方差百分比	总计	方差百分比	累计方差百分比	总计	方差百分比	累计方差百分比
1	2.264	37.733%	37.733%	2.264	37.733%	37.733%	1.824	30.398%	30.398%
2	1.440	23.999%	61.732%	1.440	23.999%	61.732%	1.687	28.118%	58.516%

续表

成分	初始特征值			提取载荷平方和			旋转载荷平方和		
	总计	方差百分比	累计方差百分比	总计	方差百分比	累计方差百分比	总计	方差百分比	累计方差百分比
3	1.114	18.567%	80.299%	1.114	18.567%	80.299%	1.307	21.783%	80.299%
4	0.705	11.743%	92.042%						
5	0.305	5.080%	97.122%						
6	0.173	2.878%	100.000%						

提取方法：主成分分析法

同样地，我们通过从如图 10-1 所示的碎石图也可以看出来，提取 3 个因子是合适的。碎石图中，横坐标为因子，纵坐标为特征值。可以看到，第一个因子的特征值很高，对解释原变量的贡献度最大，前两个因子的特征值较高，对解释原变量的贡献度也较大，第 3 个以后的因子的特征值都比较小，根据主成分因子的原理，收集值较高的因子，对于值较低的因子可以抛弃。因此，提取 3 个因子是恰当的。

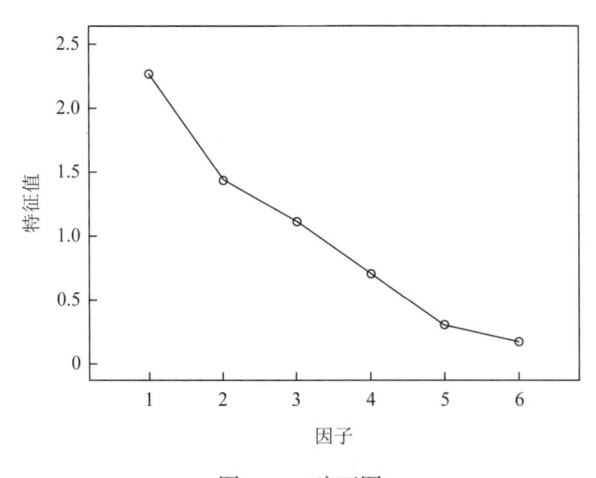

图 10-1 碎石图

基于指标的经济含义，我们看到这 3 个成分的方差贡献率分别为 37.733%、23.999%、18.567%，利用这 3 个因子构造出综合得分模型。本书采用正交旋转法来得到旋转后的因子载荷。载荷绝对值较大的因子表明与变量之间的关系越为密切。

从表 10-3 中可以看出，第一主成分与每股收益、总资产报酬率、销售毛利率这三个财务指标具有比较高的相关性。因此，第一主成分为盈利因子；第二主成分与资产负债率有较高的相关度，而这个指标可衡量企业偿债能力，因此将第二主成分命名为偿债因子；第三主成分是营运因子。因子命名完成后，计算因子得分系数。

表 10-3 旋转后因子载荷矩阵

指标	成分 1	成分 2	成分 3
每股收益	0.648	−0.014	0.384
总资产报酬率	0.895	0.099	0.086
销售毛利率	0.736	0.256	−0.519
资产负债率	−0.203	−0.903	0.086
流动比率	−0.025	0.869	0.333
总资产周转率	0.145	0.201	0.874

提取方法：主成分分析法　旋转方法：凯撒正态化最大方差法

a. 旋转在 7 次迭代后已收敛

根据因子得分系数矩阵，可以得出三个主成分的表达式如下，我们使用 F_1、F_2、F_3 代表三个主成分，使用 CX_1-CX_6 代表六个财务指标，则有

$$F_1 = 0.388CX_1 + 0.512CX_2 + 0.385CX_3 + 0.028CX_4 - 0.152CX_5 + 0.063CX_6 \quad (10\text{-}1)$$

$$F_2 = -0.162CX_1 - 0.090CX_2 + 0.113CX_3 - 0.570CX_4 + 0.533CX_5 + 0.001CX_6 \quad (10\text{-}2)$$

$$F_3 = 0.313CX_1 + 0.066CX_2 - 0.433CX_3 + 0.177CX_4 + 0.155CX_5 + 0.667CX_6 \quad (10\text{-}3)$$

结合以上结果，用各个主成分方差占全部方差的比值为权重，对各主成分进行赋值。

$$F = \frac{37.733}{80.299} \times F_1 + \frac{23.999}{80.299} \times F_2 + \frac{18.567}{80.299} \times F_3 \quad (10\text{-}4)$$

根据此方法，得出可再生能源企业并购前一年、当年、后一年、后两年的综合得分，见表 10-4。

表 10-4 样本并购绩效综合得分

代码	公司	并购前一年	并购当年	并购后一年	并购后两年
600509	天富能源	−0.5016	−0.3434	−0.4370	−0.3954
600522	中天科技	0.0967	0.0009	−0.1343	0.6589

续表

代码	公司	并购前一年	并购当年	并购后一年	并购后两年
600900	长江电力	−0.4936	0.5358	0.7012	−0.8540
600847	万里股份	0.4872	−0.0156	−0.6485	−0.1423
001896	豫能控股	−0.2532	−0.4038	−2.3230	−0.6011
000507	珠海港	−0.3196	−0.1587	0.0623	0.1533
600290	ST华仪	0.0990	0.9028	0.1245	0.6484
600021	上海电力	−0.0930	−0.3600	−1.1483	−0.4528
600509	天富能源	−0.5214	−0.4161	−0.2323	−0.4441
000826	启迪环境	−0.5145	0.0832	0.2484	−0.1106
600886	国投电力	−0.2158	−0.3553	−0.5003	−0.8358
600674	川投能源	−0.6085	−0.2288	0.1894	−0.5586
600642	申能股份	0.0612	−0.0851	0.1934	0.4961
601991	大唐发电	−0.4740	−0.7037	−0.6727	−0.6151
600578	京能电力	0.2614	−0.2163	−0.5885	−0.3687
600011	华能国际	−0.4230	−0.3345	−0.6218	−0.2590
000012	南玻A	−0.2406	0.2297	0.4283	0.1543
002077	大港股份	−0.0044	−0.3495	−0.4809	0.0272
600744	华银电力	−0.8084	−0.5482	−0.7981	−0.1506
002066	精功科技	0.2012	0.2599	0.0931	0.3192
000826	启迪环境	−0.3261	0.0704	0.1953	0.1052
600236	桂冠电力	−0.6217	−0.3139	−0.1995	−0.7310
03800	协鑫科技	−0.6457	0.4519	0.0011	−0.4515
000993	闽东电力	−0.3628	0.0248	0.3284	−0.1499
600868	梅雁吉祥	−0.8142	−0.2823	−0.1197	−0.1589
600101	明星电力	−0.2237	0.0340	0.2050	−0.0975
000040	东旭蓝天	−0.4012	−0.0756	0.3193	0.0261
600268	国电南自	−0.0131	0.1469	−0.0052	−0.0288
000993	闽东电力	−0.3981	−0.2650	−0.0655	−0.1296
600900	长江电力	−0.7699	−0.0163	0.4342	−0.6465
000875	吉电股份	−0.2648	−0.1125	−0.3933	0.0186
600416	湘电股份	0.1685	−0.2784	−0.5643	−0.2862
000883	湖北能源	0.0961	−0.3790	−0.1826	−0.2800
000601	韶能股份	−0.4648	−0.2838	−0.0238	−0.1731
600795	国电电力	−0.5324	−0.3844	−0.4297	−0.6509

续表

代码	公司	并购前一年	并购当年	并购后一年	并购后两年
600396	ST金山	−0.7053	−0.5382	−0.5099	−0.6450
600487	亨通光电	0.7144	0.4648	−0.1775	0.5865
300118	东方日升	0.2282	−1.1231	0.0067	0.2431
002531	天顺风能	0.3873	0.7206	0.4179	0.5574
002506	协鑫集成	−0.0600	−2.1700	−2.5402	0.6036
002610	爱康科技	0.7084	−0.5837	−0.5188	−0.2411
300068	南都电源	0.7326	0.7397	0.7364	0.9118
601218	吉鑫科技	0.2261	−0.1260	0.1707	0.3812
600537	亿晶光电	0.7827	−1.3541	−0.4603	−0.0786
000027	深圳能源	−0.0695	0.0490	0.1424	−0.3113
01129	中国水业集团	−0.1896	0.3135	0.8898	−0.0392
300152	科融环境	0.4287	0.2679	0.2755	0.0056
603067	振华股份	0.7855	0.6903	0.5713	0.7681
300080	易成新能	−0.1240	0.0223	0.1222	0.3184
002011	盾安环境	0.2265	−0.0186	−0.3482	−0.0717
000862	银星能源	−0.6043	−0.6836	−0.0370	−0.7696
002610	爱康科技	−0.3394	−0.4224	−0.4863	−0.5011
002012	凯恩股份	0.3695	0.2650	0.7255	0.7284
601558	ST锐电	−0.4043	−1.1692	−0.0602	−0.8960
000669	ST金鸿	0.0890	0.1002	0.0643	−0.3931
002686	亿利达	0.9602	1.1739	0.8427	0.5894
002309	ST中利	0.0140	−0.0990	−0.1038	0.1785
00451	协鑫新能源	−0.2024	−0.7067	−0.6013	−1.0180
000875	吉电股份	−0.5844	−0.5744	−0.6219	−0.7080
300014	亿纬锂能	1.0997	0.5705	0.7477	0.4121
002298	中电兴发	0.0087	0.1039	0.4742	0.7071
300001	特锐德	0.3460	0.5725	0.2411	−0.0500
600290	ST华仪	−0.1741	−0.1026	0.3802	0.0940
600021	上海电力	−0.2038	−0.1030	−0.2241	−0.4791
002686	亿利达	0.9231	0.7621	0.6520	0.6541
600884	杉杉股份	−0.0270	0.1211	0.2312	0.3582
002516	旷达科技	0.2937	0.2849	−0.0281	−0.0453
002121	科陆电子	−0.0418	−0.0556	−0.2852	−0.4536

续表

代码	公司	并购前一年	并购当年	并购后一年	并购后两年
601908	京运通	0.0775	−0.0432	0.3162	0.2326
002531	天顺风能	0.2563	0.3355	0.6840	0.0266
600482	中国动力	0.9965	0.8333	0.6905	0.8361
000692	ST惠天	−0.3478	−0.3843	−0.6283	−0.4660
002411	延安必康	0.2355	0.6881	1.1124	0.1339
601101	昊华能源	−0.1082	−0.4023	−0.0829	−0.1832
300129	泰胜风能	0.2098	0.3919	0.7766	0.6824
002221	东华能源	0.7913	0.2749	−0.3197	1.3999
002298	中电兴发	−0.1439	0.0242	0.9414	0.7620
002516	旷达科技	0.1105	−0.0346	0.2954	1.0679
002121	科陆电子	−0.2267	−0.3202	−0.2446	−0.3031
601012	隆基绿能	0.2446	0.4016	0.4874	0.5968
300082	奥克股份	0.2751	−0.3519	−0.0986	0.7364
300234	开尔新材	0.7699	0.6264	1.4438	0.9460
002684	ST猛狮	−0.2675	−0.1563	−0.4958	−1.7651
600900	长江电力	−0.4541	0.3272	0.3809	−0.6098
000767	漳泽电力	−0.5666	−0.6284	−1.1333	−0.6216
300080	易成新能	−0.0446	−0.0659	−0.6538	−0.1334
600856	ST中天	0.4871	−0.1184	−0.0598	−0.6489
000791	甘肃能源	−0.8866	−0.5719	−0.0117	−0.5392
600487	亨通光电	0.4631	0.7247	0.1281	0.8333
002686	亿利达	0.3566	0.6933	0.5949	0.0189
600642	申能股份	0.2163	0.1167	−0.0468	0.4457
002531	天顺风能	0.1555	0.4236	0.1512	−0.0959
300062	中能电气	−0.2746	0.1996	−0.0091	−0.0371
601311	骆驼股份	1.1250	1.0929	0.4542	0.9775
002371	北方华创	−0.4481	0.0800	0.1539	−0.1591
300029	ST天龙	−1.7100	−0.8836	0.5622	−0.9101
300217	东方电热	0.6727	0.2429	0.5372	0.6581
002163	中航三鑫	−0.1236	−0.2642	−0.6073	0.7114
603659	璞泰来	3.0630	3.0176	0.8110	1.5463

10.2 并购绩效指标的描述性统计

从表 10-5 可以看出（表中为修约后的数据），可再生能源企业发生并购当年、并购后一年与并购前一年的因子得分差的平均值分别为-0.006、0.000，也就是说并购事件当年及后一年，可再生能源企业的经营绩效并未发生显著改善。而并购后两年与并购前一年的因子得分差的平均值为 0.001，由此可见，可再生能源企业在并购事项发生后两年并购绩效有微微改善。从标准差分析，Y_1、Y_2、Y_3 的标准差分别为 0.505、0.705、0.468，可见不同样本的并购绩效参差不齐，差异较大。

表 10-5 并购绩效描述性统计

变量	个案数	最小值	最大值	平均值	标准差
Y_1	100	-2.14	1.10	-0.01	0.51
Y_2	100	-2.48	2.27	0.00	0.70
Y_3	100	-1.52	0.96	0.00	0.47
所有制	100	0.00	1.00	0.58	0.50
动因	100	0.00	3.00	1.73	1.23
类型	100	0.00	1.00	0.38	0.49
并购规模	100	0.01	1.00	0.69	0.31
年数	100	-3.00	23.00	8.51	5.86
企业规模	100	18.78	26.23	22.46	1.38

10.3 相关性分析

在进行回归分析之前，我们首先对回归模型中使用的研究变量进行相关性分析。我们使用皮尔逊相关系数。各研究变量之间的相关系数汇总在表 10-6 中。首先，我们看到变量 Y_1、Y_2 与各变量并无显著的相关关系，变量 Y_3 与并购模式在 95%的置信水平下相关系数为 0.207，考虑到变量并购模式的赋值方式，横向并购赋值 0，纵向并购赋值 1，也就是说，可再生能源企业的并购后两年，不同并购模式的并购绩效出现差异，纵向并购的并购绩效优于横向并购的绩效。

表 10-6 相关性分析

变量	Y_1	Y_2	Y_3	所有制	动因	模式	并购规模	年数	企业规模
Y_1	1								
Y_2	0.698**	1							

续表

变量	Y_1	Y_2	Y_3	所有制	动因	模式	并购规模	年数	企业规模
Y_3	0.300**	0.440**	1						
所有制	−0.168	−0.044	−0.046	1					
动因	0.173	0.115	0.061	0.044	1				
模式	−0.053	0.017	0.207*	0.104	0.173	1			
并购规模	−0.105	0.038	0.039	0.052	0.058	−0.100	1		
年数	0.132	0.163	0.053	0.377**	−0.013	−0.104	0.051	1	
企业规模	0.075	0.100	0.083	0.457**	−0.137	−0.191	0.063	0.253	1

**表示在0.01级别（双尾），相关性显著；*表示在0.05级别（双尾），相关性显著

相关性分析小结如下。

第一，被解释变量 Y_1、Y_2 与各解释变量，如并购动因、所有制性质（国企、民企）、并购模式（产业链上的横向并购、纵向并购），无显著相关关系。说明，并购当年的绩效相对于并购前一年的绩效，与并购动因、所有制性质、并购模式，相关关系较弱。

第二，被解释变量 Y_3，与解释变量并购模式之间，有一定的相关关系。并且在横向并购、纵向并购的绩效上，呈现出差异性。说明并购后两年的绩效相对于并购前一年的绩效，与横向并购还是纵向并购，有相关性，并且纵向并购的绩效优于横向并购的绩效。

10.4 可再生能源企业并购动因与并购绩效的实证分析

10.4.1 并购动因描述性统计

研究样本中，43个并购事件的主动因是协同效应，占样本的43%，26%和22%的样本并购主动因分别是规模经济与资源获得。仅有9%的并购事件的主动因是政策响应。图10-2、图10-3分别为各类并购动因分布情况和不同年份的并购动因对比图。

表 10-7　单因素方差分析

项目		方差和	df值	均值	F	Sig.
Y_1	组间	1.174	3	0.391	1.560	0.204
	组内	24.094	96	0.251		
	总和	25.268	99			

续表

项目		方差和	df值	均值	F	Sig.
Y_2	组间	2.494	3	0.831	1.711	0.170
	组内	46.644	96	0.486		
	总和	49.138	99			
Y_3	组间	0.324	3	0.108	0.486	0.693
	组内	21.329	96	0.222		
	总和	21.653	99			

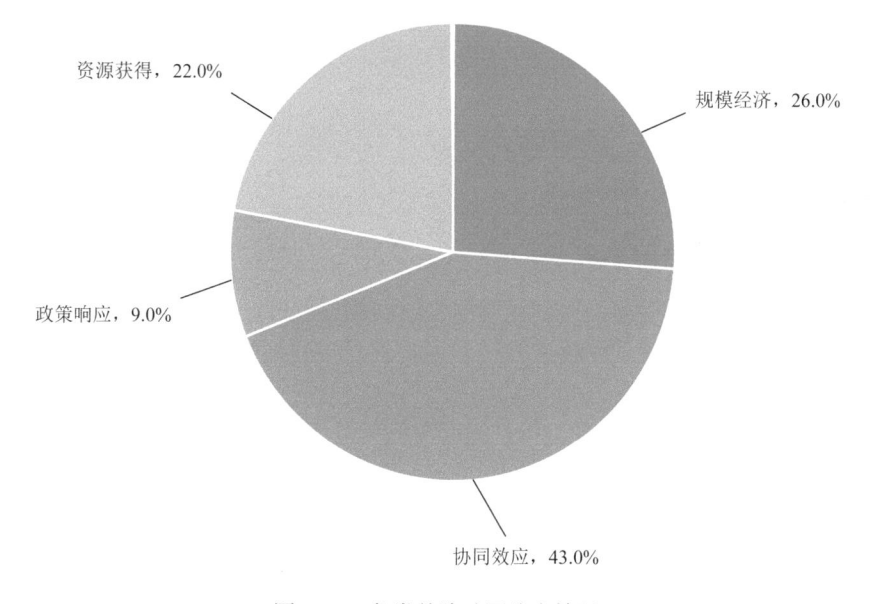

图 10-2　各类并购动因分布情况

10.4.2　并购动因与并购绩效分析

本节应用单因素方差分析法分别以并购当年、并购后一年、并购后两年与前一年的并购绩效综合得分差值对作为因变量，以并购动因作为自变量，做单因素方差分析，结果汇总在表 10-7 中。可以看出来，各分组变量的 p 值均大于 0.05，也就说明不同并购动因在并购绩效上无显著差异。

分析小结：在前面相关性分析的基础上，对并购动因与并购绩效做了进一步的分析。图 10-4～图 10-6 结果说明，并购当年相对于并购前一年，并购后一年相对于并购前一年，并购后两年相对于并购前一年，其绩效变化不明显，因此，并购动因与并购绩效无显著相关关系。

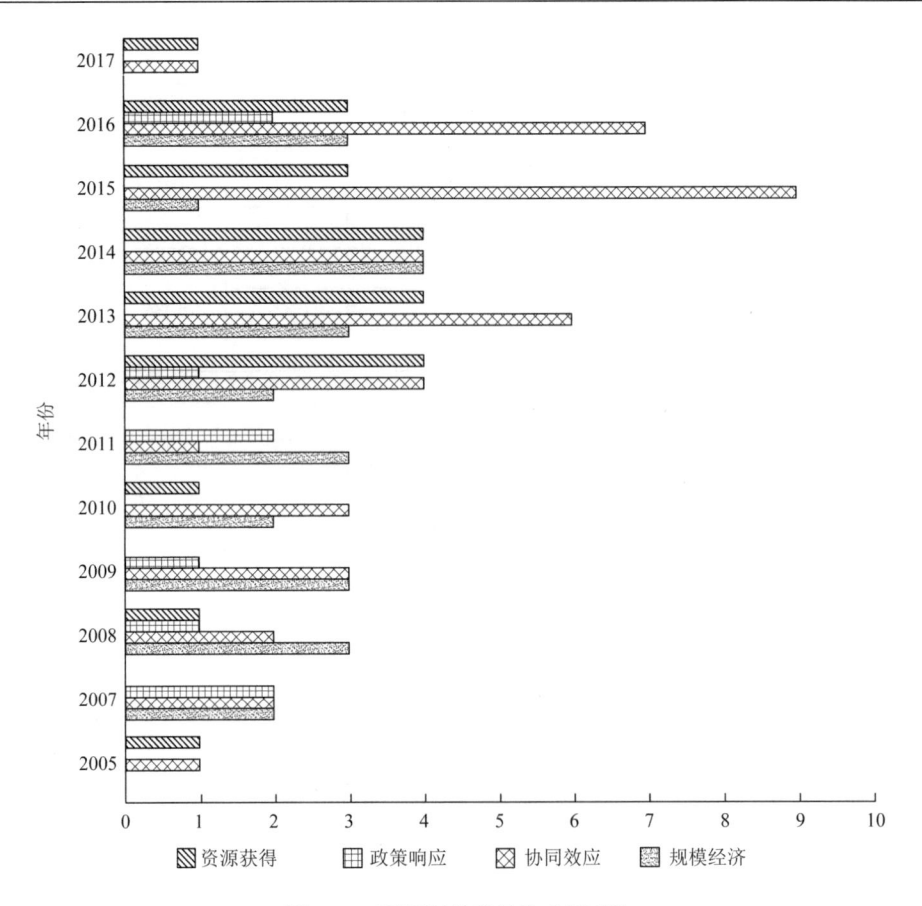

图 10-3　不同年份的并购动因对比

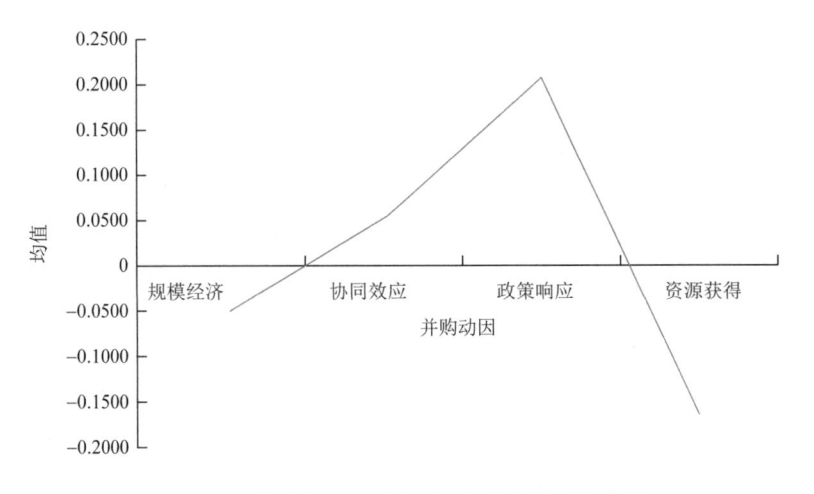

图 10-4　并购当年与并购前一年绩效差的均值图

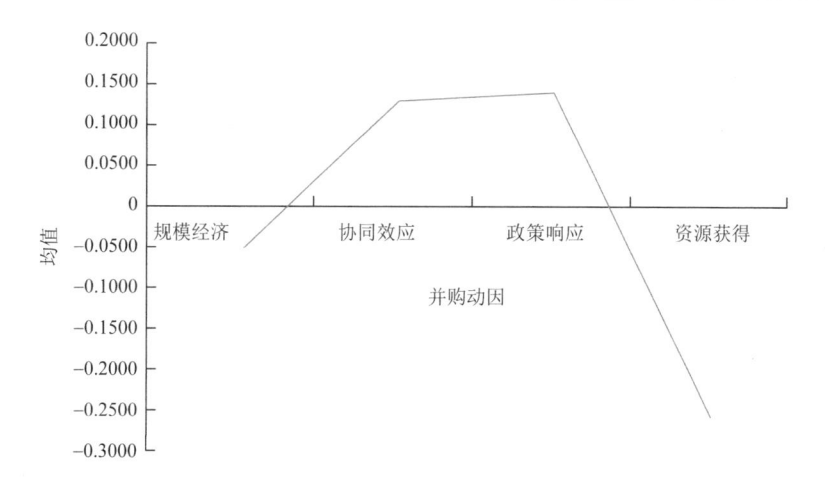

图 10-5　并购后一年与并购前一年绩效差的均值图

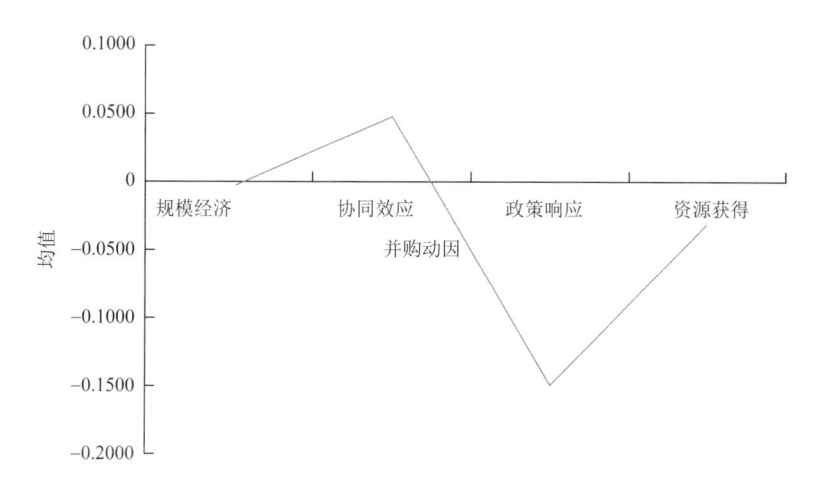

图 10-6　并购后两年与并购前一年绩效差的均值图

10.4.3　国企和民企并购动因比较分析

本节使用交叉分析和卡方检验的方法，研究不同所有制的可再生能源企业在并购主动因上是否有显著差异。

从主并购方的所有制分析，国企与民企并购动因存在显著差异，国企以规模经济（50.0%）和协同效应（26.2%）为主因；民企并购的主因是协同效应（55.2%）和资源获得（34.5%），见表 10-8。根据表 10-9，皮尔逊卡方检验的统计量为 38.705，对应的 p 值为 0.000＜0.05，也就说明不同所有制企业在并购主动因上存在显著的统计差异，并据此绘制不同所有制企业并购主动因图 10-7。

表 10-8 并购主动因、所有制交叉表

项目		所有制		总和
		国企	民企	
规模经济	值	21	5	26
	占比	50.0%	8.6%	26.0%
协同效应	值	11	32	43
	占比	26.2%	55.2%	43.0%
政策响应	值	8	1	9
	占比	19.0%	1.7%	9.0%
资源获得	值	2	20	22
	占比	4.8%	34.5%	22.0%
总和	值	42	58	100
	占比	100.0%	100.0%	100.0%

表 10-9 卡方检验

项目	值	df	双尾渐近显著性检验
皮尔逊卡方	38.705[a]	3	0.000
似然比	42.016	3	0.000
有效个案数	100		

注：12.5%单元格期望计数小于 5。最小期望计数为 3.78。"a"表示实际观测值

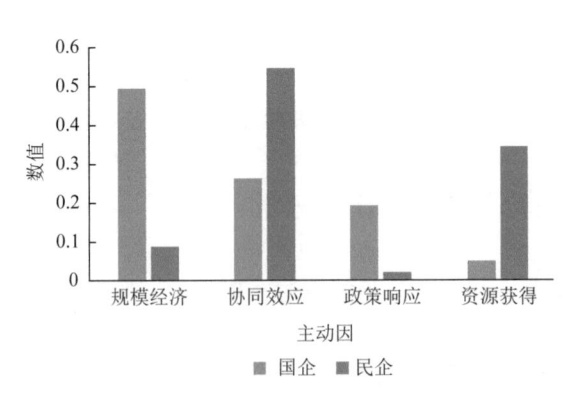

图 10-7 不同所有制企业并购主动因

由交叉分析和卡方检验两种方法分析，均可得出结论：国企、民企这两种所有制企业，在并购的主要动因上，具有明显不同的偏好。国企更追求规模经

济，民企更注重协同效应。说明国企在产业链的扩张上比较突出，同时，兼顾优势互补的协同效应。其根本原因是国企存在规模竞争和做大企业的内外部需求，而对资源获得并不担心，这也成为中国可再生能源发展的典型特征；而民企更追求产业链上资源的合理配置，获得合理收益回报、稳定现金流的同时，也注重相关稀缺资源的获得。这与民企注重风险防范、效益第一的经营理念相一致。文献回顾中对中国国企、民企的经营特征，以及两者在可再生能源产业的不同历史阶段、不同角色定位的分析，与实际并购事件主要动因的差异性分析结果"不谋而合"。

10.5 回归分析

在线性回归分析之前，我们先进行多重共线性检验，汇总在表10-10中，解释变量与控制的方差膨胀系数（variance inflation factor，VIF）值都小于2，表明回归方程不存在多重共线性的问题，也表明我们使用的研究变量是有效的。

表 10-10　多重共线性检验

解释变量	所有制	并购模式	动因	比率	年数	关联性
容差	0.695	0.910	0.950	0.966	0.845	0.758
VIF	1.438	1.099	1.053	1.035	1.183	1.320

使用SPSS软件对模型1[式（9-2）]、模型2[式（9-3）]和模型3[式（9-4）]进行回归分析。结果汇总在表10-11中，可以看出模型1和模型2回归结果不理想，模型不显著，这与并购的影响往往短期内较难区分，也就是在并购当年、并购前一年可再生能源企业并购绩效并无显著变化有关。本章重点讨论模型3，模型3的R^2为0.146，F值为2.356，也就是说在90%的置信水平下模型是显著的。另外，模型的DW值为1.856，从检验的结果来看，解释变量之间不存在自相关。综上所述，模型3的回归分析结果是显著的、可靠的。

表 10-11　回归结果

项目	Y_1	Y_2	Y_3
所有制	−0.128	0.065	−0.017
	(0.302)	(0.706)	(0.880)
动因	0.082	0.131	0.022
	(0.105)	(0.097)	(0.132)

续表

项目	Y_1	Y_2	Y_3
并购模式	−0.03	0.063	0.097**
	(0.780)	(0.680)	(0.042)
比率	−0.171	0.059	0.064
	(0.303)	(0.801)	(0.180)
年数	0.08	0.019	0.003
	(0.426)	(0.145)	(0.260)
关联性	−0.001	0.044	0.028
	(0.977)	(0.456)	(0.476)
Constant	0.16	−1.256	−0.725
	(0.869)	(0.749)	(0.429)
R^2	0.116	0.119	0.146
调整后的 R^2	0.054	0.055	0.059
F	1.408	1.432	2.356
DW	1.856		

注：括号中数据为 t 检验对应的 p 值
** 表示在 0.01 级别（双尾），相关性显著

从模型 3 的回归结果来分析，并购方的所有制与并购绩效的回归系数未能通过显著性检验，也就是说可再生能源企业的并购绩效与并购方的所有制性质并无显著的相关关系。另外，并购模式与并购绩效的回归系数为 0.097，通过了 5% 的显著性水平，由此可见，可再生能源企业的并购绩效与并购模式呈现显著的关系，纵向并购的并购绩效优于横向并购的绩效，与相关性分析得出的结论一致。分析小结如下。

第一，根据第 9 章的回归模型 1、模型 2，进行回归分析，结果不显著，说明并购当年的绩效与并购前一年相比，变化不显著；并购后第一年的绩效，与并购前一年的绩效相比，变化也不显著。

第二，根据第 9 章的回归模型 3[式（9-4）]，进行回归分析，在 90% 的置信水平下模型是显著的并且是可靠的。

第三，根据回归模型 3[式（9-4）]的结论，并购绩效与所有制性质无显著相关关系，说明，国企、民企的并购绩效，并无显著的差异。

第四，根据回归模型 3 的结论，并购绩效与并购模式有显著的相关关系，并且，纵向并购的绩效优于横向并购绩效。

以上的回归分析结果与相关性分析结果一致。

对照第 8 章的文献回顾，在对风电、光伏等专业门类的可再生能源电力并购分析中，不管是用会计研究法还是事件研究法，大多数的研究结果，对短期的并购绩效并不乐观。

对并购主要动因、并购模式与并购绩效，在不同的发展阶段，看法是不一致的。但是，对通过并购获得协同效应、规模经济，总体是一致赞同的。对产业链上的并购，不管是纵向还是横向，大多数都保持了赞同的态度，认为并购是产业调整升级、资源更加有效配置的手段。而对于与产业链关系不大的多元化并购、混合并购，多数持有怀疑和否定态度。（当然，由于产业经验和资料所限，本书主要讨论产业链上的纵向和横向并购）

在最初的大力提倡、高速发展阶段，扩大规模是战略布局和扩大营收的需要。而在近几年的激烈竞争阶段，财税等政策日益减少或者取消，通过横向并购进行规模化经营是降低成本、获得经济效益的有效途径。通过纵向并购，进行产业链上的协同，从而降低经营和财务风险，也是一种现实的选择。

另外，在最初期的发展阶段，由于建造成本比较高，响应政策成为不少国企不二的选择。到了产业调整、竞争日益激烈的阶段，资源变得越来越稀缺，而获得优质资源对民企发展而言，更是一个关键因素。

10.6 结论与展望

10.6.1 主要结论

通过本章的实证研究，相关性和回归分析完全一致，由此可见可再生能源企业总体上的并购第一动因与绩效并无直接的显著关联。在并购事项发生后两年并购绩效有微小改善。可再生能源企业的并购绩效与并购方的所有制，即国企、民企控制的特征也并无显著的相关关系；但是，就产业链上的并购而言，可再生能源企业的并购绩效与并购模式呈现显著的关系，纵向并购的绩效优于横向并购的绩效。

管理层问卷调查（详见书后附录）结果显示：一是中国可再生能源产业并购的市场化程度较高，政府直接干预很小；二是企业个体的并购绩效差异较大；三是中国可再生能源企业中，国企、民企的并购动因尽管有一定的差异，但是这两类企业的并购绩效差异不大；四是就产业内的并购行为而言，整体是积极的，并都希望坚持市场化方向，同时加大对产业支持的政策力度，以获得更好的并购绩效。这与本章的会计研究法实证分析结论原则上是一致的。

结合各种并购理论和对中国可再生能源企业并购实践的观察与研究，总结如下。

第一,由于行为经济学、交易成本理论、非对称信息论和博弈论等的长足发展,并购理论的进展非常迅速,应用场景也处于动态变化中。由于是在中国特定发展时期下针对可再生能源产业内的并购行为所进行的探索性实证研究,因此带有鲜明的时间性、中国特色性、产业性的特征,研究中的假设很多来源于实践的观察、直觉、感受,在理论上吸收、继承已有观点,但是其实证结果未必完全吻合某一个传统的理论体系,然而理论逻辑是成立的。

第二,从产业的整体研究出发,尽管可以发现一些整体特征,得出一些比较笼统的结论。但是,并不像单一企业的案例解析,能够显而易见地针对困境,找出解决办法。同时,用实证的方法,把因果关系与特定的理论进行关联,是可以做一些基本判断,回答一些"有"或者"无",以及"是"或者"不是"的问题的。

第三,对并购价值的判断本身,就有多种角度,相关利益各方很难达成一致。但是,出于不同动因,自然有相应的内在逻辑。比如,政策响应为第一主导并购动因的,自然带有强烈的行政化、社会性因素,往往是占据重要资源优势的国内大型央企所为,这也成为可再生能源产业取得良好绩效表现的关键因素。民营企业家为了获得稀缺资源,占有市场份额,至少在初期是需要付出成本代价的。并购的主要动因与并购绩效的相对关系,可能并不在于市场的均衡,而在于稀缺资源的匹配以及逐步均衡。

第四,国企和民企的所有制性质在并购行为中是个非常敏感的问题,加之可再生能源这一基础产业的资源性和社会性特征,问题变得更为突出。但是,这一时期的创新性、技术性需求,以及经济发展速度、市场化的导向,又决定了产业链上基本要素的流动性。并购加速了这种流动性,而对并购绩效的影响则具有很大的不确定性。这可能是导致中国能源产业、新能源产业以及可再生能源上市公司的并购研究中,许多结论不相一致,甚至截然不同的重要原因。理论上讲,随着要素流动的更加市场化,比如大量的民企并购国企甚至央企之后,即中国政府要求的"混改"富有成效之后,并购动因、并购绩效应该会有一些变化。

第五,产业链的整合完善十分关键,不仅涉及宏观产业结构的调整,也涉及技术、管理的升级。因此,全球和中国都在加速这一进程,尤其涉及"双碳"目标和国计民生的可再生能源产业。而上下游之间的对并购、协同效应、规模经济的追求,则会对并购行为产生积极、正面的效果,而十几年中国基础产业的并购历程正好印证了这一点,本书的实证也得出了类似的结论。

因此,综合本章实证分析,可以谨慎地得出以下基本结论。

结论之一,中国可再生能源上市公司并购的主要动因,包括协同效应、规模经济、资源获得、政策响应,与控股企业的所有制性质均有一定的相关性。并且,国企、民企在并购的主要动因上，各有偏好。前者更偏好对规模经济的追求，而后者更偏好产业链上的协同效应。

结论之二，中国可再生能源上市公司的并购主要动因与并购绩效并无显著的相关关系。

结论之三，中国可再生能源上市公司的并购绩效在并购当年、并购后第一年、并购后第二年的三年内，都无显著改善。

结论之四，中国可再生能源上市公司的并购绩效与它们在产业链上的并购模式，主要是纵向并购、横向并购，有一定的相关性。并且，产业链上纵向并购的绩效优于横向并购的绩效。

另外，回顾笔者多年的经历，特别是在与企业家、政府主管部门的官员接触的直观感觉上，国企和民企各有所长。国企有资金信贷的优势，特别是大型央企集团，与地方政府的合作也更有先决条件。但是，弱点在于对企业团队的激励动力依然不足，代理人问题依然难以根本有效地解决。在起步阶段，由于传统化石能源的生产、经营惯性，传统能源国企在面对向可再生能源的转型时必定需要一个过程。政府出台了化石能源与可再生能源配额政策之后，逐步加强了可再生能源产业的战略布局，并借助规模优势大力推进，因此，在产业下游的可再生能源发电，占据主导地位。笔者曾经直接参与一家公司在香港上市，该公司是国企中第一家在香港上市的、从事新能源、可再生能源业务的并进行一系列并购的企业。自2007年上市至今，该公司坚持对水电、风电等发电企业的横向并购，并购次数、规模不断增加，但是业绩表现平平，股价一直在上市之初的水平徘徊。而为这家企业配套服务的上游供应商，有一家是广东的民企，从生产电器产品转型到生产风电设备及相关备件，通过上下游的纵向并购，开发风电、光伏发电市场，十几年来发展良好，已经成为业界知名的上市公司。

从研究中得到的深刻体会是：中国民企危机意识极强，有着更加勤奋努力、吃苦耐劳的天性，加之民企利益导向更加明晰，有激励与约束机制灵活的优势，责权利非常明晰，决策效率较高，更善于接纳新技术、新模式，善于开拓市场，发展新项目。所以，在可再生能源产业的上游，在产品的制造、技术的引进吸收和设备的配套等环节，占有大部分的市场。而在产业下游的发电端，中小型的水电、光伏、风电，则逐渐由强变弱。然而民企在资金信贷上、融资上处于弱势地位。

但是，就中国可再生能源产业近二十年的发展历程而言，政府部门为了推动绿色环保、生态发展、可持续发展，保持了政策的积极性、开放性、一致性、灵活性，尤其给予了民营企业起步时的土地、财税方面的支持。总体上，经验判断与研究结论基本一致。

10.6.2 研究局限与展望

研究的局限性主要表现在如下方面。

第一，样本规模和并购样本受经营环境政策的影响。一定数量的并购事件受数据的可得性和适用性限制，未能纳入本书的研究范围。同时，由于区域经营环境与不同时期乃至不同年度，政府在财政税收乃至补贴方面，对不同地区、不同可再生能源门类都有一些不太一致的地方，本书受限于具体数据资料的完整可得，并没有进行深入、细致的分析。

第二，由于上市公司并购动因的内外部多种因素和并购绩效评价的复杂性，我们重点对并购前一年、并购当年，以及并购后两年的绩效进行了研究，可以说明并购的短期效应与趋势，而并购的长期效应、成长趋势未能研究判断。同时，尽管采取第一主导动因的探索性方法，根据公告以及并购双方的关系分析进行了归类，但是，毕竟难以精准地分析每个并购事件背后的真正动因，也无法直接细分每一个并购事件追求的各个子目标。

针对以上这两个问题，可以研究五年、十年的周期，并考虑不同地区、时期的财政税收及产业政策影响因素。这是个更加复杂的课题，留待进一步研究。

另外，我们主要研究中国的企业并购事件，并未把中国上市公司对境外企业的并购纳入研究对象，这留作以后做中国可再生能源上市公司国际并购的专题研究，进行相应的延续与补充。

为此，在今后的研究中，尚需密切关注中国可再生能源行业的动态，跟踪一些中国可再生能源企业（包括非上市公司）并购的案例，进行重点分析解剖。特别是在并购动因与绩效关系研究上，发现中国可再生能源企业的一些独具一格的特点。同时，在国企、民企两种类型的并购行为研究上，扩大样本量，把两者并购动因的异同、绩效的关联，以及背后的深层次因素，深入探究下去。为中国可再生能源行业的管理者、企业负责人、并购中介方等提供更符合实际和趋势的建议。

10.6.3 研究展望

第一，中国可再生能源的海外并购将呈现一轮高潮。可再生能源发展水平将成为衡量国家未来发展竞争力的一个新的标志。美国、日本、欧盟等发达国家和地区与印度、巴西等发展中国家，都把发展可再生能源作为刺激经济发展、走出经济危机的战略性新兴产业加以扶持，围绕可再生能源技术、产品的国际贸易纠纷不断加剧，市场竞争日益激烈。而中国的可再生能源产业，其规模、市场和服务均优势明显，但是产业链发展不均衡，存在多个短板，在设计、关键设备制造等核心技术方面，未来的重点将是提升技术和装备水平。海外并购无疑是一种现实的选择。而海外并购的动因，特别是欧洲的并购，必然会有一番新的景象，国企、民企的海外并购动因、绩效，相比其他产业的并购，也许有些不一样的特征，需要重点关注和深入分析。

第二，中国可再生能源行业的市场化导向日益明显，发展可再生能源对拉动高端装备制造相关产业发展的作用显著，对促进中国产业结构升级意义重大。此外，可再生能源已是国际产业竞争的新领域，培育和发展可再生能源产业是增强中国经济国际竞争力的重要内容。市场化配置资源导向，决定了中国可再生能源整个行业必然会沿着市场化的路径发展。中国政府关于可再生能源发展的一系列法律法规的有效实施，必将对市场的规范化起到重要的保障作用。这些发展趋势和政策环境的变化对可再生能源激励政策的优化和由此带给企业决策特征的影响等都是富有价值的研究方向。

第三，中国可再生能源行业的并购方兴未艾，中国可再生能源产业整个产业链，包括材料制造、部件生产、系统集成、生产建设、运行维护、产业服务等，其市场竞争将更加突出技术升级、成本控制、产业链的完善、商业模式创新，装备制造和大型电站市场的行业集中度将持续增加。这必将激发行业内的横向并购，发挥规模经济效应。与此同时，智慧能源、"互联网+"、多能互补、储能等技术手段，将催生商业模式的创新。而这些，又在一定意义上，将使得"跨界"成为一种常态，混合并购将在民企中更加突出，同时带来诸多新的研究方向。

第四，国企、民企之间的并购将成为中国可再生能源行业新的亮点。近年来，中国政府倡导并推进国企、民企之间的"混改"，即两种类型的企业相互参股，中国可再生能源行业自然也不例外，而且可再生能源的一些特征将为这种"混改"提供良好的产业条件。而推动这种"混改"的最好方式之一，就是通过上市公司的并购，这也许会成为可再生能源产业发展领域新的研究热点。

第五，中国可再生能源上市公司跨区域并购越来越多。技术的迅猛发展，管理的日益成熟，尤其是环境保护要求的日益严格，将进一步拓展中国可再生能源企业的发展空间。同时，中国可再生能源地域之间的不均衡，又决定了上市公司并购行为会在继续保持资源整合的基础上，加大技术要素整合的需求。因此，可以判断，未来一个时期，跨区域的资源性并购，与技术要素整合的并购，两者将占主导地位。再者，行业集中度会有所增加，强者越强，上市公司的盈利能力会更加分化。同时，民营上市公司的并购则将进一步拓展空间，跨区域的并购将越来越多，并且越来越向营商环境更好的区域发展。这些将为并购理论及其在中国的实践提出诸多挑战。

第 11 章　总结与展望

通过针对"双碳"驱动下可再生能源电价机制形成机理的理论研究和国内可再生能源企业并购现象的实证研究，本书以可再生能源电力投资、电价补贴机制、社会福利、碳配额为主线，较全面和详细地分析并讨论了可再生能源电价机制的一些基本问题，现将本书总体工作摘要、取得的研究成果和所完成的研究内容和研究要点总结如下，并对未来做出展望。

11.1　总体工作摘要

（1）理论方面：针对可再生能源电力技术的微观特征与投资环境间的内在联系，构建多种情形下的期权博弈模型；应用实物期权与期权博弈、随机过程、动态规划和不完全信息等多种理论，在不同投资和竞争环境下揭示可再生能源电力投资决策特征与规律；综合应用理想点法、遗传算法、(p, α) 比例公平，在来自可再生能源电力正负外部性的影响分析中嵌入碳排放和发电新技术等因素，对基于社会福利的最优碳配额分配和技术投资策略进行分析；利用效用决策理论、产业组织理论、数值模拟技术，通过可再生能源电力投资及其产品的正负外部性以及电价补贴机制对社会福利的动态影响规律的研究与揭示和对可再生能源电价机制作用规律的探索，完成了社会福利最大化原则下的可再生能源电价机制形成机理的一系列探索性和开拓性研究，并对相关理论和知识进行了拓展与探索。本书的系列研究成果不仅提出和解决了可再生能源电价机制的一些核心问题，也为相关激励、补贴政策的科学制定提供了新的视角。

（2）实证方面：以中国可再生能源企业的并购及并购方企业为研究对象，选取 2005～2017 年中国沪深交易所上市的 82 家并购方上市公司、100 个并购事件为样本，用会计分析法、管理层问卷调查法等方法，从国企、民企两种类型企业的并购绩效比较的视角，开拓性地探讨了中国可再生能源上市公司并购动因、并购绩效、并购模式问题。

11.2　主 要 成 果

（1）通过对可再生能源电力投资与电价机制的关系研究，论述和确定了可再生能源电力价格这一宏观政策信号及相关激励、补贴政策与可再生能源电力投资这一微观行为间应有的内在联动关系和作用规律是可再生能源电价机制本质体现的内在原因和逻辑。

（2）通过对不同情形下可再生能源电力投资的期权博弈模型的归纳与提炼，构建了比较完整的可再生能源电力投资环境分析思路和方法。

（3）通过可再生能源竞争性并网发电、不完全信息下、混合价格补贴机制下等较为典型的投资决策问题的研究，揭示出不同外部环境、技术环境、政策环境下可再生能源电力投资决策基本特征。

（4）基于政府兼顾社会福利和减排成本等多目标思想，在企业和政府主从博弈框架下，分别采用 (p,α) 比例公平和理想点法刻画政府与企业的博弈过程，度量了企业间减排效率差异、减排压力对碳配额最优分配以及政府所持公平态度的影响，完成了碳配额政策对企业技术投资决策的影响分析。

（5）综合应用多学科理论构建了具有代表性的三种基于可再生能源电力的社会福利静态、动态模型，并应用投资时机选择期权博弈和社会福利模型，完成对社会福利与影响其变化的电价补贴政策及其他因素间的动态变化特征的数值模拟分析，为不同情形下的可再生能源电价补贴政策的优化提供有益参考。

（6）通过对中国可再生能源企业并购事件的实证分析，发现企业并购最主要动因与控股企业的所有制性质、并购绩效间的相关性和偏好特征，以及并购绩效与企业在产业链上的并购模式（纵向、横向并购）间的相关性，为制定科学引导可再生能源企业规模化并高效发展的产业激励政策提供借鉴。

11.3 主要内容

第一，鉴于多元化能源结构下的多方博弈关系会对可再生能源电力的投资决策施加不同影响，结合电力产品市场特殊性及电力金融衍生品市场中金融期权、物理期权等金融衍生工具，挖掘可再生能源电力技术的诸多微观特征与投资环境间的内在联系，提炼出隐含于可再生能源电力投资中的实物期权及其重要特征。构建多种情形下的期权博弈模型以研究投资商的最优投资时机、投资延迟时间及投资价值等。

第二，投资的延迟致使可再生能源正外部效益的体现也相应延迟，开展可再生能源电力投资延迟效应研究以揭示由延迟投资带给投资者的红利与社会所付出的代价。

第三，鉴于碳排放量是可再生能源和化石能源电力外部性差别的根本所在，通过研究社会福利最大化原则下的企业碳配额分配方式和一定碳配额分配下的企业减排技术投资策略,在揭示两类电力因外部性差异给社会福利所造成的不同影响的同时,为可再生能源电力投资的社会福利模型研究提供新的思路。

第四,可再生能源电价机制的设计应在确保对可再生能源电力投资形成足够激励的同时,必须具有鼓励和迫使可再生能源发电企业提高技术水平,降低成本的作用。基于此,我们分别从可再生能源电力技术创新投资和混合价格补贴机制下的可再生能源电力投资决策规律研究出发,通过创新性地将可再生能源电力正外部性与消费者剩余对接,在弥补传统社会福利模型在处理这一问题时的不足的同时,完成基于社会福利最大化的可再生能源电价形成机制研究。

第五,应用数值模拟、仿真技术开展以下应用研究工作:①三种混合价格补贴组合方式下的可再生能源电力投资微观过程及决策特征;②企业间减排效率差异对碳配额最优分配以及政府所持公平态度的影响;③碳配额政策对企业技术投资决策的影响;④企业间减排效率差异、减排压力对最优配额分配及社会福利的影响;⑤可再生能源电价补贴政策对 R&D 激励政策及社会福利的影响。本书以风电为例,对现行财税政策对风电投资的影响进行分析和评价。

第六,中国可再生能源产业上市公司国企、民企并购动机与绩效的比较研究。

11.4 研究要点

研究要点一:鉴于可再生能源电力的技术、成本形成特性及其间歇性、不稳定性等特点对其投资行为的深刻影响,本书通过提炼出隐含于可再生能源电力投资中的实物期权及竞争关系,构建不同情形下的实物期权与期权博弈模型,研究可再生能源电力投资的微观过程与决策特征。

(1)基于可再生能源电力投资环境特征及可再生能源电力产品固有特点,分别构建完全垄断、双寡头技术对称、双寡头技术非对称三种情形下的可再生能源电力投资的期权博弈模型,通过对模型的经济学解释和评价,进一步指明可再生能源电力投资期权博弈模型的拓展范围和途径。

(2)针对两种不同可再生能源电力技术,构建投资时机选择期权博弈模型并分析可再生能源并网发电投资决策特征。

(3)基于信息的不完全性、不确定的技术以及相关竞争因素建构了实物期权的投资决策模型,针对可再生能源电力企业在投资发电新技术时单个企业和双寡头企业分别所需的临界信念,探讨了在市场竞争中两对称企业产生均衡的条件和可能出现的均衡类型。

研究要点二:运用多目标规划、主从博弈、(p,α) 比例公平等多种理论和方法,研究政府多目标下企业最优碳配额分配、企业减排技术投资策略。

研究要点三：应用效用决策理论、随机过程理论、期权博弈理论，以及能源、福利经济学，研究可再生能源电力投资的社会福利模型。

研究要点四：混合价格补贴机制是当前促进可再生能源电力发展和配置能源资源公认的有效手段，应用实物期权理论构建投资决策模型，结合三种混合价格补贴组合方式，探寻可再生能源电力投资微观过程、决策特征及政府的最佳政策组合方式。

研究要点五：利用遗传算法、理想点法等数值模拟、仿真技术刻画电价补贴对社会福利的动态影响过程，考察社会福利最大化下的可再生能源电价机制形成机理。

研究要点六：采用因子分析法赋予不同财务指标以恰当权重，应用多元回归分析方法对可再生能源企业并购绩效与并购动因、并购绩效与并购方所有制、并购绩效与并购类型等关系进行研究。

11.5　研究展望

（1）在可再生能源电价机制的作用规律方面，进一步可对电价补贴总额约束下的最优分配问题展开研究，模型构建成为关键。

（2）从社会福利最大化角度对混合价格补贴机制及其对可再生能源电力投资微观过程进行评价，模型构建完成后可通过数值模拟分析来验证已有定性结论。

（3）在电网无歧视性收购条件下探究可再生能源并网发电投资决策特征；并以电网为研究对象，分析其在有、无歧视性收购情形下的"得"与"失"；再以社会福利为分析视角，揭示社会福利在各种电网收购政策下的变动规律，从而为激励政策提供决策依据和参考，可先将研究任务做适当分解。

（4）电力金融衍生品定价理论方面，如何根据特定复杂的电力价格运动模型推算出电力现货价格的风险中性概率，如何构造无套利定价模型，如何采用均衡定价方法等问题也是富有价值的进一步研究内容。

（5）中国可再生能源的海外并购必将呈现一轮高潮，而可再生能源发展水平将成为衡量国家未来发展竞争力的一个新的标志，这也正是我国及时提出"双碳"能源发展战略目标的深意所在之一，而围绕海外并购在诸如模式、管理等方面的问题将成为可能的热点。

（6）由于可再生能源产业链的市场竞争将更加突出技术升级、成本控制、产业链的完善和商业模式创新，装备制造和大型电站市场的行业集中度也将持续提升，而这必将激发行业内的横向并购以发挥规模经济效应，与此同时，智慧能源、"互联网＋"、多能互补、储能等技术手段，将催生商业模式的创新。而这些又在一定意义上将使得跨界成为一种常态，混合并购将在民企中更加突出，必将衍生出相应的迫切研究方向。

一直以来，针对能源管理特别是可再生能源电价机制的研究都是国内外能源管理学术界和业界重点关注与研究的热点问题。由于可再生能源电价机制所涉及的各主体间错综复杂的博弈关系和互动行为，需要更有说服力的理论依据、更加实用和有效的量化分析工具与手段。本书虽然做了一些探索性研究，但有待进一步深入研究的问题还有很多，需要持续努力，任重而道远。

参 考 文 献

艾杰，李汉君，张丽. 2012. 沪深上市公司并购绩效实证分析[J]. 商业时代，(13)：84-85.

白建华，辛颂旭，贾德香. 2009. 我国风电大规模开发面临的规划和运行问题分析[J]. 电力技术经济，21（2）：7-11.

蔡强. 2015. 可再生能源电力投资的期权博弈模型研究[J]. 武汉金融，(9)：33-35.

蔡强，邓光军，邓世杰. 2015. 能源电力衍生品的设计、定价及风险管理[J]. 电子科技大学学报（社科版），17（5）：86-93.

蔡强，邓光军，曾勇. 2009. 随机到达的不完全信息对专利竞赛的影响[J]. 系统工程理论与实践，29（4）：81-91.

蔡强，汪涛，李玏. 2016. 可再生能源竞争性并网发电决策研究[J]. 电子科技大学学报（社科版），18（3）：35-41，106.

蔡强，曾勇. 2010. 基于专利商业化投资的非对称期权博弈[J]. 系统工程学报，25（4）：512-519.

蔡强，曾勇，邓光军. 2008. 不完全信息下的专利投资[J]. 系统工程，26（9）：64-67.

曹原. 2014. 中国上市公司并购绩效的实证分析[D]. 上海：复旦大学.

常凯. 2015. 基于成本和利益视角下可再生能源补贴政策的经济效应[J]. 工业技术经济，34（2）：98-105.

常树春，邵丹丹. 2017. 我国新能源上市公司融资结构与企业绩效相关性研究[J]. 财务与金融，(1)：33-40.

陈岑. 2014. 国有背景与企业并购绩效研究：以我国沪深A股上市公司为例[D]. 上海：复旦大学.

陈煌熔. 2017. 碳配额交易下企业生产决策及其配额策略研究[J]. 物流工程与管理，39（12）：134-135.

陈建华，郭菊娥，席酉民，等. 2009. 基于暂停期权秸煤混烧发电投资项目选择的研究[J]. 统计与决策，(17)：57-60.

陈静. 2008. 中国上市公司并购动因及长期绩效研究[D]. 北京：中共中央党校.

陈政，杨甲甲，金小明，等. 2014. 可再生能源发电电价形成机制与参与电力市场的竞价策略[J]. 华北电力大学学报（自然科学版），41（2）：89-98，102.

程荃. 2012. 欧盟新能源法律与政策研究[D]. 武汉：武汉大学.

程小伟. 2007. 上市公司并购行为及其效应研究[D]. 上海：同济大学.

戴杰超. 2014. 基于可再生能源发电并网外部性的电价形成机制研究[D]. 北京：华北电力大学.

董继扬，田波平，王要武，等. 2012. 中国上市公司并购绩效评价[J]. 哈尔滨工程大学学报，33（8）：1057-1061.

董筱宁. 2018. 新能源上市公司财务绩效评价研究：以阳光电源为例[D]. 抚州：东华理工大学.

董一吟. 2017. 中国上市公司并购动因和绩效研究：基于自由现金流视角[D]. 杭州：浙江大学.

董月霞. 2015. 中国上市公司并购绩效问题浅析[J]. 商场现代化，(7)：159.

范从来, 袁静.2002.成长性、成熟性和衰退性产业上市公司并购绩效的实证分析[J].中国工业经济, (8): 65-72.

范丹. 2013. 低碳视角下的中国能源效率研究[D]. 大连: 东北财经大学.

范丹, 王维国.2013.基于低碳经济的中国工业能源绩效及驱动因素分析[J].资源科学, 35 (9): 1790-1800.

封文丽, 郭延辉.2016.由央企重组潮看中国上市公司并购新特点[J].金融经济(下半月), (7): 15-18.

高波, 张国兴, 郭菊娥.2010.基于暂停期权的低碳发电项目投资决策研究: 以秸秆发电项目为例[J].长沙理工大学学报(社会科学版), 25 (6): 50-54.

顾基发. 1980. 多目标决策问题[J]. 自然杂志, (2): 34-37.

郭海涛. 2008. 我国能源价格形成机制及改革目标研究[J]. 价格月刊, (5): 23-25.

郭正权, 张兴平, 郑宇花. 2018. 能源价格波动对能源-环境-经济系统的影响研究[J]. 中国管理科学, 26 (11): 22-30.

国家发展和改革委员会能源研究所. 2009. 能源问题研究文集[M]. 北京: 中国环境科学出版社.

国家发展和改革委员会能源研究所. 2012.能源问题研究文集: 2009-2010[M]. 北京: 石油工业出版社.

韩冰, 解国骏. 2009. 公司并购绩效与并购动机研究综述与评价[J]. 齐鲁珠坛, (6): 16-19.

韩芳. 2010. 我国可再生能源发展现状和前景展望[J]. 可再生能源, 28 (4): 137-140.

郝海光. 2009. 现行税收政策对风力发电投资影响分析[J]. 山西财经大学学报, 31 (S2): 141.

何川. 2012. 促进可再生能源发电发展政策效率评估[J]. 能源技术经济, 24 (6): 20-25.

何来维. 2002. 企业并购的动因及中国的实证分析[D]. 合肥: 安徽大学.

何凌云, 张丽虹, 钟章奇, 等.2018.环境不确定性、外部融资与可再生能源投资: 兼论政策有效性[J].资源科学, 40 (4): 748-758.

何满. 2013. 中国风电产业政策研究[D]. 武汉: 华中师范大学.

何珮珺. 2018. 新能源上市公司并购绩效研究[D]. 兰州: 兰州理工大学.

侯佳儒. 2009. 美国可再生能源立法及其启示[J]. 郑州大学学报(哲学社会科学版), 42(6): 79-84.

胡润青. 2016. 德国法兰克福市100%可再生能源发展之路及启示[J].中国能源, 38 (3): 9-13.

皇霖芬, 余怒涛. 2012. 公司治理对并购绩效影响的文献综述[J]. 经济研究导刊, (12): 64-65.

黄珺仪. 2011a. 可再生能源发电的竞价上网政策研究[J]. 吉林工商学院学报, 27 (4): 5-8.

黄珺仪. 2011b. 可再生能源价格管制的政策比较[J]. 太原理工大学学报(社会科学版), 29 (2): 29-33.

黄文杰, 黄奕. 2010. 基于投资者风险偏好和期权博弈理论的发电投资决策模型[J]. 华北电力大学学报(自然科学版), 37 (2): 99-103.

黄兴孪. 2009. 中国上市公司并购动因与绩效研究[D]. 厦门: 厦门大学.

吉兴全, 文福拴. 2005a. 实物期权方法及其在电力系统中的应用[J]. 电力系统自动化, 29 (22): 6-13.

吉兴全, 文福拴. 2005b. 发电投资的实物期权决策方法[J]. 电力系统自动化, (11): 1-5.

蒋华春, 王海侠.2018.我国上市公司并购绩效及其影响因素的文献综述研究[J].时代金融, (5): 142.

蒋贤锋, 史永东. 2012. 跳跃扩散过程下的实物期权及在电力投资中的应用[M]. 北京: 人民出版社.

金永红, 周小梁. 2014. 我国上市公司并购绩效研究[J]. 金融教学与研究, (1): 63-66.

卡塞迪 E S. 2002. 可持续能源的前景[M]. 段雷, 黄永梅译. 北京: 清华大学出版社.

柯建飞. 2006. 可再生能源经济激励机制研究[D]. 福州：福州大学.
孔令丞，李仲，梁玲，等. 2019. 供需数量不确定下可再生能源发电容量投资决策[J]. 管理工程学报，33（2）：166-172.
李春杰，程艳从.2011.电力能效及可再生能源补贴的福利效应分析[J]. 华北电力大学学报（社会科学版），(6)：14-16.
李建斌，明茫茫，陈植元. 2017. 电力及可再生能源证书最优订购策略[J]. 系统工程理论与实践，37（4）：901-913.
李俊峰，蔡丰波，乔黎明，等. 2014. 中国风电发展报告[R]. 北京：中国循环经济协会可再生能源专业委员会，中国可再生能源学会风能专业委员会，全球风能理事会.
李力，朱磊，范英. 2017. 不确定条件下可再能源项目的竞争性投资决策[J]. 中国管理科学，25（7）：11-17.
李青原. 2007. 公司并购悖论的研究回顾与评述[J]. 证券市场导报，（1）：45-55.
李善民，陈玉罡. 2002. 上市公司兼并与收购的财富效应[J]. 经济研究，(11)：27-35，93.
李善民，陈玉罡，曾昭灶，等. 2003. 中国上市公司并购与重组的实证研究[M]. 北京：中国财政经济出版社.
李文富，郭树霞. 2011. 基于BP神经网络的风电项目市场投资风险评价[J]. 华北电力大学学报（社会科学版），(S2)：95-97.
李增泉，余谦，王晓坤. 2005. 掏空、支持与并购重组：来自我国上市公司的经验证据[J]. 经济研究，40（1）：95-105.
李哲，何佳. 2007. 国有上市公司的上市模式、并购类型与绩效[J]. 世界经济，30（9）：64-73.
梁红玉. 2009. 基于并购动机的我国上市公司并购的绩效分析[J]. 中国商界（下半月），(7)：128，130.
梁卫彬. 2005. 我国企业并购与政府的职能定位[D]. 上海：复旦大学.
廖英姿. 2011. 我国能源电力类上市公司股权结构与公司绩效的实证研究[J]. 能源技术经济，23（7）：55-59.
令狐大智，叶飞. 2015. 基于历史排放参照的碳配额分配机制研究[J]. 中国管理科学，23（6）：65-72.
刘彬，蔡强. 2008. 电力金融市场与发电投资中的实物期权[C]. 西安：中国企业运筹学学术交流大会.
刘层层，李南，楚永杰. 2017. 可再生能源价格政策在寡头竞争市场中的比较[J]. 运筹与管理，26（7）：64-73.
刘东，张秋月，陶瑞. 2011. 政府在企业并购中的干预行为比较研究[J]. 商业研究，(6)：19-24.
刘洁，胡敏，刘心雨. 2015. 能源板块上市公司绩效评价[J]. 财会通讯，(11)：37-39.
刘君，韩士博，曾华荣，等. 2013. 基于实物期权理论的光伏发电投资决策模型[J]. 节能技术，31（1）：75-78.
刘敏，吴复立. 2009. 基于实物期权理论的风电投资决策[J].电力系统自动化，33（21）：19-23.
刘明，左菲. 2015. 新能源上市公司融资结构与公司绩效研究：基于区域差异的视角[J]. 科技管理研究，35（3）：87-93.
刘治，赵秋红. 2015. 政策对发电企业能源决策的影响及最优化模型[J].系统工程理论与实践，35(7)：1717-1725.
刘万里. 2002. 企业兼并与收购行为的动机与效应分析[J].武汉理工大学学报（社会科学版），15(3)：

225-228.

刘星. 2012. 可再生能源发电并网成大势所[J]. 电气技术,（5）：9-10.

刘叶志. 2008. 新能源产业外部效益及其财政矫正[J]. 科技和产业,（9）：1-4.

刘莹,丁慧平,崔婧. 2017. 上市公司并购次序对并购绩效影响的实证检验[J]. 统计与决策,（11）：185-188.

刘宇华. 2017. 国有控股企业并购动因理论分析[J]. 现代管理科学,（12）：57-59.

陆敏,方习年. 2015. 考虑不同分配方式的碳交易市场博弈分析[J]. 中国管理科学,23（S1）：807-811.

陆洲. 2013. 基于博弈论的中国风电并网问题研究[D]. 兰州：兰州理工大学.

罗涛. 2010. 德国新能源和可再生能源立法模式及其对我国的启示[J]. 中外能源,15（1）：34-45.

吕春泉,厉一梅,刘宏志,等. 2011. 智能电网环境下可再生能源发电并网机制研究[J]. 华东电力,39（9）：1405-1409.

马莉,文福拴,倪以信,等. 2003. 计及网络阻塞影响的发电公司最优报价策略[J]. 电力系统自动化,（12）：12-17.

马亮. 2014. 吉电股份公司并购动因分析[D]. 石河子：石河子大学.

马歆,侯志俭,蒋传文. 2004b. 一种新的基于摆动期权合约的发电商风险回避模型研究（英文）[J]. 长沙电力学院学报（自然科学版）,（4）：47-50.

马歆,刘涌,侯志俭,等. 2004a. 考虑旋转备用的发电商运行资产价值的实物期权模型及短期风险评估研究（一）[J]. 继电器,（23）：1-4.

马紫君,刘巨松,姚益龙. 2015. 央企与地方国企异地并购动机与绩效的差异研究：基于要素市场环境的分析[J]. 经济学报,2（2）：94-114.

孟力,孙威. 2005. 关于竞争条件下发电企业期权博弈投资策略研究[J]. 当代经济管理,（3）：130-133.

孟力,于守洵,王月. 2007. 电力改革中发电企业期权博弈投资策略研究[J]. 沈阳工业大学学报,（4）：459-463.

潘瑾,陈宏民. 2005. 上市公司关联并购的绩效与风险的实证研究[J]. 财经科学,（1）：88-94.

潘庆. 2012. 完善我国可再生能源固定电价制度的思考[J]. 价格理论与实践,（11）：19-20.

彭鹍,肖伟,魏庆琦,等. 2014. 基于多目标决策的CO_2排放权初始分配方法研究[J]. 安全与环境学报,14（4）：191-196.

邱金辉,王红昕. 2006. 我国企业并购理论研究现状分析[J]. 经济问题,（7）：7-9.

任东明,庄幸. 2001. 加入WTO与我国可再生能源发展[J]. 中国能源,（12）：11-13.

沈曦. 2018. 基于新实证产业组织理论的市场势力测度：以全球光伏产业（2010—2013年）为例[J]. 产经评论,9（2）：21-36.

施卫东,金鑫. 2011. 中国风电产业生产率增长、效率改进与技术进步：基于风电上市公司财务数据的实证分析[J]. 经济管理,33（4）：61-67.

时璟丽. 2008. 关于在电力市场环境下建立和促进可再生能源发电价格体系的研究[J]. 中国能源,30（1）：23-27.

时璟丽. 2013. 可再生能源电价附加补贴资金效率分析[J]. 风能,（12）：50-52.

时璟丽,王仲颖. 2008. 可再生能源电力费用分摊方式分析[J]. 中国能源,（6）：13-16.

史丹,杨帅. 2012. 完善可再生能源价格的政策研究：基于发电价格补贴政策与实践效果的评述[J]. 价格理论与实践,（6）：24-28.

史永东, 蒋贤锋. 2007. 电力差价合约设计的新思路：基于实物期权思想[J]. 经济研究参考, (47)：49-52.
舒博. 2008. 国有上市公司与非国有上市公司并购绩效的实证比较[J]. 企业经济, (10)：154-157.
宋建波, 沈皓. 2007. 管理者代理动机与扩张式并购绩效的实证研究：来自沪深 A 股市场的经验证据[J]. 财经问题研究, (2)：67-74.
宋艳霞. 2010. 我国风电产业发展的财税支持政策研究[D]. 北京：财政部财政科学研究所.
宋莹莹, 黄嫚丽, 王欢. 2010. 基于制度基础观的中国民营企业多元化并购动因分析[J]. 科技管理研究, 30（24）：227-230.
孙丹. 2014. 央企业地方国企并购动因分析[J]. 商场现代化, (25)：118.
檀向球. 1998. 沪市上市公司资产重组的实证研究[D]. 上海：上海财经大学.
汤文仙, 朱才斌. 2004. 国内外企业并购理论比较研究[J]. 经济经纬, (5)：63-67.
唐漂舸. 2014. 电力上市公司并购绩效实证研究[D]. 长沙：长沙理工大学.
同生辉, 王骏. 2015. 中央企业上市公司并购绩效的实证研究[J]. 中央财经大学学报, (5)：46-53.
汪腾. 2011. 我国民营企业并购动机、价值及风险防范分析[J]. 中国商贸, (21)：244-245.
汪莹. 2012. 我国可再生能源产业的财政补贴制度研究[D]. 重庆：西南政法大学.
王博. 2010. 固定电价收购制度和配额制在推进可再生能源利用方面的比较[J]. 西安邮电学院学报, 15（2）：97-101.
王风云. 2017. 可再生能源定价机制研究评述[J]. 价格理论与实践, (8)：52-55.
王革华. 2006. 新能源概论[M]. 北京：化学工业出版社.
王革华, 等. 2005. 能源与可持续发展[M]. 北京：化学工业出版社.
王健, 路正南. 2012. 社会福利最大化目标下的可再生能源最优价格路径研究[J]. 工业工程, 15（1）：71-75.
王健华, 李儒婷. 2018. 新能源上市公司绩效评价体系构建及应用[J]. 会计之友, (22)：78-82.
王君旸. 2019. 供给侧改革背景下央企并购的动因与经济后果研究：基于宝武并购的案例分析[D]. 苏州：苏州大学.
王兰. 2012. 基于因子分析法的新能源行业上市公司经营绩效评价[J]. 财会月刊, (8)：37-39.
王立立. 2016. 企业并购的理论与实践探析[J]. 现代经济信息, (13)：47, 49.
王闽茜, 赵振宇. 2016. 新能源及可再生能源对能源效率及节能减排效果的影响研究[J]. 科技和产业, 16（12）：88-93.
王倩, 高翠云, 王硕. 2014. 基于不同原则下的碳权分配与中国的选择[J]. 当代经济研究, (4)：30-36, 96.
王瑞庆. 2010. 期权及其在电力市场中的应用[M]. 北京：知识产权出版社.
王文平, 杨洪平. 2008. 实物期权理论在风力发电项目投资决策中的应用[J]. 电网与清洁能源, (8)：42-46.
王西星. 2009. 基于管理熵的中国水电上市公司绩效评价研究[D]. 成都：四川大学.
王晓天, 薛惠锋. 2012. 可再生能源投资决策行为影响因素实证分析与政策启示[J]. 西安理工大学学报, 28（1）：115-120.
王晓天, 薛惠锋, 张强. 2012. 可再生能源发电并网利益协调演化博弈分析[J]. 系统工程, 30（4）：94-99.
王雅楠. 2013. 基于协同效应的民营企业并购整合绩效研究[D]. 咸阳：西北农林科技大学.
王艳华. 2015. 新能源上市公司财务绩效评价研究[J]. 商业会计, (2)：48-50.

王勇，文福拴，钟志勇，等. 2005. 基于实物期权理论的发电投资决策和容量充裕性评估[J]. 电力系统自动化，(19)：1-9.
王正明，路正南. 2008a. 风电项目投资及其运行的经济性分析[J]. 可再生能源，26（6）：21-24.
王正明，路正南. 2008b. 我国风电上网价格形成机制研究[J]. 价格理论与实践，(9)：54-55.
王志洁，赵霞. 2016. 我国上市公司关联并购绩效研究[J]. 商，(35)：133.
王仲颖，陶冶，时璟丽. 2010. 中国可再生能源电价政策决策支持研究[R]. 国家发改委能源研究所可再生能源发展中心.
韦省民，张爱荣. 2004. 上市公司并购绩效持续性研究[J]. 中国管理科学，12（S1）：702-708.
魏一鸣，廖华，等. 2010. 中国能源报告2010：能源效率研究[M]. 北京：科学出版社.
文海涛. 2008. 西方企业并购绩效理论研究评述[J]. 北京交通大学学报（社会科学版），7（1）：65-69.
乌云娜，胡新亮，许凌爽. 2011. 基于蒙特卡洛模拟法的风电投资项目优选研究[J]. 项目管理技术，9（11）：111-114.
巫春洲，陈秋霞. 2016. 企业并购理论研究[J]. 当代会计，(6)：10-11.
吴建祖，宣慧玉. 2006. 不完全信息条件下企业R&D最优投资时机的期权博弈分析[J]. 系统工程理论与实践，(4)：50-54.
吴力波，孙可哿，陈亚龙. 2015. 不完全竞争电力市场中可再生能源支持政策比较[J]. 中国人口·资源与环境，25（10）：53-60.
吴雪姣. 2012. 政府干预、行业特征与并购价值创造：来自地方国有上市公司的经验证据[D]. 重庆：重庆大学.
吴泽宇. 2018. 光伏上市企业经营绩效及其影响因素研究[D]. 北京：华北电力大学.
奚洪梅. 2016. 国有上市公司并购动因与并购绩效关系研究[D]. 沈阳：沈阳理工大学.
夏晶. 2013. 垃圾发电行业上市公司财务指标的绩效评价[J]. 时代金融，(17)：181.
夏阳，王革华，赵勇. 2005. 中国风电并网若干问题的博弈研究[J]. 可再生能源，(1)：3-6.
萧晓. 2010. 发展新能源产业的价格对策研究[J]. 市场经济与价格，(11)：9-15.
谢旭轩，王仲颖，高虎. 2013. 先进国家可再生能源发展补贴政策动向及对我国的启示[J]. 中国能源，35（8）：15-19.
胥朝阳，黄晶，颜金秋，等. 2009. 上市公司技术并购绩效研究[J]. 中大管理研究，(4)：18-34.
许锋. 2011. 中国上市公司并购绩效及相关影响因素研究：基于民营上市企业的研究[D]. 成都：西南财经大学.
许诺，文福拴，黄民翔. 2007. 基于期权博弈理论的发电投资决策[J]. 电力系统自动化，(14)：25-30，42.
许玉芬. 2018. 新能源类上市公司绩效影响因素与路径研究[D]. 天津：天津财经大学.
薛万磊，牛新生，曾鸣，等. 2014. 基于系统动力学评价的可再生能源并网保障机制[J]. 电力建设，35（2）：36-40.
闫永海. 2011. 管理者过度自信对企业财务决策影响的研究[D]. 镇江：江苏大学.
杨春风. 2010. 含可再生能源的电力系统与大电网并网相关问题研究[J]. 牡丹江大学学报，19（4）：86-89.
杨贺，刘金平. 2011. 我国风电的经济合理性及上网价格政策研究[J]. 山西财经大学学报，33（10）：62-71.
杨继波，孔令丞. 2014. 可再生能源并网定价文献评述：以光伏产业为例[J]. 经济问题探索，(9)：

141-147.

杨敏. 2016. 上市公司融资结构的影响因素：基于新能源上市公司的实证分析[J]. 财会月刊, (17)：17-21.

杨睿. 2014. 可再生能源发电的影响因素及政策效果评价[D]. 北京：华北电力大学.

杨仕辉, 魏守道, 翁蔚哲. 2016. 南北碳排放配额政策博弈分析与策略选择[J]. 管理科学学报, 19（1）：12-23.

杨帅. 2013. 我国可再生能源补贴政策的经济影响与改进方向：以风电为例[J]. 云南财经大学学报, 29（2）：64-74.

杨晓嘉. 2007 上市公司并购绩效及其优化问题研究[D]. 长沙：湖南大学.

杨兴全. 2004. 上市公司负债期限结构选择：经验分析与建议[J]. 会计论坛, (1)：84-93.

杨志刚. 2004. 我国企业并购动因解析[D]. 南昌：江西财经大学.

叶飞, 令狐大智. 2015. 双寡头竞争环境下的碳配额分配策略研究[J]. 系统工程理论与实践, 35（12）：3038-3046.

叶会, 李善民. 2008. 企业并购理论综述[J]. 广东金融学院学报, (1)：115-128.

尹辉. 2017. 可再生能源电力补贴设计与影响因素研究[D]. 天津：天津大学.

俞丽兰. 2011. 中国风电并网难题及相关政策研究[D]. 南昌：江西财经大学.

俞萍萍. 2011a. 可再生能源激励政策效果比较分析[J]. 浙江经济, （2）：44-45.

俞萍萍. 2011b. 激励政策下发电企业可再生能源战略投资研究[D]. 杭州：浙江工商大学.

俞萍萍. 2018. 绿色证书交易机制下可再生能源发电定价研究：期权博弈模型及数值模拟[J]. 价格理论与实践, (11)：38-41.

袁雪. 2009. 基于因子分析法的山西上市公司绩效评估[J]. 山西财经大学学报, (S1)：53-54, 98.

袁智强, 刘东, 蒋传文, 等. 2004. 考虑远期合约基于古诺模型的市场参与者策略研究[J]. 电网技术, (19)：72-76.

臧宝锋, 胡汉辉, 王建兴. 2006. 电力市场条件下的发电投资均衡[J]. 电力系统自动化, (2)：41-44.

曾春影, 茅宁, 易志高. 2019. CEO的知青经历与企业并购溢价：基于烙印理论的实证研究[J]. 外国经济与管理, 41（11）：3-14.

曾璐. 2016. 政治关联、企业并购与企业绩效[D]. 重庆：重庆大学.

曾鸣, 李晨, 刘超, 等. 2012. 考虑电价补贴政策的风电投资决策模型与分析[J]. 电力系统保护与控制, 40（23）：17-23, 86.

查道林, 漆俊美. 2016. 清洁能源上市公司财务绩效评价：基于BP神经网络[J]. 财会通讯, (7)：24-26.

翟恒曜. 2009. 三类企业并购上市公司绩效的对比研究[D]. 上海：华东师范大学.

张明明, 周德群, 周鹏. 2014. 基于实物期权的中国光伏发电项目投资评价[J]. 北京理工大学学报（社会科学版）, 16（6）：26-33.

张倩. 2017. 低碳经济下RPS与FIT协同作用的电源结构优化模型研究[D]. 北京：华北电力大学.

张少华. 2001. 电力市场远期合同的风险建模理论研究[D]. 上海：上海大学.

张少华, 王晛, 李渝曾. 2003. 考虑远期合同交易的发电市场分段线性供应函数均衡模型[J]. 电力系统自动化, (21)：17-22.

张硕. 2016. 中国新能源企业生存现状分析与研究[D]. 北京：中国石油大学（北京）.

张雯, 张胜, 李百兴. 2013. 政治关联、企业并购特征与并购绩效[J]. 南开管理评论, 16（2）：64-74.

张晓波, 陈海声. 2013. 政府干预对上市公司并购绩效的影响[J]. 财会月刊, (18): 3-7.
张新. 2003. 并购重组是否创造价值?——中国证券市场的理论与实证研究[J]. 经济研究, (6): 20-29, 93.
张佑林. 2010. 关于企业并购风险与防范对策的思考[J]. 北方经贸, (11): 101-102.
张玉兰, 姜振娜, 王薇. 2015. 基于政府干预视角的地方国有上市公司并购绩效研究[J]. 企业经济, 34 (3): 166-169.
张正敏. 2002. 中国风力发电经济激励政策研究: [中英文本][M]. 北京: 中国环境科学出版社.
赵寒娇. 2010. 关于我国可再生能源电力产业发展的激励政策研究[D]. 杭州: 浙江财经学院.
赵会茹, 戴杰超. 2013. 基于协整分析法的我国风电电价形成机制有效性检验[J]. 可再生能源, 31 (9): 69-73.
赵书新. 2011. 节能减排政府补贴激励政策设计的机理研究[D]. 北京: 北京交通大学.
赵勇强. 2010. 能源外部性评价指标体系研究[J]. 中国能源, 32 (4): 32-36.
赵勇强, 熊倪娟. 2010. 我国可再生能源经济激励政策回顾与建议[J]. 经济与管理研究, (4): 5-11.
赵子健, 赵旭. 2012. 可再生能源上网电价的分摊机制研究[J]. 科技管理研究, 32 (23): 193-195.
郑秀军. 2009. 风力发电场上网电价的测算与评估[D]. 北京: 华北电力大学.
周篁. 2007. 美国可再生能源发展和节能现状[J]. 中外能源, (1): 1-6.
周士元. 2012. 中国上市公司并购绩效评价及其影响因素研究[D]. 开封: 河南大学.
周莹, 张娜, 董振, 等. 2012. 风电上网电价机制研究[J]. 华北电力大学学报(自然科学版), 39 (5): 97-104.
朱帮助, 江民星, 袁胜军, 等. 2017. 配额初始分配对跨期碳市场效率的影响研究[J]. 系统工程理论与实践, 37 (11): 2802-2811.
朱朝华. 2002. 企业并购绩效研究现状分析[J]. 学习与探索, (6): 81-86.
朱磊, 范英, 张晓兵. 2010. 基于期权博弈的中国风电投资分析[J]. 数理统计与管理, 29 (2): 328-335.
朱晓勤, 周敏. 2008. 可再生能源发电经济激励制度比较研究: 以风电为例[J]. 中国科技信息, (17): 27-28, 32.
朱毅捷. 2013. 解密上市公司并购绩效[J]. 首席财务官, (6): 53-55.
卓金武. 2014. MATLAB在数学建模中的应用[M]. 2版. 北京: 北京航空航天大学出版社.
奏美鸣. 2012. 日本的可再生能源的扶持政策: 对太阳能发电扶持制度的分析[J]. 科学学研究, 30 (7): 1005-1010.
左晓慧, 吕洁瑶. 2014. 基于EVA的上市公司并购绩效研究[J]. 财经理论与实践, 35 (6): 34-39.
Abido M A. 2003. A novel multiobjective evolutionary algorithm for environmental/economic power dispatch[J]. Electric Power Systems Research, 65 (1): 71-81.
Ackah I, Kizys R. 2015. Green growth in oil producing African countries: a panel data analysis of renewable energy demand[J]. Renewable and Sustainable Energy Reviews, 50: 1157-1166.
Agrawal A, Jaffe J F, Mandelker G N. 1992. The post-merger performance of acquiring firms: a re-examination of an anomaly[J]. The Journal of Finance, 47 (4): 1605-1621.
Alexandridis G, Petmezas D, Travlos N G. 2010. Gains from mergers and acquisitions around the world: new evidence[J]. Financial Management, 39 (4): 1671-1695.
Ali Al-Khasawneh J. 2013. Pairwise X-efficiency combinations of merging banks: analysis of the fifth merger wave[J]. Review of Quantitative Finance and Accounting, 41 (1): 1-28.

An J, Lee J. 2018. A newsvendor non-cooperative game for efficient allocation of carbon emissions[J]. Sustainability, 10 (1): 154.

Andrade G, Mitchell M, Stafford E. 2001. New evidence and perspectives on mergers[J]. Journal of Economic Perspectives, 15 (2): 103-120.

Angwin D. 2004. Speed in M&A integration: the first 100 days[J]. European Management Journal, 22 (4): 418-430.

Angwin D. 2007. Motive archetypes in mergers and acquisitions (M&A): the implications of a configurational approach to performance[M]//Cooper C L, Finkelstein S. Advances in Mergers & Acquisitions. Volume 6. Bingley: Emerald Publishing Limited: 77-105.

Anscombe F J. 1973. Graphs in statistical analysis[J]. The American Statistician, 27 (1): 17-21.

Arrow K J, Fisher A C. 1974. Environmental preservation, uncertainty, and irreversibility[J]. The Quarterly Journal of Economics, 88 (2): 312-319.

Asquith P, Bruner R F, Mullins Jr D W. 1983. The gains to bidding firms from merger[J]. Journal of Financial Economics, 11 (1/4): 121-139.

Atlason R S, Unnthorsson R. 2014. Energy return on investment of hydroelectric power generation calculated using a standardised methodology[J]. Renewable Energy, 66: 364-370.

Bain J S. 1956. Barriers to New Competition[M]. Cambridge: Harvard University Press.

Baker E, Shittu E. 2006. Profit-maximizing R&D in response to a random carbon tax[J]. Resource and Energy Economics, 28 (2): 160-180.

Barclay M J, Smith Jr C W. 1995. The maturity structure of corporate debt[J]. The Journal of Finance, 50 (2): 609-631.

Benli H. 2013. Potential of renewable energy in electrical energy production and sustainable energy development of Turkey: performance and policies[J]. Renewable Energy, 50: 33-46.

Berkovitch E, Narayanan M P. 1993. Motives for takeovers: an empirical investigation[J]. The Journal of Financial and Quantitative Analysis, 28 (3): 347-362.

Birkinshaw J, Bresman H, Håkanson L. 2000. Managing the post-acquisition integration process: how the human integration and task integration processes interact to foster value creation[J]. Journal of Management Studies, 37 (3): 395-425.

Blanco M I. 2009. The economics of wind energy[J]. Renewable and Sustainable Energy Reviews, 13 (6/7): 1372-1382.

Boateng A, Bi X G, Brahma S. 2017. The impact of firm ownership, board monitoring on operating performance of Chinese mergers and acquisitions[J].Review of Quantitative Finance and Accounting, 49 (4): 925-948.

Boche H, Schubert M. 2009. Nash bargaining and proportional fairness for wireless systems[J]. IEEE/ACM Transactions on Networking, 17 (5): 1453-1466.

Böhringer C, Rosendahl K E. 2009. Strategic partitioning of emission allowances under the EU Emission Trading Scheme[J]. Resource and Energy Economics, 31 (3): 182-197.

Boomsma T K, Meade N, Fleten S E. 2012. Renewable energy investments under different support schemes: a real options approach [J]. European Journal of Operational Research, 220 (1): 225-237.

Botterud A, Ilic M D, Wangensteen I. 2005. Optimal investments in power generation under centralized and decentralized decision making[J]. IEEE Transactions on Power Systems, 20 (1): 254-263.

Bradley M, Desai A, Kim E H. 1988. Synergistic gains from corporate acquisitions and their division between the stockholders of target and acquiring firms[J]. Journal of Financial Economics, 21 (1): 3-40.

Brick I E, Ravid S A. 1985. On the relevance of debt maturity structure[J].The Journal of Finance, 40 (5): 1423-1437.

Bruner R F. 1988. The use of excess cash and debt capacity as a motive for merger[J]. The Journal of Financial and Quantitative Analysis, 23 (2): 199-217.

Bruner R F. 1999. An analysis of value destruction and recovery in the alliance and proposed merger of Volvo and Renault[J]. Journal of Financial Economics, 51 (1): 125-166.

Butler L, Neuhoff K. 2008. Comparison of feed-in tariff, quota and auction mechanisms to support wind power development[J]. Renewable Energy, 33 (8): 1854-1867.

Cai Q. 2018. Renewable energy power R&D investment under incomplete information[J].Paper Asia, 1 (6): 11-16.

Cai Q, Du Y. 2017. Influence analysis of existing financial and tax policies on Chinese wind power[C]. Wuhan: The 2016 International Conference on Advanced Materials and Energy Sustainability.

Cai Q, Gao Y P. 2015. Subsidy policy assessment of renewable energy grid-connected externalities[C]. Guangzhou: The 2015 3rd International Conference on Advanced Information and Communication Technology for Education.

Cai Q, Huang J. 2015. The research on externality evaluation methods for the power generation & grid connection of renewable energy source[C]. Phuket: The 2015 International Conference on Education, Management and Systems Engineering.

Chai K H, Baudelaire C. 2015. Understanding the energy efficiency gap in Singapore: a motivation, opportunity, and ability perspective[J]. Journal of Cleaner Production, 100: 224-234.

Chang K, Zhang C, Chang H. 2016. Emissions reduction allocation and economic welfare estimation through interregional emissions trading in China: evidence from efficiency and equity[J]. Energy, 113: 1125-1135.

Chemmanur, Loutskina. 2016. Merger performance and efficiencies in horizontal merger policy in the United States and the European Union[J]. Journal of Advanced Research in Law and Economics, 34 (1): 26-59.

Chen G M, Firth M, Xu L P. 2009. Does the type of ownership control matter? Evidence from China's listed companies[J]. Journal of Banking & Finance, 33 (1): 171-181.

Cheung Y L, Rau P R, Stouraitis A. 2010. Helping hand or grabbing hand? Central vs. local government shareholders in Chinese listed firms[J]. Review of Finance, 14 (4): 669-694.

Chi J, Padgett C. 2005. The performance and long-run characteristics of the Chinese IPO market[J]. Pacific Economic Review, 10 (4): 451-469.

Chuang K S. 2017. Corporate life cycle, investment banks and shareholder wealth in M&As[J]. The Quarterly Review of Economics and Finance, 63: 122-134.

Comber A, Dickie J, Jarvis C, et al. 2015. Locating bioenergy facilities using a modified GIS-based location-allocation-algorithm: considering the spatial distribution of resource supply[J]. Applied Energy, 154: 309-316.

Couture T D, Cory K, Kreycik C, et al. 2010. Policymaker's Guide to Feed-in Tariff policy Design[M]. Golden: National Renewable Energy Laboratory.

Datta D K. 1991. Organizational fit and acquisition performance: effects of post-acquisition integration[J]. Strategic Management Journal, 12 (4): 281-297.

Décamps J P, Mariotti T, Villeneuve S. 2005. Investment timing under incomplete information[J]. Mathematics of Operations Research, 30 (2): 472-500.

Deng P. 2010. What determines performance of cross-border M&As by Chinese companies? An absorptive capacity perspective[J]. Thunderbird International Business Review, 52 (6): 509-524.

Deng S J, Johnson B, Sogomonian A. 2001. Exotic electricity options and the valuation of electricity generation and transmission assets[J]. Decision Support Systems, 30 (3): 383-392.

Deng S J, Oren S S. 2003. Incorporating operational characteristics and start-up costs in option-based valuation of power generation capacity[J]. Probability in the Engineering and Informational Sciences, 17 (2): 155-181.

Devos T, Banaji M R. 2003. Implicit self and identity[J]. Annals of the New York Academy of Sciences, 1001: 177-211.

Diamond D W. 1991. Debt maturity structure and liquidity risk[J]. The Quarterly Journal of Economics, 106 (3): 709-737.

Dixit A .1992. Investment and hysteresis[J]. Journal of Economic Perspectives, 6 (1): 107-132.

Dixit A K, Pindyck R S.1994. Investment under Uncertainty[M]. Princeton: Princeton University Press.

Dollery B, Ting S K. 2017. Counting the cost: an analysis of the post-merger performance of the Clarence Valley Council in New South Wales[J]. Economic Analysis and Policy, 56: 72-78.

Dones R, Heck T, Bauer C, et al. 2005. ExternE-pol externalities of energy: extension of accounting framework and policy applications new energy technologies[R]. ExternE-Pol Project, Releas 2, Switzerland.

Dong C G. 2012. Feed-in tariff vs. renewable portfolio standard: an empirical test of their relative effectiveness in promoting wind capacity development[J]. Energy Policy, 42 (2): 476-485.

Erdorf S, Hartmann-Wendels T, Heinrichs N, et al. 2013. Corporate diversification and firm value: a survey of recent literature[J]. Financial Markets and Portfolio Management, 27 (2): 187-215.

Fan C L, Yuan J. 2008. An empirical analysis of M&A performance of Chinese listed companies in growth, maturity and recession industries[J]. China's Industrial Economy, (8): 65-72.

Fang Y P. 2011. Economic welfare impacts from renewable energy consumption: the China experience[J]. Renewable and Sustainable Energy Reviews, 15 (9): 5120-5128.

Federico G, Langus G, Valletti T. 2017. A simple model of mergers and innovation[J]. Economics Letters, 157: 136-140.

Feng W, Ji G J, Pardalos P M. 2019. Effects of government regulations on manufacturer's behaviors under carbon emission reduction[J]. Environmental Science and Pollution Research, 26: 17918-17926.

Ferrara D, Bacon F. 2014. Merger and acquisition announcements effect on acquiring company's stock price: a test of market efficiency[C]//Proceedings of allied academies international conference, 19 (1): 9-46.

Fischer C, Newell R G. 2008. Environmental and technology policies for climate mitigation[J]. Journal of Environmental Economics and Management, 55（2）: 142-162.

Franks J, Harris R, Titman S. 1991.The postmerger share-price performance of acquiring firms[J]. Journal of Financial Economics, 29（1）: 81-96.

Gallego-Castillo C, Victoria M. 2015. Cost-free feed-in tariffs for renewable energy deployment in Spain[J]. Renewable Energy, 81: 411-420.

Germain M, van Steenberghe V. 2003. Constraining equitable allocations of tradable CO_2, emission quotas by acceptability[J]. Environmental and Resource Economics, 26（3）: 469-492.

Ghosh A. 2001. Does operating performance really improve following corporate acquisitions? [J]. Journal of Corporate Finance, 7（2）: 151-178.

Gleason K C, Mathur I, Singh M. 2000. Wealth effects for acquirers and divestors related to foreign divested assets[J].International Review of Financial Analysis, 9（1）: 5-20.

Gollier C, Proult D, Thais F, et al. 2005. Choice of nuclear power investments under price uncertainty: valuing modularity[J]. Energy Economics, 27（4）: 667-685.

Guedes J, Opler T. 1996. The determinants of the maturity of corporate debt issues[J]. The Journal of Finance, 51（5）: 1809-1833.

Guo W, Sun T, Dai H J. 2017. Efficiency allocation of provincial carbon reduction target in China's "13·5" period: based on zero-sum-gains SBM model[J]. Sustainability, 9（2）: 167.

Haas R, Eichhammer W, Huber C, et al. 2004. How to promote renewable energy systems successfully and effectively[J]. Energy Policy, 32（6）: 833-839.

Halpern P. 1983. Corporate acquisitions: a theory of special cases? A review of event studies applied to acquisitions[J]. The Journal of Finance, 38（2）: 297-317.

Hammar H, Jagers S C. 2007. What is a fair CO_2 tax increase? On fair emission reductions in the transport sector[J]. Ecological Economics, 61（2/3）: 377-387.

Han X Y. 2012. A look at new energy overcapacity and policies: a case of wind and solar industry[J]. Management World, 8: 171-172, 175.

Harris M, Raviv A. 1990. Capital structure and the informational role of debt[J]. The Journal of Finance, 45（2）: 321-349.

Harris M, Raviv A. 1991. The theory of capital structure[J]. The Journal of Finance, 46（1）: 297-355.

Hart O, Moore J. 1994. A theory of debt based on the inalienability of human capital[J]. The Quarterly Journal of Economics, 109（4）: 841-879.

Hart O, Moore J. 1995. Debt and seniority: an analysis of the role of hard claims in constraining management[J]. American Economic Review, 85（3）: 567-585.

Healy P M, Palepu K G, Ruback R S. 1992. Does corporate performance improve after mergers? [J]. Journal of Financial Economics, 31（2）: 135-175.

Heilmayr R, Bradbury J A. 2011. Effective, efficient or equitable: using allowance allocations to mitigate emissions leakage[J]. Climate Policy, 11（4）: 1113-1130.

Hoang L N, Soumis F, Zaccour G. 2016. Measuring unfairness feeling in allocation problems[J]. Omega, 65: 138-147.

Homburg C, Bucerius M. 2006. Is speed of integration really a success factor of mergers and acquisitions? An analysis of the role of internal and external relatedness[J]. Strategic Management Journal, 27（4）: 347-367.

Howard R J, Tallontire A M, Stringer L C, et al. 2016. Which "fairness", for whom, and why? An empirical analysis of plural notions of fairness in Fairtrade Carbon Projects, using Q methodology[J]. Environmental Science & Policy, 56: 100-109.

Howard R J, Tallontire A, Stringer L, et al. 2015. Unraveling the notion of "fair carbon": key challenges for standards development[J]. World Development, 70: 343-356.

Hsu M. 1998. Spark spread options are hot! [J]. The Electricity Journal, 11 (2): 28-39.

Huang Y S, Walkling R A. 1987. Target abnormal returns associated with acquisition announcements: payment, acquisition form, and managerial resistance[J]. Journal of Financial Economics, 19 (2): 329-349.

IEA. 2008. Renewable Energy Costs and Benefits for Society. Prepared for the IEA's Implementing Agreement on Renewable Energy Technology Deployment[R]. Paris.

Jaber J O, Elkarmi F, Alasis E, et al. 2015. Employment of renewable energy in Jordan: current status, SWOT and problem analysis[J]. Renewable and Sustainable Energy Reviews, 49: 490-499.

Jain P, Sunderman M A. 2014. Stock price movement around the merger announcements: insider trading or market anticipation? [J]. Managerial Finance, 40 (8): 821-843.

Jensen M C. 1986. Agency costs of free cash flow, corporate finance, and takeovers[J]. The American Economic Review, 76 (2), 323-329.

Jensen M C, Ruback R S. 1983. The market for corporate control: the scientific evidence[J]. Journal of Financial economics, 11 (1/4): 5-50.

Jia J, Sun Q, Tong W H S. 2005. Privatization through an overseas listing: evidence from China's H-share firms[J]. Financial Management, 34 (3): 5-30.

Joe-Wong C, Sen S, Lan T, et al. 2013. Multiresource allocation: fairness-efficiency tradeoffs in a unifying framework[J]. IEEE/ACM Transactions on Networking (TON), 21 (6): 1785-1798.

John K, Ofek E. 1995. Asset sales and increase in focus[J]. Journal of Financial Economics, 37 (1): 105-126.

Kale J R, Noe T H. 1990. Risky debt maturity choice in a sequential game equilibrium[J]. Journal of Financial Research, 13 (2): 155-166.

Kallunki J P, Laitinen E K, Silvola H. 2011. Impact of enterprise resource planning systems on management control systems and firm performance[J]. International Journal of Accounting Information Systems, 12 (1): 20-39.

Kam A, Citron D, Muradoglu G. 2008. Distress and restructuring in China: does ownership matter? [J]. China Economic Review, 19 (4): 567-579.

Kamerbeek S. 2010. Merger performance and efficiencies in horizontal merger policy in the United States and the European Union[J]. Journal of Advanced Research in Law and Economics, 1 (1): 16-40.

Karytsas S, Theodoropoulou H. 2014. Socioeconomic and demographic factors that influence publics' awareness on the different forms of renewable energy sources[J]. Renewable Energy, 71: 480-485.

Kaya D. 2005. Renewable energy policies in Turkey[J]. Cogeneration & Distributed Generation Journal, 20 (1): 37-53.

Kaya D. 2006. Renewable energy policies in Turkey[J]. Renewable and Sustainable Energy Reviews, 10 (2): 152-163.

Kelly F P, Maulloo A K, Tan D K H. 1998. Rate control for communication networks: shadow prices, proportional fairness and stability[J]. Journal of the Operational Research Society, 49 (3): 237-252.

Keppo J. 2004. Pricing of electricity swing options[J]. The Journal of Derivatives, 11 (3): 26-43.

Keppo J, Lu H. 2003. Real options and a large producer: the case of electricity markets[J]. Energy Economics, 25 (5): 459-472.

Kern F, Smith A, Shaw C, et al. 2014. From laggard to leader: explaining offshore wind developments in the UK[J].Energy Policy, 69: 635-646.

Kim K T, Lee D J, Park S J, et al. 2015. Measuring the efficiency of the investment for renewable energy in Korea using data envelopment analysis[J]. Renewable and Sustainable Energy Reviews, 47: 694-702.

Kiriyama E, Suzuki A. 2004. Use of real options in nuclear power plant valuation in the presence of uncertainty with CO_2 emission credit[J]. Journal of Nuclear Science and Technology, 41 (7): 756-764.

Kiymaz H, Baker H K. 2008. Short-term performance, industry effects, and motives: evidence from large M&As[J]. Quarterly Journal of Finance and Accounting, 47 (2): 17-44.

Kök A G, Shang K, Yücel Ş. 2018. Impact of electricity pricing policies on renewable energy investments and carbon emissions[J]. Management Science, 64 (1): 131-148.

Koseoglu N M, van den Bergh J C J M, Lacerda J S. 2013. Allocating subsidies to R&D or to market applications of renewable energy? Balance and geographical relevance[J]. Energy for Sustainable Development, 17 (5): 536-545.

Kousksou T, Allouhi A, Belattar M, et al. 2015.Renewable energy potential and national policy directions for sustainable development in Morocco[J]. Renewable and Sustainable Energy Reviews, 47: 46-57.

Kusewitt Jr J B. 1985. An exploratory-study of strategic acquisition factors relating to performance[J]. Strategic Management Journal, 6 (2): 151-169.

Lambrecht B, Perraudin W. 2003. Real options and preemption under incomplete information[J]. Journal of Economic Dynamics and Control, 27 (4): 619-643.

Lan T, Kao D, Chiang M, et al. 2010. An axiomatic theory of fairness in network resource allocation[C]. San Diego: The 2010 Proceedings IEEE INFOCOM.

Lang L H P, Stulz R, Walkling R A. 1989. Managerial performance, Tobin's Q, and the gains from successful tender offers[J]. Journal of Financial Economics, 24 (1): 137-154.

Larsson R, Finkelstein S. 1999. Integrating strategic, organizational, and human resource perspectives on mergers and acquisitions: a case study of synergy realization[J]. Organization Science, 10 (1): 1-26.

Lee C W, Zhong J. 2014. Top down strategy for renewable energy investment: conceptual framework and implementation[J]. Renewable Energy, 68: 761-773.

Leepsa N M, Mishra C S. 2013. Wealth creation through acquisitions[J]. DECISION, 40 (3): 197-211.

Liao Z L, Zhu X L, Shi J R. 2015. Case study on initial allocation of Shanghai carbon emission trading based on Shapley value[J]. Journal of Cleaner Production, 103: 338-344.

Linn S C, Switzer J A. 2001. Are cash acquisitions associated with better postcombination operating performance than stock acquisitions? [J]. Journal of Banking & Finance, 25 (6): 1113-1138.

Lipp J. 2007. Lessons for effective renewable electricity policy from Denmark, Germany and the United Kingdom[J]. Energy Policy, 35 (11): 5481-5495.

Liu R Z, Zhang K, Zhang Z J, et al.2014. Land-use suitability analysis for urban development in Beijing[J]. Journal of Environmental Management, 145: 170-179.

Lou G X, Xia H Y, Zhang J Q, et al. 2015. Investment strategy of emission-reduction technology in a supply chain[J]. Sustainability, 7 (8): 10684-10708.

Luo R L, Fan T J. 2015. Influence of government subsidies on carbon reduction technology investment decisions in the supply chain[C]. Guangzhou: The 2015 12th International Conference on Service Systems and Service Management.

Lys T, Vincent L. 1995. An analysis of value destruction in AT&T's acquisition of NCR[J]. Journal of Financial Economics, 39 (2/3): 353-378.

Ma Z J, Liu J S, Yao Y L. 2015. A study on the differences between the motives and performance of cross-border M&A between central enterprises and local state-owned enterprises based on the analysis of factor market environment[J]. Journal of Economics, 2 (2): 94-114.

Madlener R, Stagl S. 2005. Sustainability-guided promotion of renewable electricity generation[J]. Ecological Economics, 53 (2): 147-167.

Makridakis S, Caloghirou Y, Papagiannakis L, et al. 1997. The dualism of Greek firms and management: present state and future implications[J]. European Management Journal, 15 (4): 381-402.

Malatesta P H. 1983. The wealth effect of merger activity and the objective functions of merging firms[J]. Journal of Financial Economics, 11 (1/4): 155-181.

Mao C Y. 2013. Decision analysis for manufacturers to carry out emission reduction through technology Innovation under carbon emission constraints[C]. Beijing: The 2nd International Conference on Science and Social Research.

Maquieira C P, Megginson W L, Nail L. 1998. Wealth creation versus wealth redistributions in pure stock-for-stock mergers[J]. Journal of Financial Economics, 48 (1): 3-33.

Margrabe W. 1978. The value of an option to exchange one asset for another[J].The Journal of Finance, 33 (1): 177-186.

Maroušek J, Hašková S, Zeman R, et al. 2015. Assessing the implications of EU subsidy policy on renewable energy in Czech Republic[J]. Clean Technologies and Environmental Policy, 17: 549-554.

Mavi R K, Kazemi S, Jahangiri J M. 2013. Developing common set of weights with considering nondiscretionary inputs and using ideal point method[J]. Journal of Applied Mathematics, 2013 (29/32): 1-9.

May G, Barletta I, Stahl B, et al. 2015. Energy management in production: a novel method to develop key performance indicators for improving energy efficiency[J]. Applied Energy, 149: 46-61.

Meeks G. 1977. Disappointing Marriage: A Study of the Gains from Merger[M]. Cambridge: Cambridge University Press.

Menanteau P, Finon D, Lamy M L. 2003. Prices versus quantities: choosing policies for promoting the development of renewable energy[J]. Energy Policy, 31 (8): 799-812.

Meunier G, Ponssard J P. 2012. A sectoral approach balancing global efficiency and equity[J]. Environmental and Resource Economics, 53 (4): 533-552.

Min K J, Wang C H. 2000. Generation planning for interrelated generation units: a real options approach[C]. Seattle: The 2000 Power Engineering Society Summer Meeting.

Mo J, Walrand J. 2000. Fair end-to-end window-based congestion control[J]. IEEE/ACM Transactions on Networking, 8 (5): 556-567.

Moreira A, Rocha K, David P. 2004. Thermopower generation investment in Brazil: economic conditions[J]. Energy Policy, 32 (1): 91-100.

Mueller D C, Sirower M L. 2003. The causes of mergers: tests based on the gains to acquiring firms' shareholders and the size of premia[J]. Managerial and Decision Economics, 24 (5): 373-391.

Netter J, Stegemoller M, Wintoki M B. 2011. Implications of data screens on merger and acquisition analysis: a large sample study of mergers and acquisitions from 1992 to 2009[J]. The Review of Financial Studies, 24 (7): 2316-2357.

Notton G. 2015. Importance of islands in renewable energy production and storage: the situation of the French islands[J]. Renewable and Sustainable Energy Reviews, 47: 260-269.

Ölz S, Beerepoot M. 2010. Deploying Renewables in Southeast Asia: Trends and Potentials[R]. Paris: International Energy Agency.

Ouyang X L, Lin B Q. 2014. Impacts of increasing renewable energy subsidies and phasing out fossil fuel subsidies in China[J]. Renewable and Sustainable Energy Reviews, 37: 933-942.

Owen S, Yawson A. 2010. Corporate life cycle and M&A activity[J]. Journal of Banking & Finance, 34 (2): 427-440.

Pan X Z, Teng F, Ha Y J, et al. 2014. Equitable access to sustainable development: based on the comparative study of carbon emission rights allocation schemes[J]. Applied Energy, 130: 632-640.

Pang R Z, Deng Z Q, Chiu Y H. 2015. Pareto improvement through a reallocation of carbon emission quotas[J]. Renewable and Sustainable Energy Reviews, 50: 419-430.

Papadakis V M, Thanos I C. 2010. Measuring the performance of acquisitions: an empirical investigation using multiple criteria[J]. British Journal of Management, 21 (4): 859-873.

Pawlina G, Kort P M. 2006. Real options in an asymmetric duopoly: who benefits from your competitive disadvantage? [J]. Journal of Economics &Management Strategy, 15 (1): 1-35.

Picone P M, Dagnino G B. 2016. Revamping research on unrelated diversification strategy: perspectives, opportunities and challenges for future inquiry[J]. Journal of Management & Governance, 20 (3): 413-445.

Pop D. 2006. M&A market in transition economies: evidence from Romania[J]. Emerging Markets Review, 7 (3): 244-260.

Porter M E. 1987. From competitive advantage to corporate-strategy[J]. Harvard Business Review, 65 (3): 43-59.

Raghavendra R P, Vermaelen T. 1998. Glamour, value and the post-acquisition performance of acquiring firms[J]. Journal of Financial Economics, 49 (2): 223-253.

Ragwitz M, Huber C, Resch G. 2007. Promotion of renewable energy sources: effects on innovation[J]. International Journal of Public Policy, 2 (1/2): 32-56.

Ramakrishnan K. 2008. Long-term post-merger performance of firms in India[J]. Vikalpa: the Journal for Decision Makers, 33 (2): 47-64.

Ramakrishnan K. 2010. Mergers in Indian industry: performance and impacting factors[J]. Business Strategy Series, 11 (4): 261-268.

Ravenscraft D J, Scherer F M. 1987. Life after takeover[J]. The Journal of Industrial Economics, 36 (2): 147-156.

Reuter W H, Szolgayová J, Fuss S, et al. 2012. Renewable energy investment: policy and market impacts[J]. Applied Energy, 97: 249-254.

Rhéaume L, Bhabra H S. 2008. Value creation in information-based industries through convergence: a study of U.S. mergers and acquisitions between 1993 and 2005[J]. Information&Management, 45 (5): 304-311.

Ringel M. 2006. Fostering the use of renewable energies in the European Union: the race between feed-in tariffs and green certificates[J]. Renewable Energy, 31 (1): 1-17.

Roll R. 1986. The hubris hypothesis of corporate takeovers[J]. The Journal of Business, 59 (2): 197-216.

Rose A, Zhang Z X. 2004. Interregional burden-sharing of greenhouse gas mitigation in the United States[J]. Mitigation and Adaptation Strategies for Global Change, 9 (4): 477-500.

Ross S A. 1977. The determination of financial structure: the incentive-signalling approach[J]. The Bell Journal of Economics, 8 (1): 23-40.

Rothwell G. 2006. A real options approach to evaluating new nuclear power plants[J]. The Energy Journal, 27 (1): 37-54.

Sadorsky P. 2012. Modeling renewable energy company risk[J]. Energy Policy, 40: 39-48.

Salter M S, Weinhold W A. 1979. Diversification through acquisition: strategies for creating economic value[M]. New York: Free Press.

Sekar R C. 2005. Carbon dioxide capture from coai-fired power plants: a real option analysis[R]. Cambridge: Laboratory for Energy and the Environment, MIT.

Servaes H. 1991. Tobin's Q and the gains from takeovers[J]. The Journal of Finance, 46(1): 409-419.

Shi H Z, Prasad R V, Onur E, et al. 2014. Fairness in wireless networks: issues, measures and challenges[J]. IEEE Communications Surveys & Tutorials, 16 (1): 5-24.

Shim J, Okamuro H. 2011. Does ownership matter in mergers? A comparative study of the causes and consequences of mergers by family and non-family firms[J]. Journal of Banking & Finance, 35 (1): 193-203.

Shimko D C. 1994. Options on futures spreads: hedging, speculation, and valuation[J]. Journal of Futures Markets, 14 (2): 183-213.

Shin H. 2000. The effect of market structure and conduct on the incentive for a horizontal merger[J]. Journal of Economic Development, 25 (1): 127-143.

Shleifer A, Vishny R W. 1986. Large shareholders and corporate control[J]. Journal of Political Economy, 94 (3, Part 1): 461-488.

Singh H, Montgomery C A. 1987. Corporate acquisition strategies and economic performance[J]. Strategic Management Journal, 8 (4): 377-386.

Song Y W. 2011. The effect of renewable energy policies on renewable energy production[J]. Atlantic

Economic Journal, 2: 195-196.

Sun P, Nie P Y. 2013. Regulation of new energy industry: discretion between R&D subsidy and support price[J]. Contemporary Finance & Economics, 4: 94-105.

Sun Y, Huang H F, Han J. 2014. Optimal investment decision for wind power projects under renewable portfolios standards in China[J]. Applied Mechanics and Materials, 521: 782-785.

Swaminathan V, Groening C, Mittal V, et al. 2014. How achieving the dual goal of customer satisfaction and efficiency in mergers affects a firm's long-term financial performance[J]. Journal of Service Research, 17 (2): 182-194.

Takizawa S, Omori R, Suzuki A, et al. 2001. Analysis of critical electricity price for the investment for constructing a nuclear power plant using real options approach[J]. Journal of Nuclear Science and Technology, 38 (10): 907-909.

Thijssen J J J, Huisman K J M, Kort P M. 2001b. Strategic investment under uncertainty and information spillovers[R]. Tilburg: Tilburg University.

Thijssen J J J, van Damme E E C, Huisman K J M, et al. 2001a. Investment under vanishing uncertainty due to information arriving over time[R]. Tilburg: Tilburg University, Center for Economic Research.

Timilsina G R, Kurdgelashvili L, Narbel P A. 2012. Solar energy: markets, economics and policies[J]. Renewable and Sustainable Energy Reviews, 16 (1): 449-465.

Tseng C L, Barz G. 2002. Short-term generation asset valuation: a real options approach[J]. Operations Research, 50 (2): 297-310.

Tuch C, O'Sullivan N. 2007. The impact of acquisitions on firm performance: a review of the evidence[J]. International Journal of Management Reviews, 9 (2): 141-170.

Venetsanos K, Angelopoulou P, Tsoutsos T. 2002. Renewable energy sources project appraisal under uncertainty: the case of wind energy exploitation within a changing energy market environment[J]. Energy Policy, 30 (4): 293-307.

Venmans F M J. 2016. The effect of allocation above emissions and price uncertainty on abatement investments under the EU ETS[J]. Journal of Cleaner Production, 126: 595-606.

Viguier L, Vielle M, Haurie A, et al. 2006. A two-level computable equilibrium model to assess the strategic allocation of emission allowances within the European Union[J]. Computers & Operations Research, 33 (2): 369-385.

Walker M M. 2000. Corporate takeovers, strategic objectives, and acquiring-firm shareholder wealth[J]. Financial Management, 29 (1): 53-66.

Wang Q M, Han Q X, Yang C. 2014a. Government subsidies and firm behavior in strategic emerging industries: a perspective of dynamic game analysis based on government regulation[J]. Journal of Finance and Economics, 40 (7): 43-53.

Wang Q X, Gao Z Q, Ning J C, et al. 2013. The research on the fairness of carbon emissions for China's energy based on GIS[C]. San Diego: SPIE-The International Society for Optical Engineering.

Wang Y H, Luo G L, Guo Y W. 2014b. Why is there overcapacity in China's PV industry in its early growth stage? [J]. Renewable Energy, 72: 188-194.

Weeds H. 2002. Strategic delay in a real options model of R&D competition[J]. The Review of

Economic Studies, 69 (3): 729-747.

Wier B, Hunton J, HassabElnaby H R. 2007. RETRACTED: enterprise resource planning systems and non-financial performance incentives: the joint impact on corporate performance[J]. International Journal of Accounting Information Systems, 8 (3): 165-190.

Wier P. 1983. The costs of antimerger lawsuits: evidence from the stock market[J]. Journal of Financial Economics, 11 (1/4): 207-224.

Wiser R, Pickle S, Goldman C. 1998. Renewable energy policy and electricity restructuring: a California case study[J]. Energy Policy, 26 (6): 465-475.

Wu H Q, Du S F, Liang L, et al. 2013. A DEA-based approach for fair reduction and reallocation of emission permits[J]. Mathematical and Computer Modelling, 58 (5/6): 1095-1101.

Xu L, Wang C X. 2017. Contracting pricing and emission reduction for supply chain considering vertical technological spillovers[J].The International Journal of Advanced Manufacturing Technology, 93: 481-492.

Yao X, Zhou H C, Zhang A Z, et al. 2015.Regional energy efficiency, carbon emission performance and technology gaps in China: a meta-frontier non-radial directional distance function analysis[J]. Energy Policy, 84: 142-154.

Ye B, Jiang J J, Miao L X, et al. 2015. Innovative carbon allowance allocation policy for the Shenzhen emission trading scheme in China[J]. Sustainability, 8 (1): 3.

Zhang H M, Zheng Y, Ozturk U A, et al. 2016. The impact of subsidies on overcapacity: a comparison of wind and solar energy companies in China[J]. Energy, 94: 821-827.

Zhang Y J, Hao J F. 2017. Carbon emission quota allocation among China's industrial sectors based on the equity and efficiency principles[J]. Annals of Operations Research, 255: 117-140.

Zhao H R, Guo S, Fu L W. 2014. Review on the costs and benefits of renewable energy power subsidy in China[J].Renewable and Sustainable Energy Reviews, 37: 538-549.

Zheng W, Chen R. 2012. The setting of initial allocation approaches of carbon emission permits[C]. Wuhan: The 2011 Fourth International Conference on Business Intelligence and Financial Engineering.

Zhou P, Wang M. 2016. Carbon dioxide emissions allocation: a review[J]. Ecological Economics, 125: 47-59.

Zhou W J, Zhu B, Chen D J, et al. 2014. How policy choice affects investment in low-carbon technology: the case of CO_2 capture in indirect coal liquefaction in China [J]. Energy, 73: 670-679.

Zollo M, Meier D. 2008. What is M&A performance? [J]. Academy of Management Perspectives, 22 (3): 55-77.

附录一：中国可再生能源上市公司并购绩效调查问卷

尊敬的领导您好：

感谢您百忙之中抽出时间，帮助我们完成该问卷，我们承诺：此问卷仅作为学术性研究，您的问卷不对外公开，您的个人与企业信息也同样不对外公开！本次问卷调查得到中国企业联合会以及中国可再生能源学会等相关社会组织的指导与支持，在此一并表示感谢！

如愿意得到该学术研究成果的，也请予以注明。

再次感谢：

中国电力企业联合会可再生能源企业分会

《中国电力企业管理》杂志社

联系人：

联系方式：　电子邮件：

　　年　　　月　　　日

一、基本信息

1、企业性质：国有企业（含控股）（　　　　）民营企业（　　　　）

2、职位：董事长（含CEO）（　　　　）CFO（　　　　）董事会秘书（　　　　）

3、任职年限：3年以内（含3年）（　　　　）3年以上（　　　　）

4、企业上市年限：3年以内（含3年）（　　　　）3年以上（　　　　）

二、并购相关选项

1、2005年1月～2017年12月并购次数：0次（　　　　）1次（　　　　）1次以上（　　　　）

2、并购主要动因：协同效应（　　　）规模经济（　　　）资源获得（　　　）政策响应（　　　）

3、您认为贵公司的并购市场行为因素占主导，强弱依次为：987654321（　　　　）

4、您认为贵公司的并购行为政府干预程度，强弱依次为：987654321（　　　）

5、您认为国有企业、民营企业并购动因的差异大小，依次为：9 8 7 6 5 4 3 2 1（　　）

三、并购绩效选项

1、您认为贵公司并购绩效表现好的趋势，强弱依次为：9 8 7 6 5 4 3 2 1（　　）
2、您认为国有企业、民营企业并购绩效差异明显，强弱依次为：9 8 7 6 5 4 3 2 1（　　）
3、您认为并购动因与并购绩效的关联度，强弱依次为：9 8 7 6 5 4 3 2 1（　　）

四、关于中国可再生能源上市公司并购行为与绩效提高，您的宝贵建议是：

1、加大政策支持，强弱依次为：9 8 7 6 5 4 3 2 1（　　　）
2、更加注重市场发挥作用，强弱依次为：9 8 7 6 5 4 3 2 1（　　　）
3、加强企业内部管理，强弱依次为：9 8 7 6 5 4 3 2 1（　　　）

（再次感谢您的参与！）

附录二：问卷调查结果

此次问卷共发放60家上市公司，其中国有企业38家，民营企业22家。每家公司3份，合计180份。实际收到有效问卷133份，其中，来自国有企业77份，民营企业56份。其中：董事长（含CEO）31份，CFO 50份，董事会秘书52份。统计数据如下：

一、基本信息

1、企业性质：国有企业（含控股）（77）民营企业（56）
2、职位：董事长（含CEO）（31）CFO（50）董事会秘书（52）
3、任职年限：3年以内（含3年）（57）3年以上（76）
4、企业上市年限：3年以内（含3年）（6）3年以上（54）

二、并购相关选项

1、2005年1月~2017年12月并购次数：0次（15）1次（102）1次以上（77）
2、并购主要动因：协同效应（126）规模经济（81）资源获得（65）
   政策响应（69）
3、您认为贵公司的并购市场行为因素占主导，强弱依次为：9 8 7 6 5 4 3 2 1
   （   ）
国有企业：认为强、中、弱的，分别为：45、27、5
民营企业：认为强、中、弱的，分别为：50、6、0
4、您认为贵公司的并购行为政府干预程度，强弱依次为：9 8 7 6 5 4 3 2 1
   （   ）
国有企业：认为强、中、弱的，分别为：18、11、48
民营企业：认为强、中、弱的，分别为：3、9、44
5、您认为国有企业、民营企业并购动因的差异大小，依次为：9 8 7 6 5 4 3 2 1
   （   ）
国有企业：认为大、中、小的，分别为：13、19、45
民营企业：认为大、中、小的，分别为：18、6、32

三、并购绩效选项

1、您认为贵公司并购绩效表现好的趋势，强弱依次为：9 8 7 6 5 4 3 2 1（ ）
国有企业：认为强、中、弱的，分别为：31、33、13
民营企业：认为强、中、弱的，分别为：38、14、4

2、您认为国有企业、民营企业并购绩效差异明显，强弱依次为：9 8 7 6 5 4 3 2 1（ ）
国有企业：认为强、中、弱的，分别为：5、14、58
民营企业：认为强、中、弱的，分别为：11、6、39

3、您认为并购动因与并购绩效的关联度，强弱依次为：9 8 7 6 5 4 3 2 1（ ）
国有企业：认为强、中、弱的，分别为：27、31、19
民营企业：认为强、中、弱的，分别为：3、12、41

四、关于中国可再生能源上市公司并购行为与绩效提高，您的宝贵建议是：

1、加大政策支持，强弱依次为：9 8 7 6 5 4 3 2 1（ ）
国有企业：认为强、中、弱的，分别为：36、38、3
民营企业：认为强、中、弱的，分别为：51、5、0

2、更加注重市场发挥作用，强弱依次为：9 8 7 6 5 4 3 2 1（ ）
国有企业：认为强、中、弱的，分别为：21、38、18
民营企业：认为强、中、弱的，分别为：40、14、2

3、加强企业内部管理，强弱依次为：9 8 7 6 5 4 3 2 1（ ）
国有企业：认为强、中、弱的，分别为：33、38、6
民营企业：认为强、中、弱的，分别为：27、21、8